Manifiesto Comunista

Escrito Por

Karl Marx

Friedrich Engels

De la edición de 1893 Manifiesto Del Partido Comunista de Carlos Marx y Federico Engels.
Se pueden proporcionar comentarios sobre esta edición en Innovative Eggz.com

Contenido

Prólogos De Marx Y Engels
A Varias Ediciones Del Manifiesto

I - Prólogo De Marx Y Engels
A La Edición Alemana De 1872

La Liga Comunista, una organización obrera internacional, que en las circunstancias de la época -huelga decirlo- sólo podía ser secreta, encargó a los abajo firmantes, en el congreso celebrado en Londres en noviembre de 1847, la redacción de un detallado programa teórico y práctico, destinado a la publicidad, que sirviese de programa del partido. Así nació el Manifiesto, que se reproduce a continuación y cuyo original se remitió a Londres para ser impreso pocas semanas antes de estallar la revolución de febrero. Publicado primeramente en alemán, ha sido reeditado doce veces por los menos en ese idioma en Alemania, Inglaterra y Norteamérica. La edición inglesa no vio la luz hasta 1850, y se publicó en el Red Republican de Londres, traducido por miss Elena Macfarlane, y en 1871 se editaron en Norteamérica no menos de tres traducciones distintas. La versión francesa apareció por vez primera en París poco antes de la insurrección de junio de 1848; últimamente ha vuelto a publicarse en Le Socialiste de Nueva York, y se prepara una nueva traducción. La versión polaca apareció en Londres poco después de la primera edición alemana. La traducción rusa vio la luz en Ginebra en el año sesenta y tantos. Al danés se tradujo a poco de publicarse.

Por mucho que durante los últimos veinticinco años hayan cambiado las circunstancias, los principios generales desarrollados en este Manifiesto siguen siendo substancialmente exactos. Sólo tendría que retocarse algún que otro detalle. Ya el propio Manifiesto advierte que la aplicación práctica de estos principios dependerá en todas partes y en todo tiempo de las circunstancias históricas existentes, razón por la que no se hace especial hincapié en las medidas revolucionarias propuestas al final del capítulo II. Si tuviésemos que formularlo hoy, este pasaje presentaría un tenor distinto en muchos respectos. Este programa ha quedado a trozos anticuado por efecto del inmenso desarrollo experimentado por la gran industria en los últimos veinticinco años, con los consiguientes progresos ocurridos en cuanto a la organización política de la clase obrera, y por el efecto de las experiencias prácticas de la revolución de febrero en primer término, y sobre todo de la Comuna de París, donde el proletariado, por vez primera, tuvo el Poder político en sus manos por espacio de dos meses. La comuna ha demostrado, principalmente, que "la clase obrera no puede limitarse a tomar posesión de la máquina del Estado en bloque, poniéndola en marcha para sus propios fines".[1] Huelga, asimismo, decir que la crítica de la literatura socialista presenta hoy lagunas, ya que sólo llega hasta 1847, y, finalmente, que las indicaciones que se hacen acerca de la actitud de los comunistas para con los diversos partidos de la oposición (capítulo IV), aunque sigan

---

1. V. La guerra civil en Francia, alocución del Consejo general de la Asociación Obrera Internacional, edición alemana, pág. 51, donde se desarrolla ampliamente esta idea.

siendo exactas en sus líneas generales, están también anticuadas en lo que toca al detalle, por la sencilla razón de que la situación política ha cambiado radicalmente y el progreso histórico ha venido a eliminar del mundo a la mayoría de los partidos enumerados.

Sin embargo, el Manifiesto es un documento histórico, que nosotros no nos creemos ya autorizados a modificar. Tal vez una edición posterior aparezca precedida de una introducción que abarque el período que va desde 1847 hasta los tiempos actuales; la presente reimpresión nos ha sorprendido sin dejarnos tiempo para eso.

Londres, 24 de junio de 1872. K. MARX. F. ENGELS.

II - Prólogo De Engels
A La Edición Alemana De 1883

Desgraciadamente, al pie de este prólogo a la nueva edición del Manifiesto ya sólo aparecerá mi firma. Marx, ese hombre a quien la clase obrera toda de Europa y América debe más que a hombre alguno, descansa en el cementerio de Highgate, y sobre su tumba crece ya la primera hierba. Muerto él, sería doblemente absurdo pensar en revisar ni en ampliar el Manifiesto. En cambio, me creo obligado, ahora más que nunca, a consignar aquí, una vez más, para que quede bien patente, la siguiente afirmación:

La idea central que inspira todo el Manifiesto, a saber: que el régimen económico de la producción y la estructuración social que de él se deriva necesariamente en cada época histórica constituye la base sobre la cual se asienta la historia política e intelectual de esa época, y que, por tanto, toda la historia de la sociedad -una vez disuelto el primitivo régimen de comunidad del suelo- es una historia de luchas de clases, de luchas entre clases explotadoras y explotadas, dominantes y dominadas, a tono con las diferentes fases del proceso social, hasta llegar a la fase presente, en que la clase explotada y oprimida -el proletariado- no puede ya emanciparse de la clase que la explota y la oprime -de la burguesía- sin emancipar para siempre a la sociedad entera de la opresión, la explotación y las luchas de clases; esta idea cardinal fue fruto personal y exclusivo de Marx.

Y aunque ya no es la primera vez que lo hago constar, me ha parecido oportuno dejarlo estampado aquí, a la cabeza del Manifiesto.

Londres, 28 junio 1883. F. ENGELS.

III - Prólogo De Engels
A La Edición Alemana De 1890

Ve la luz una nueva edición alemana del Manifiesto cuando han ocurrido desde la última diversos sucesos relacionados con este documento que merecen ser mencionados aquí. En 1882 se publicó en Ginebra una segunda traducción rusa, de Vera Sasulichl, precedida de un prologo de Marx y mío. Desgraciadamente, se me ha extraviado el original alemán de este prólogo y no tengo más remedio que volver a traducirlo del ruso, con lo que el lector no saldrá ganando nada. El prólogo dice así:

"La primera edición rusa del Manifiesto del Partido Comunista, traducido por Bakunin, vio la luz poco después de 1860 en la imprenta del Kolokol. En los tiempos que corrían, esta publicación no podía tener para Rusia, a lo sumo, más que un puro valor literario de curiosidad. Hoy las cosas han cambiado. El último capítulo del Manifiesto, titulado "Actitud de los comunistas ante los otros partidos de la oposición", demuestra mejor que nada lo limitada que era la zona en que, al ver la luz por vez primera este documento (enero de 1848), tenía que actuar el movimiento proletario. En esa zona faltaban, principalmente, dos países: Rusia y los Estados Unidos. Era la época en que Rusia constituía la última reserva magna de la reacción europea y en que la emigración a los Estados Unidos absorbía las energías sobrantes del proletariado de Europa. Ambos países proveían a Europa de primeras materias, a la par que le brindaban mercados para sus productos industriales. Ambos venían a ser, pues, bajo uno u otro aspecto, pilares del orden social europeo.

Hoy las cosas han cambiado radicalmente. La emigración europea sirvió precisamente para imprimir ese gigantesco desarrollo a la agricultura norteamericana, cuya concurrencia está minando los cimientos de la grande y la pequeña propiedad inmueble de Europa. Además, ha permitido a los Estados Unidos entregarse a la explotación de sus copiosas fuentes industriales con tal energía y en proporciones tales, que dentro de poco echará por tierra el monopolio industrial de que hoy disfruta la Europa occidental. Estas dos circunstancias repercuten a su vez revolucionariamente sobre la propia América. La pequeña y mediana propiedad del granjero que trabaja su propia tierra sucumbe progresivamente ante la concurrencia de las grandes explotaciones, a la par que en las regiones industriales empieza a formarse un copioso proletariado y una fabulosa concentración de capitales.

Pasemos ahora a Rusia. Durante la sacudida revolucionaria de los años 48 y 49, los monarcas europeos, y no sólo los monarcas, sino también los burgueses, aterrados ante el empuje del proletariado, que empezaba a, cobrar por aquel entonces conciencia de su fuerza, cifraban en la intervención rusa todas sus esperanzas. El zar fue proclamado cabeza de la reacción europea. Hoy, este mismo zar se ve apresado en Gatchina como rehén de la revolución y Rusia forma la avanzada del movimiento revolucionario de Europa.

El Manifiesto Comunista se proponía por misión proclamar la desaparición inminente e inevitable de la propiedad burguesa en su estado actual. Pero en Rusia nos encontramos con que, coincidiendo con el orden capitalista en febril desarrollo y la propiedad burguesa del suelo que empieza a formarse, más de la mitad de la tierra es propiedad común de los campesinos.

Ahora bien -nos preguntamos-, ¿puede este régimen comunal del concejo ruso, que es ya, sin duda, una degeneración del régimen de comunidad primitiva de la tierra, trocarse directamente en una forma más alta de comunismo del suelo, o tendrá que pasar necesariamente por el mismo proceso previo de descomposición que nos revela la historia del occidente de Europa? La única contestación que, hoy por hoy, cabe dar a esa pregunta, es la siguiente: Si la revolución rusa es la señal para la revolución obrera de Occidente y ambas se completan formando una unidad, podría ocurrir que ese régimen comunal ruso fuese el punto de partida para la implantación de una nueva forma comunista de la tierra. Londres, 21 enero 1882."

Por aquellos mismos días, se publicó en Ginebra una nueva traducción polaca con este título: Manifest Kommunistyczny.

Asimismo, ha aparecido una nueva traducción danesa, en la "Socialdemokratisk Bibliothek, Köjbenhavn 1885". Es de lamentar que esta traducción sea incompleta; el traductor se saltó, por lo visto, aquellos pasajes, importantes muchos de ellos, que le parecieron difíciles; además, la versión adolece de precipitaciones en una serie de lugares, y es una lástima, pues se ve que, con un poco más de cuidado, su autor habría realizado un trabajo excelente. En 1886 apareció en Le Socialiste de París una nueva traducción francesa, la mejor de cuantas han visto la luz hasta ahora.

Sobre ella se hizo en el mismo año una versión española, publicada primero en El Socialista de Madrid y luego, en tirada aparte, con este título: Manifiesto del Partido Comunista, por Carlos Marx y F. Engels (Madrid, Administración de El Socialista, Hernán Cortés, 8). Como detalle curioso contaré que en 1887 fue ofrecido a un editor de Constantinopla el original de una traducción armenia; pero el buen editor no se atrevió a lanzar un folleto con el nombre de Marx a la cabeza y propuso al traductor publicarlo como obra original suya, a lo que éste se negó.

Después de haberse reimpreso repetidas veces varias traducciones norteamericanas más o menos incorrectas, al fin, en 1888, apareció en Inglaterra la primera versión auténtica, hecha por mi amigo Samuel Moore y revisada por él y por mí antes de darla a las prensas. He aquí el título: Manifesto of the Communist Party, by Karl Marx and Frederick Engels. Authorised English Translation, edited and annotated by Frederick Engels. 1888. London, William Reeves, 185 Flett St. E. C. Algunas de las notas de esta edición acompañan a la presente. El Manifiesto ha tenido sus vicisitudes. Calurosamente acogido a su aparición por la vanguardia, entonces poco numerosa, del socialismo científico -como lo demuestran las diversas traducciones mencionadas en el primer prólogo-, no tardó en pasar a segundo plano, arrinconado por la reacción que se inicia con la derrota de los obreros parisienses en junio de 1848 y anatematizado, por último, con el anatema de la justicia al ser condenados los comunistas por el tribunal de Colonia en noviembre de 1852. Al abandonar la escena Pública, el movimiento obrero que la revolución de febrero había iniciado, queda también envuelto en la penumbra el Manifiesto.

Cuando la clase obrera europea volvió a sentirse lo bastante fuerte para lanzarse de nuevo al asalto contra las clases gobernantes, nació la Asociación Obrera Internacional. El fin de esta organización era fundir todas las masas obreras militantes de Europa y América en un gran cuerpo de ejército. Por eso, este movimiento no podía arrancar de los principios sentados en el Manifiesto. No había más remedio que darle un programa que no cerrase el paso a las tradeuniones inglesas, a los proudhonianos franceses, belgas, italianos y españoles ni a los partidarios de Lassalle en Alemania. Este programa con las normas directivas para los estatutos de la Internacional, fue redactado por Marx con una maestría que hasta el propio Bakunin y los anarquistas hubieron de reconocer. En cuanto al triunfo final de las tesis del Manifiesto, Marx ponía toda su confianza en el desarrollo intelectual de la clase obrera, fruto obligado de la acción conjunta y de la discusión. Los sucesos y vicisitudes de la lucha contra el capital, y más aún las derrotas que las victorias, no podían menos de revelar al proletariado militante, en toda su desnudez, la insuficiencia de los remedios milagreros que venían empleando e infundir a sus cabezas una mayor claridad de visión para penetrar en las verdaderas condiciones que habían de presidir la emancipación obrera. Marx no se equivocaba. Cuando en 1874 se disolvió la Internacional, la clase obrera difería radicalmente de aquella con que se encontrara al fundarse en 1864. En los países latinos, el proudhonianismo agonizaba, como en Alemania lo que había de específico en el partido de Lassalle, y hasta las mismas tradeuniones inglesas, conservadoras hasta la médula, cambiaban de espíritu, permitiendo al presidente de su congreso, celebrado en Swansea en 1887, decir en nombre suyo: "El socialismo continental ya no nos asusta". Y en 1887 el socialismo continental se cifraba casi en los principios proclamados por el Manifiesto. La historia de este documento refleja, pues, hasta cierto punto, la historia moderna del movimiento obrero desde 1848. En la actualidad es indudablemente el documento más extendido e internacional de toda la literatura socialista del mundo, el programa que une a muchos millones de trabajadores de todos los países, desde Siberia hasta California.

Y, sin embargo, cuando este Manifiesto vio la luz, no pudimos bautizarlo de Manifiesto *Socialista*. En 1847, el concepto de "socialista" abarcaba dos categorías de personas. Unas eran las que abrazaban diversos sistemas utópicos, y entre ellas se destacaban los owenistas en Inglaterra, y en Francia los fourieristas, que poco a poco habían ido quedando reducidos a dos sectas agonizantes. En la otra formaban los charlatanes sociales de toda laya, los que aspiraban a remediar las injusticias de la sociedad con sus potingues mágicos y con toda serie de remiendos, sin tocar en lo más mínimo, claro está, al capital ni a la ganancia. Gentes unas y otras ajenas al movimiento obrero, que iban a buscar apoyo para sus teorías a las clases "cultas". El sector obrero que, convencido de la insuficiencia y superficialidad de las meras conmociones políticas, reclamaba una radical transformación de la sociedad, se apellidaba comunista. Era un comunismo toscamente delineado, instintivo, vago, pero lo bastante pujante para engendrar dos sistemas utópicos: el del "ícaro" Cabet en Francia y el de Weitling en Alemania. En 1847, el "socialismo" designaba un movimiento burgués, el "comunismo" un movimiento obrero. El socialismo era, a lo menos en el continente, una doctrina presentable en los salones; el comunismo, todo lo contrario. Y como en nosotros era ya entonces firme la convicción de que "la emancipación de los trabajadores sólo podía ser obra de la propia clase obrera", no podíamos dudar en la elección de título. Más tarde no se nos pasó nunca por las mentes tampoco modificarlo.

"¡Proletarios de todos los países, uníos!" Cuando hace cuarenta y dos años lanzamos al mundo estas palabras, en vísperas de la primera revolución de París, en que el proletariado levantó ya sus propias reivindicaciones, fueron muy pocas las voces que contestaron. Pero el 28 de septiembre de 1864, los representantes proletarios de la mayoría de los países del occidente de Europa se reunían para formar la Asociación Obrera Internacional, de tan glorioso recuerdo. Y aunque la Internacional sólo tuviese nueve años de vida, el lazo perenne de unión entre los proletarios de todos los países sigue viviendo con más fuerza que nunca; así lo atestigua, con testimonio irrefutable, el día de hoy. Hoy, primero de Mayo, el proletariado europeo y americano pasa revista por vez primera a sus contingentes puestos en pie de guerra como un ejército único, unido bajo una sola bandera y concentrado en un objetivo: la jornada normal de ocho horas, que ya proclamara la Internacional en el congreso de Ginebra en 1889, y que es menester elevar a ley. El espectáculo del día de hoy abrirá los ojos a los capitalistas y a los grandes terratenientes de todos los países y les hará ver que la unión de los proletarios del mundo es ya un hecho.

¡Ya Marx no vive, para verlo, a mi lado!

Londres, 1 de mayo de 1890. F. ENGELS.

IV - Prólogo De Engels
A La Edición Polaca De 1892

La necesidad de reeditar la versión polaca del Manifiesto Comunista, requiere un comentario. Ante todo, el Manifiesto ha resultado ser, como se proponía, un medio para poner de relieve el desarrollo de la gran industria en Europa. Cuando en un país, cualquiera que él sea, se desarrolla la gran industria brota al mismo tiempo entre los obreros industriales el deseo de explicarse sus relaciones como clase, como la clase de los que viven del trabajo, con la clase de los que viven de la propiedad. En estas circunstancias, las ideas socialistas se extienden entre los trabajadores y crece la demanda del Manifiesto Comunista. En este sentido, el número de ejemplares del Manifiesto que circulan en un idioma dado nos permite apreciar bastante aproximadamente no sólo las condiciones del movimiento obrero de clase en ese país, sino también el grado de desarrollo alcanzado en él por la gran industria.

La necesidad de hacer una nueva edición en lengua polaca acusa, por tanto, el continuo proceso de expansión de la industria en Polonia. No puede caber duda acerca de la importancia de este proceso en el transcurso de los diez años que han mediado desde la aparición de la edición anterior. Polonia se ha convertido en una región industrial en gran escala bajo la égida del Estado ruso.

Mientras que en la Rusia propiamente dicha la gran industria sólo se ha ido manifestando esporádicamente (en las costas del golfo de Finlandia, en las provincias centrales de Moscú y Vladimiro, a lo largo de las costas del mar Negro y del mar de Azov), la industria polaca se ha concentrado dentro de los confines de un área limitada, experimentando a la par las ventajas y los inconvenientes de su situación. Estas ventajas no pasan inadvertidas para los fabricantes rusos; por eso alzan el grito pidiendo aranceles protectores contra las mercancías polacas, a despecho de su ardiente anhelo de rusificación de Polonia. Los inconvenientes (que tocan por igual los industriales polacos y el Gobierno ruso) consisten en la rápida difusión de las ideas socialistas entre los obreros polacos y en una demanda sin precedente del Manifiesto Comunista.

El rápido desarrollo de la industria polaca (que deja atrás con mucho a la de Rusia) es una clara prueba de las energías vitales inextinguibles del pueblo polaco y una nueva garantía de su futuro renacimiento. La creación de una Polonia fuerte e independiente no interesa sólo al pueblo polaco, sino a todos y cada uno de nosotros. Sólo podrá establecerse una estrecha colaboración entre los obreros todos de Europa si en cada país el pueblo es dueño dentro de su propia casa. Las revoluciones de 1848 que, aunque reñidas bajo la bandera del proletariado, solamente llevaron a los obreros a la lucha para sacar las castañas del fuego a la burguesía, acabaron por imponer, tomando por instrumento a Napoleón y a Bismarck (a los enemigos de la revolución), la independencia de Italia, Alemania y Hungría. En cambio, a Polonia, que en 1791 hizo por la causa revolucionaria más que estos tres países juntos, se la dejó sola cuando en 1863 tuvo que enfrentarse con el poder diez veces más fuerte de Rusia.

La nobleza polaca ha sido incapaz para mantener, y lo será también para restaurar, la independencia de Polonia. La burguesía va sintiéndose cada vez menos interesada en este asunto. La independencia polaca sólo podrá ser conquistada por el proletariado joven, en cuyas manos está la realización de esa esperanza. He ahí por qué los obreros del occidente de Europa no están menos interesados en la liberación de Polonia que los obreros polacos mismos.

Londres, 10 de febrero 1892. F. ENGELS

V - Prólogo De Engels
A La Edición Italiana De 1893

La publicación del *Manifiesto del Partido Comunista* coincidió (si puedo expresarme así), con el momento en que estallaban las revoluciones de Milán y de Berlín, dos revoluciones que eran el alzamiento de dos pueblos: uno enclavado en el corazón del continente europeo y el otro tendido en las costas del mar Mediterráneo. Hasta ese momento, estos dos pueblos, desgarrados por luchas intestinas y guerras civiles, habían sido presa fácil de opresores extranjeros. Y del mismo modo que Italia estaba sujeta al dominio del emperador de Austria, Alemania vivía, aunque esta sujeción fuese menos patente, bajo el yugo del zar de todas las Rusias. La revolución del 18 de marzo emancipó a Italia y Alemania al mismo tiempo de este vergonzoso estado de cosas. Si después, durante el período que va de 1848 a 1871, estas dos grandes naciones permitieron que la vieja situación fuese restaurada, haciendo hasta cierto punto de "traidores de sí mismas", se debió (como dijo Marx) a que los mismos que habían inspirado la revolución de 1848 se convirtieron, a despecho suyo, en sus verdugos.

La revolución fue en todas partes obra de las clases trabajadoras: fueron los obreros quienes levantaron las barricadas y dieron sus vidas luchando por la causa. Sin embargo, solamente los obreros de París, después de derribar el Gobierno, tenían la firme y decidida intención de derribar con él a todo el régimen burgués. Pero, aunque abrigaban una conciencia muy clara del antagonismo irreductible que se alzaba entre su propia clase y la burguesía, el desarrollo económico del país y el desarrollo intelectual de las masas obreras francesas no habían alcanzado todavía el nivel necesario para que pudiese triunfar una revolución socialista. Por eso, a la postre, los frutos de la revolución cayeron en el regazo de la clase capitalista. En otros países, como en Italia, Austria y Alemania, los obreros se limitaron desde el primer momento de la revolución a ayudar a la burguesía a tomar el Poder. En cada uno de estos países el gobierno de la burguesía sólo podía triunfar bajo la condición de la independencia nacional. Así se explica que las revoluciones del año 1848 condujesen inevitablemente a la unificación de los pueblos dentro de las fronteras nacionales y a su emancipación del yugo extranjero, condiciones que, hasta allí, no habían disfrutado. Estas condiciones son hoy realidad en Italia, en Alemania y en Hungría. Y a estos países seguirá Polonia cuando la hora llegue.

Aunque las revoluciones de 1848 no tenían carácter socialista, prepararon, sin embargo, el terreno para el advenimiento de la revolución del socialismo. Gracias al poderoso impulso que estas revoluciones imprimieron a la gran producción en todos los países, la sociedad burguesa ha ido creando durante los últimos cuarenta y cinco años un vasto, unido y potente proletariado, engendrando con él (como dice el Manifiesto Comunista) a sus propios enterradores. La unificación internacional del proletariado no hubiera sido posible, ni la colaboración sobria y deliberada de estos países en el logro de fines generales, si antes no hubiesen conquistado la unidad y la independencia nacionales, si hubiesen seguido manteniéndose dentro del aislamiento.

Intentemos representarnos, si podemos, el papel que hubieran hecho los obreros italianos, húngaros, alemanes, polacos y rusos luchando por su unión internacional bajo las condiciones políticas que prevalecían hacia el año 1848.

Las batallas reñidas en el 48 no fueron, pues, reñidas en balde. Ni han sido vividos tampoco en balde los cuarenta y cinco años que nos separan de la época revolucionaria. Los frutos de aquellos días empiezan a madurar, y hago votos porque la publicación de esta traducción italiana del Manifiesto sea heraldo del triunfo del proletariado italiano, como la publicación del texto primitivo lo fue de la revolución internacional.

El Manifiesto rinde el debido homenaje a los servicios revolucionarios prestados en otro tiempo por el capitalismo. Italia fue la primera nación que se convirtió en país capitalista. El ocaso de la Edad Media feudal y la aurora de la época capitalista contemporánea vieron aparecer en escena una figura gigantesca. Dante fue al mismo tiempo el último poeta de la Edad Media y el primer poeta de la nueva era. Hoy, como en 1300, se alza en el horizonte una nueva época. ¿Dará Italia al mundo otro Dante, capaz de cantar el nacimiento de la nueva era, de la era proletaria?

Londres, 1 de febrero de 1893. F. ENGELS

MANIFIESTO DEL PARTIDO COMUNISTA

Un espectro se cierne sobre Europa: el espectro del comunismo. Contra este espectro se han conjurado en santa jauría todas las potencias de la vieja Europa, el Papa y el zar, Metternich y Guizot, los radicales franceses y los polizontes alemanes. No hay un solo partido de oposición a quien los adversarios gobernantes no motejen de comunista, ni un solo partido de oposición que no lance al rostro de las oposiciones más avanzadas, lo mismo que a los enemigos reaccionarios, la acusación estigmatizante de comunismo.

De este hecho se desprenden dos consecuencias: La primera es que el comunismo se halla ya reconocido como una potencia por todas las potencias europeas.

La segunda, que es ya hora de que los comunistas expresen a la luz del día y ante el mundo entero sus ideas, sus tendencias, sus aspiraciones, saliendo así al paso de esa leyenda del espectro comunista con un manifiesto de su partido.

Con este fin se han congregado en Londres los representantes comunistas de diferentes países y redactado el siguiente Manifiesto, que aparecerá en lengua inglesa, francesa, alemana, italiana, flamenca y danesa.

I. BURGUESES Y PROLETARIOS[1]

Toda la historia de la sociedad humana, hasta la actualidad, es una historia de luchas de clases.[2]

Libres y esclavos, patricios y plebeyos, barones y siervos de la gleba, maestros[3] y oficiales; en una palabra, opresores y oprimidos, frente a frente siempre, empeñados en una lucha ininterrumpida, velada unas veces, y otras franca y abierta, en una lucha que conduce en cada etapa a la transformación revolucionaria de todo el régimen social o al exterminio de ambas clases beligerantes.

En los tiempos históricos nos encontramos a la sociedad dividida casi por doquier en una serie de estamentos, dentro de cada uno de los cuales reina, a su vez, una nueva jerarquía social de grados y posiciones. En la Roma antigua son los patricios, los équites, los plebeyos, los esclavos; en la Edad Media, los señores feudales, los vasallos, los maestros y los oficiales de los gremios, los siervos de la gleba, y dentro de cada una de esas clases todavía nos encontramos con nuevos matices y gradaciones.

La moderna sociedad burguesa que se alza sobre las ruinas de la sociedad feudal no ha abolido los antagonismos de clase. Lo que ha hecho ha sido crear nuevas clases, nuevas condiciones de opresión, nuevas modalidades de lucha, que han venido a sustituir a las antiguas. Sin embargo, nuestra época, la época de la burguesía, se caracteriza por haber simplificado estos antagonismos de clase. Hoy, toda la sociedad tiende a separarse, cada vez más abiertamente, en dos grandes campos enemigos, en dos grandes clases antagónicas: la burguesía y el proletariado.

De los siervos de la gleba de la Edad Media surgieron los "villanos" de las primeras ciudades; y estos villanos fueron el germen de donde brotaron los primeros elementos de la burguesía. El descubrimiento de América, la circunnavegación de Africa abrieron nuevos horizontes e imprimieron nuevo impulso a la burguesía. El

---

1. Por burguesía se comprende a la clase de los capitalistas modernos, que son los propietarios de los medios de producción social y emplean trabajo asalariado. Por proletarios se comprende a los trabajadores asalariados modernos, que, privados de medios de producción propios, se ven obligados a vender su fuerza de trabajo para poder existir. (Nota de F. Engels a la edición inglesa de 1888.)

2. Es decir, la historia escrita. En 1847, la historia de la organización social que precedió a toda la historia escrita, la prehistoria, era desconocida. Posteriormente Haxthausen ha descubierto en Rusia la propiedad comunal de la tierra; Maure ha demostrado que ésta fue la base social de la que partieron históricamente todas las tribus germanas, y se ha ido descubriendo poco a poco que la comunidad rural, con la posesión colectiva de la tierra, ha sido la forma primitiva de la sociedad, desde la India hasta Irlanda. La organización interna de esa sociedad comunista primitiva ha sido puesta en claro, en lo que tiene de típico, con el culminante descubrimiento hecho por Morgan de la verdadera naturaleza de la gens y de su lugar en la tribu. Con la desintegración de estas comunidades primitivas comenzó la diferenciación de la sociedad en clases distintas y, finalmente, antagónicas. He intentado analizar este proceso en la obra Der Ursprung der Familie, des Privateigentums und des Staats (El origen de la familia, la propiedad privada y el Estado), 2°ed, Stuttgart, 1886.

3. Zunftbürger, esto es, miembro de un gremio con todos los derechos, maestro del mismo, y no su dirigente.

mercado de China y de las Indias orientales, la colonización de América, el intercambio con las colonias, el incremento de los medios de cambio y de las mercaderías en general, dieron al comercio, a la navegación, a la industria, un empuje jamás conocido, atizando con ello el elemento revolucionario que se escondía en el seno de la sociedad feudal en descomposición.

El régimen feudal o gremial de producción que seguía imperando no bastaba ya para cubrir las necesidades que abrían los nuevos mercados. Vino a ocupar su puesto la manufactura. Los maestros de los gremios se vieron desplazados por la clase media industrial, y la división del trabajo entre las diversas corporaciones fue suplantada por la división del trabajo dentro de cada taller.

Pero los mercados seguían dilatándose, las necesidades seguían creciendo. Ya no bastaba tampoco la manufactura. El invento del vapor y la maquinaria vinieron a revolucionar el régimen industrial de producción. La manufactura cedió el puesto a la gran industria moderna, y la clase media industrial hubo de dejar paso a los magnates de la industria, jefes de grandes ejércitos industriales, a los burgueses modernos.

La gran industria creó el mercado mundial, ya preparado por el descubrimiento de América. El mercado mundial imprimió un gigantesco impulso al comercio, a la navegación, a las comunicaciones por tierra. A su vez, estos, progresos redundaron considerablemente en provecho de la industria, y en la misma proporción en que se dilataban la industria, el comercio, la navegación, los ferrocarriles, se desarrollaba la burguesía, crecían sus capitales, iba desplazando y esfumando a todas las clases heredadas de la Edad Media.

Vemos, pues, que la moderna burguesía es, como lo fueron en su tiempo las otras clases, producto de un largo proceso histórico, fruto de una serie de transformaciones radicales operadas en el régimen de cambio y de producción.

A cada etapa de avance recorrida por la burguesía corresponde una nueva etapa de progreso político. Clase oprimida bajo el mando de los señores feudales, la burguesía forma en la "comuna"[4] una asociación autónoma y armada para la defensa de sus intereses; en unos sitios se organiza en repúblicas municipales independientes; en otros forma el tercer estado tributario de las monarquías; en la época de la manufactura es el contrapeso de la nobleza dentro de la monarquía feudal o absoluta y el fundamento de las grandes monarquías en general, hasta que, por último, implantada la gran industria y abiertos los cauces del mercado mundial, se conquista la hegemonía política y crea el moderno Estado representativo. Hoy, el Poder público viene a ser, pura y simplemente, el Consejo de administración que rige los intereses colectivos de la clase burguesa.

---

4. Comunas se llamaban en Francia las ciudades nacientes todavía antes de arrancar a sus amos y señores feudales la autonomía local y los derechos políticos como "tercer estado". En términos generales, se ha tomado aquí a Inglaterra como país típico del desarrollo económico de la burguesía, y a Francia como país típico de desarrollo político. (Nota de F. Engels a la edición inglesa de 1888)
Así denominaban los habitantes de las ciudades de Italia y Francia a sus comunidades urbanas, una vez comprados o arrancados a sus señores feudales los primeros derechos de autonomía.

La burguesía ha desempeñado, en el transcurso de la historia, un papel verdaderamente revolucionario.

Dondequiera que se instauró, echó por tierra todas las instituciones feudales, patriarcales e idílicas. Desgarró implacablemente los abigarrados lazos feudales que unían al hombre con sus superiores naturales y no dejó en pie más vínculo que el del interés escueto, el del dinero contante y sonante, que no tiene entrañas. Echó por encima del santo temor de Dios, de la devoción mística y piadosa, del ardor caballeresco y la tímida melancolía del buen burgués, el jarro de agua helada de sus cálculos egoístas. Enterró la dignidad personal bajo el dinero y redujo todas aquellas innumerables libertades escrituradas y bien adquiridas a una única libertad: la libertad ilimitada de comerciar. Sustituyó, para decirlo de una vez, un régimen de explotación, velado por los cendales de las ilusiones políticas y religiosas, por un régimen franco, descarado, directo, escueto, de explotación.

La burguesía despojó de su halo de santidad a todo lo que antes se tenía por venerable y digno de piadoso acontecimiento. Convirtió en sus servidores asalariados al médico, al jurista, al poeta, al sacerdote, al hombre de ciencia.

La burguesía desgarró los velos emotivos y sentimentales que envolvían la familia y puso al desnudo la realidad económica de las relaciones familiares.

La burguesía vino a demostrar que aquellos alardes de fuerza bruta que la reacción tanto admira en la Edad Media tenían su complemento cumplido en la haraganería más indolente. Hasta que ella no lo reveló no supimos cuánto podía dar de sí el trabajo del hombre. La burguesía ha producido maravillas mucho mayores que las pirámides de Egipto, los acueductos romanos y las catedrales góticas; ha acometido y dado cima a empresas mucho más grandiosas que las emigraciones de los pueblos y las cruzadas.

La burguesía no puede existir si no es revolucionando incesantemente los instrumentos de la producción, que tanto vale decir el sistema todo de la producción, y con él todo el régimen social. Lo contrario de cuantas clases sociales la precedieron, que tenían todas por condición primaria de vida la intangibilidad del régimen de producción vigente. La época de la burguesía se caracteriza y distingue de todas las demás por el constante y agitado desplazamiento de la producción, por la conmoción ininterrumpida de todas las relaciones sociales, por una inquietud y una dinámica incesantes. Las relaciones inconmovibles y mohosas del pasado, con todo su séquito de ideas y creencias viejas y venerables, se derrumban, y las nuevas envejecen antes de echar raíces. Todo lo que se creía permanente y perenne se esfuma, lo santo es profanado, y, al fin, el hombre se ve constreñido, por la fuerza de las cosas, a contemplar con mirada fría su vida y sus relaciones con los demás.

La necesidad de encontrar mercados espolea a la burguesía de una punta o otra del planeta. Por todas partes anida, en todas partes construye, por doquier establece relaciones. La burguesía, al explotar el mercado mundial, da a la producción y al consumo de todos los países un sello cosmopolita. Entre los lamentos de los reaccionarios destruye los cimientos nacionales de la industria. Las viejas industrias nacionales se vienen a tierra, arrolladas por otras nuevas, cuya instauración es problema vital para todas las naciones civilizadas; por industrias que ya no transforman como antes las materias primas del país, sino las traídas de los climas más lejanos y cuyos productos encuentran salida no sólo dentro de las fronteras, sino en todas las partes del mundo. Brotan necesidades nuevas que ya no bastan a satisfacer, como en otro tiempo, los frutos del país, sino que reclaman para su satisfacción los productos de tierras remotas. Ya no reina aquel mercado local y nacional que se bastaba así mismo y donde no entraba nada de fuera; ahora, la red del comercio es universal y en ella entran, unidas por vínculos de interdependencia, todas las naciones. Y lo que acontece con la producción material, acontece también con la del espíritu. Los productos espirituales de las diferentes naciones vienen a formar un acervo común. Las limitaciones y peculiaridades del carácter nacional van pasando a segundo plano, y las literaturas locales y nacionales confluyen todas en una literatura universal.

La burguesía, con el rápido perfeccionamiento de todos los medios de producción, con las facilidades increíbles de su red de comunicaciones, lleva la civilización hasta a las naciones más salvajes. El bajo precio de sus mercancías es la artillería pesada con la que derrumba todas las murallas de la China, con la que obliga a capitular a las tribus bárbaras más ariscas en su odio contra el extranjero. Obliga a todas las naciones a abrazar el régimen de producción de la burguesía o perecer; las obliga a implantar en su propio seno la llamada civilización, es decir, a hacerse burguesas. Crea un mundo hecho a su imagen y semejanza. La burguesía somete el campo al imperio de la ciudad. Crea ciudades enormes, intensifica la población urbana en una fuerte proporción respecto a la campesina y arranca a una parte considerable de la gente del campo al cretinismo de la vida rural. Y del mismo modo que somete el campo a la ciudad, somete los pueblos bárbaros y semibárbaros a las naciones civilizadas, los pueblos campesinos a los pueblos burgueses, el Oriente al Occidente.

La burguesía va aglutinando cada vez más los medios de producción, la propiedad y los habitantes del país. Aglomera la población, centraliza los medios de producción y concentra en manos de unos cuantos la propiedad. Este proceso tenía que conducir, por fuerza lógica, a un régimen de centralización política. Territorios antes independientes, apenas aliados, con intereses distintos, distintas leyes, gobiernos autónomos y líneas aduaneras propias, se asocian y refunden en una nación única, bajo un Gobierno, una ley, un interés nacional de clase y una sola línea aduanera.

En el siglo corto que lleva de existencia como clase soberana, la burguesía ha creado energías productivas mucho más grandiosas y colosales que todas las pasadas generaciones juntas. Basta pensar en el sometimiento de las fuerzas naturales por la mano del hombre, en la maquinaria, en la aplicación de la química a la industria y la agricultura, en la navegación de vapor, en los ferrocarriles, en el telégrafo eléctrico, en la roturación de continentes enteros, en los ríos abiertos a la navegación, en los nuevos pueblos que brotaron de la tierra como por ensalmo. ¿Quién, en los pasados siglos, pudo sospechar siquiera que en el regazo de la sociedad fecundada por el trabajo del hombre yaciesen soterradas tantas y tales energías y elementos de producción?

Hemos visto que los medios de producción y de transporte sobre los cuales se desarrolló la burguesía brotaron en el seno de la sociedad feudal. Cuando estos medios de transporte y de producción alcanzaron una determinada fase en su desarrollo, resultó que las condiciones en que la sociedad feudal producía y comerciaba, la organización feudal de la agricultura y la manufactura, en una palabra, el régimen feudal de la propiedad, no correspondían ya al estado progresivo de las fuerzas productivas. Obstruían la producción en vez de fomentarla. Se habían convertido en otras tantas trabas para su desenvolvimiento. Era menester hacerlas saltar, y saltaron.

Vino a ocupar su puesto la libre concurrencia, con la constitución política y social a ella adecuada, en la que se revelaba ya la hegemonía económica y política de la clase burguesa. Pues bien: ante nuestros ojos se desarrolla hoy un espectáculo semejante. Las condiciones de producción y de cambio de la burguesía, el régimen burgués de la propiedad, la moderna sociedad burguesa, que ha sabido hacer brotar como por encanto tan fabulosos medios de producción y de transporte, recuerda al brujo impotente para dominar los espíritus subterráneos que conjuró. Desde hace varias décadas, la historia de la industria y del comercio no es más que la historia de las modernas fuerzas productivas que se rebelan contra el régimen vigente de producción, contra el régimen de la propiedad, donde residen las condiciones de vida y de predominio político de la burguesía. Basta mencionar las crisis comerciales, cuya periódica reiteración supone un peligro cada vez mayor para la existencia de la sociedad burguesa toda. Las crisis comerciales, además de destruir una gran parte de los productos elaborados, aniquilan una parte considerable de las fuerzas productivas existentes. En esas crisis se desata una epidemia social que a cualquiera de las épocas anteriores hubiera parecido absurda e inconcebible: la epidemia de la superproducción. La sociedad se ve retrotraída repentinamente a un estado de barbarie momentánea; se diría que una plaga de hambre o una gran guerra aniquiladora la han dejado esquilmado, sin recursos para subsistir; la industria, el comercio están a punto de perecer. ¿Y todo por qué? Porque la sociedad posee demasiada civilización, demasiados recursos, demasiada industria, demasiado comercio. Las fuerzas productivas de que dispone no sirven ya para fomentar el régimen burgués de la propiedad; son ya demasiado poderosas para servir a este régimen, que embaraza su desarrollo. Y tan pronto como logran vencer este obstáculo, siembran el desorden en la sociedad burguesa, amenazan dar al traste con el régimen burgués de la propiedad. Las condiciones sociales burguesas resultan ya demasiado angostas para abarcar la riqueza por ellas engendrada. ¿Cómo se sobrepone a las crisis la burguesía? De dos maneras: destruyendo violentamente una gran masa de fuerzas productivas y conquistándose nuevos mercados, a la par que procurando explotar más concienzudamente los mercados antiguos. Es decir, que remedia unas crisis preparando otras más extensas e imponentes y mutilando los medios de que dispone para precaverlas. Las armas con que la burguesía derribó al feudalismo se vuelven ahora contra ella. Y la burguesía no sólo forja las armas que han de darle la muerte, sino que, además, pone en pie a los hombres llamados a manejarlas: estos hombres son los obreros, los proletarios. En la misma proporción en que se desarrolla la burguesía, es decir, el capital, desarrollase también el proletariado, esa clase obrera moderna que sólo puede vivir encontrando trabajo y que sólo encuentra trabajo en la medida en que éste alimenta a incremento el capital. El obrero, obligado a venderse a trozos, es una mercancía como otra cualquiera, sujeta, por tanto, a todos los cambios y modalidades de la concurrencia, a todas las fluctuaciones del mercado.

La extensión de la maquinaria y la división del trabajo quitan a éste, en el régimen proletario actual, todo carácter autónomo, toda libre iniciativa y todo encanto para el obrero. El trabajador se convierte en un simple resorte de la máquina, del que sólo se exige una operación mecánica, monótona, de fácil aprendizaje. Por eso, los gastos que supone un obrero se reducen, sobre poco más o menos, al mínimo de lo que necesita para vivir y para perpetuar su raza. Y ya se sabe que el precio de una mercancía, y como una de tantas el trabajo, equivale a su coste de producción. Cuanto más repelente es el trabajo, tanto más disminuye el salario pagado al obrero. Más aún: cuanto más aumentan la maquinaria y la división del trabajo, tanto más aumenta también éste, bien porque se alargue la jornada, bien porque se intensifique el rendimiento exigido, se acelere la marcha de las máquinas, etc. La industria moderna ha convertido el pequeño taller del maestro patriarcal en la gran fábrica del magnate capitalista. Las masas obreras concentradas en la fábrica son sometidas a una organización y disciplina militares. Los obreros, soldados rasos de la industria, trabajan bajo el mando de toda una jerarquía de sargentos, oficiales y jefes. No son sólo siervos de la burguesía y del Estado burgués, sino que están todos los días y a todas horas bajo el yugo esclavizador de la máquina, del contramaestre, y sobre todo, del industrial burgués dueño de la fábrica. Y este despotismo es tanto más mezquino, más execrable, más indignante, cuanta mayor es la franqueza con que proclama que no tiene otro fin que el lucro. Cuanto menores son la habilidad y la fuerza que reclama el trabajo manual, es decir, cuanto mayor es el desarrollo adquirido por la moderna industria, también es mayor la proporción en que el trabajo de la mujer y el niño desplaza al del hombre. Socialmente, ya no rigen para la clase obrera esas diferencias de edad y de sexo. Son todos, hombres, mujeres y niños, meros instrumentos de trabajo, entre los cuales no hay más diferencia que la del coste. Y cuando ya la explotación del obrero por el fabricante ha dado su fruto y aquél recibe el salario, caen sobre él los otros representantes de la burguesía: el casero, el tendero, el prestamista, etc.

Toda una serie de elementos modestos que venían perteneciendo a la clase media, pequeños industriales, comerciantes y rentistas, artesanos y labriegos, son absorbidos por el proletariado; unos, porque su pequeño caudal no basta para alimentar las exigencias de la gran industria y sucumben arrollados por la competencia de los capitales más fuertes, y otros porque sus aptitudes quedan sepultadas bajo los nuevos progresos de la producción. Todas las clases sociales contribuyen, pues, a nutrir las filas del proletariado.

El proletariado recorre diversas etapas antes de fortificarse y consolidarse. Pero su lucha contra la burguesía data del instante mismo de su existencia.

Al principio son obreros aislados; luego, los de una fábrica; luego, los de todas una rama de trabajo, los que se enfrentan, en una localidad, con el burgués que personalmente los explota. Sus ataques no van sólo contra el régimen burgués de producción, van también contra los propios instrumentos de la producción; los obreros, sublevados, destruyen las mercancías ajenas que les hacen la competencia, destrozan las máquinas, pegan fuego a las fábricas, pugnan por volver a la situación, ya enterrada, del obrero medieval.

En esta primera etapa, los obreros forman una masa diseminada por todo el país y desunida por la concurrencia. Las concentraciones de masas de obreros no son todavía fruto de su propia unión, sino fruto de la unión de la burguesía, que para alcanzar sus fines políticos propios tiene que poner en movimiento -cosa que todavía logra- a todo el proletariado. En esta etapa, los proletarios no combaten contra sus enemigos, sino contra los enemigos de sus enemigos, contra los vestigios de la monarquía absoluta, los grandes señores de la tierra, los burgueses no industriales, los pequeños burgueses. La marcha de la historia está toda concentrada en manos de la burguesía, y cada triunfo así alcanzado es un triunfo de la clase burguesa.

Sin embargo, el desarrollo de la industria no sólo nutre las filas del proletariado, sino que las aprieta y concentra; sus fuerzas crecen, y crece también la conciencia de ellas. Y al paso que la maquinaria va borrando las diferencias y categorías en el trabajo y reduciendo los salarios casi en todas partes a un nivel bajísimo y uniforme, van nivelándose también los intereses y las condiciones de vida dentro del proletariado. La competencia, cada vez más aguda, desatada entre la burguesía, y las crisis comerciales que desencadena, hacen cada vez más inseguro el salario del obrero; los progresos incesantes y cada día más veloces del maquinismo aumentan gradualmente la inseguridad de su existencia; las colisiones entre obreros y burgueses aislados van tomando el carácter, cada vez más señalado, de colisiones entre dos clases. Los obreros empiezan a coaligarse contra los burgueses, se asocian y unen para la defensa de sus salarios. Crean organizaciones permanentes para pertrecharse en previsión de posibles batallas. De vez en cuando estallan revueltas y sublevaciones.

Los obreros arrancan algún triunfo que otro, pero transitorio siempre. El verdadero objetivo de estas luchas no es conseguir un resultado inmediato, sino ir extendiendo y consolidando la unión obrera. Coadyuvan a ello los medios cada vez más fáciles de comunicación, creados por la gran industria y que sirven para poner en contacto a los obreros de las diversas regiones y localidades. Gracias a este contacto, las múltiples acciones locales, que en todas partes presentan idéntico carácter, se convierten en un movimiento nacional, en una lucha de clases. Y toda lucha de clases es una acción política. Las ciudades de la Edad Media, con sus caminos vecinales, necesitaron siglos enteros para unirse con las demás; el proletariado moderno, gracias a los ferrocarriles, ha creado su unión en unos cuantos años.

Esta organización de los proletarios como clase, que tanto vale decir como partido político, se ve minada a cada momento por la concurrencia desatada entre los propios obreros. Pero avanza y triunfa siempre, a pesar de todo, cada vez más fuerte, más firme, más pujante. Y aprovechándose de las discordias que surgen en el seno de la burguesía, impone la sanción legal de sus intereses propios. Así nace en Inglaterra la ley de la jornada de diez horas. Las colisiones producidas entre las fuerzas de la antigua sociedad imprimen nuevos impulsos al proletariado. La burguesía lucha incesantemente: primero, contra la aristocracia; luego, contra aquellos sectores de la propia burguesía cuyos intereses chocan con los progresos de la industria, y siempre contra la burguesía de los demás países. Para librar estos combates no tiene más remedio que apelar al proletariado, reclamar su auxilio, arrastrándolo así a la palestra política. Y de este modo, le suministra elementos de fuerza, es decir, armas contra sí misma.

Además, como hemos visto, los progresos de la industria traen a las filas proletarias a toda una serie de elementos de la clase gobernante, o a lo menos los colocan en las mismas condiciones de vida. Y estos elementos suministran al proletariado nuevas fuerzas. Finalmente, en aquellos períodos en que la lucha de clases está a punto de decidirse, es tan violento y tan claro el proceso de desintegración de la clase gobernante latente en el seno de la sociedad antigua, que una pequeña parte de esa clase se desprende de ella y abraza la causa revolucionaria, pasándose a la clase que tiene en sus manos el porvenir. Y así como antes una parte de la nobleza se pasaba a la burguesía, ahora una parte de la burguesía se pasa al campo del proletariado; en este tránsito rompen la marcha los intelectuales burgueses, que, analizando teóricamente el curso de la historia, han logrado ver claro en sus derroteros. De todas las clases que hoy se enfrentan con la burguesía no hay más que una verdaderamente revolucionaria: el proletariado. Las demás perecen y desaparecen con la gran industria; el proletariado, en cambio, es su producto genuino y peculiar.

Los elementos de las clases medias, el pequeño industrial, el pequeño comerciante, el artesano, el labriego, todos luchan contra la burguesía para salvar de la ruina su existencia como tales clases. No son, pues, revolucionarios, sino conservadores. Más todavía, reaccionarios, pues pretenden volver atrás la rueda de la historia. Todo lo que tienen de revolucionario es lo que mira a su tránsito inminente al proletariado; con esa actitud no defienden sus intereses actuales, sino los futuros; se despojan de su posición propia para abrazar la del proletariado.

El proletariado andrajoso, esa putrefacción pasiva de las capas más bajas de la vieja sociedad, se verá arrastrado en parte al movimiento por una revolución proletaria, si bien las condiciones todas de su vida lo hacen más propicio a dejarse comprar como instrumento de manejos reaccionarios.

Las condiciones de vida de la vieja sociedad aparecen ya destruidas en las condiciones de vida del proletariado. El proletario carece de bienes. Sus relaciones con la mujer y con los hijos no tienen ya nada de común con las relaciones familiares burguesas; la producción industrial moderna, el moderno yugo del capital, que es el mismo en Inglaterra que en Francia, en Alemania que en Norteamérica, borra en él todo carácter nacional. Las leyes, la moral, la religión, son para él otros tantos prejuicios burgueses tras los que anidan otros tantos intereses de la burguesía. Todas las clases que le precedieron y conquistaron el Poder procuraron consolidar las posiciones adquiridas sometiendo a la sociedad entera a su régimen de adquisición. Los proletarios sólo pueden conquistar para sí las fuerzas sociales de la producción aboliendo el régimen adquisitivo a que se hallan sujetos, y con él todo el régimen de apropiación de la sociedad. Los proletarios no tienen nada propio que asegurar, sino destruir todos los aseguramientos y seguridades privadas de los demás.

Hasta ahora, todos los movimientos sociales habían sido movimientos desatados por una minoría o en interés de una minoría. El movimiento proletario es el movimiento autónomo de una inmensa mayoría en interés de una mayoría inmensa. El proletariado, la capa más baja y oprimida de la sociedad actual, no puede levantarse, incorporarse, sin hacer saltar, hecho añicos desde los cimientos hasta el remate, todo ese edificio que forma la sociedad oficial. Por su forma, aunque no por su contenido, la campaña del proletariado contra la burguesía empieza siendo nacional. Es lógico que el proletariado de cada país ajuste ante todo las cuentas con su propia burguesía.

Al esbozar, en líneas muy generales, las diferentes fases de desarrollo del proletariado, hemos seguido las incidencias de la guerra civil más o menos embozada que se plantea en el seno de la sociedad vigente hasta el momento en que esta guerra civil desencadena una revolución abierta y franca, y el proletariado, derrocando por la violencia a la burguesía, echa las bases de su poder.

Hasta hoy, toda sociedad descansó, como hemos visto, en el antagonismo entre las clases oprimidas y las opresoras. Mas para poder oprimir a una clase es menester asegurarle, por lo menos, las condiciones indispensables de vida, pues de otro modo se extinguiría, y con ella su esclavizamiento. El siervo de la gleba se vio exaltado a miembro del municipio sin salir de la servidumbre, como el villano convertido en burgués bajo el yugo del absolutismo feudal. La situación del obrero moderno es muy distinta, pues lejos de mejorar conforme progresa la industria, decae y empeora por debajo del nivel de su propia clase. El obrero se depaupera, y el pauperismo se desarrolla en proporciones mucho mayores que la población y la riqueza. He ahí una prueba palmaria de la incapacidad de la burguesía para seguir gobernando la sociedad e imponiendo a ésta por norma las condiciones de su vida como clase. Es incapaz de gobernar, porque es incapaz de garantizar a sus esclavos la existencia ni aun dentro de su esclavitud, porque se ve forzada a dejarlos llegar hasta una situación de desamparo en que no tiene más remedio que mantenerles, cuando son ellos quienes debieran mantenerla a ella. La sociedad no puede seguir viviendo bajo el imperio de esa clase; la vida de la burguesía se ha hecho incompatible con la sociedad.

La existencia y el predominio de la clase burguesa tienen por condición esencial la concentración de la riqueza en manos de unos cuantos individuos, la formación e incremento constante del capital; y éste, a su vez, no puede existir sin el trabajo asalariado. El trabajo asalariado Presupone, inevitablemente, la concurrencia de los obreros entre sí. Los progresos de la industria, que tienen por cauce automático y espontáneo a la burguesía, imponen, en vez del aislamiento de los obreros por la concurrencia, su unión revolucionaria por la organización. Y así, al desarrollarse la gran industria, la burguesía ve tambalearse bajo sus pies las bases sobre que produce y se apropia lo producido. Y a la par que avanza, se cava su fosa y cría a sus propios enterradores. Su muerte y el triunfo del proletariado sin igualmente inevitables.

II. PROLETARIOS Y COMUNISTAS

¿Qué relación guardan los comunistas con los proletarios en general? Los comunistas no forman un partido aparte de los demás partidos obreros.

No tienen intereses propios que se distingan de los intereses generales del proletariado. No profesan principios especiales con los que aspiren a modelar el movimiento proletario.

Los comunistas no se distinguen de los demás partidos proletarios más que en esto: en que destacan y reivindican siempre, en todas y cada una de las acciones nacionales proletarias, los intereses comunes y peculiares de todo el proletariado, independientes de su nacionalidad, y en que, cualquiera que sea la etapa histórica en que se mueva la lucha entre el proletariado y la burguesía, mantienen siempre el interés del movimiento enfocado en su conjunto. Los comunistas son, pues, prácticamente, la parte más decidida, el acicate siempre en tensión de todos los partidos obreros del mundo; teóricamente, llevan de ventaja a las grandes masas del proletariado su clara visión de las condiciones, los derroteros y los resultados generales a que ha de abocar el movimiento proletario.

El objetivo inmediato de los comunistas es idéntico al que persiguen los demás partidos proletarios en general: formar la conciencia de clase del proletariado, derrocar el régimen de la burguesía, llevar al proletariado a la conquista del Poder.

Las proposiciones teóricas de los comunistas no descansan ni mucho menos en las ideas, en los principios forjados o descubiertos por ningún redentor de la humanidad. Son todas expresión generalizada de las condiciones materiales de una lucha de clases real y vívida, de un movimiento histórico que se está desarrollando a la vista de todos. La abolición del régimen vigente de la propiedad no es tampoco ninguna característica peculiar del comunismo. Las condiciones que forman el régimen de la propiedad han estado sujetas siempre a cambios históricos, a alteraciones históricas constantes.

Así, por ejemplo, la Revolución francesa abolió la propiedad feudal para instaurar sobre sus ruinas la propiedad burguesa.

Lo que caracteriza al comunismo no es la abolición de la propiedad en general, sino la abolición del régimen de propiedad de la burguesía, de esta moderna institución de la propiedad privada burguesa, expresión última y la más acabada de ese régimen de producción y apropiación de lo producido que reposa sobre el antagonismo de dos clases, sobre la explotación de unos hombres por otros.

Así entendida, sí pueden los comunistas resumir su teoría en esa fórmula: abolición de la propiedad privada.

Se nos reprocha que queremos destruir la propiedad personal bien adquirida, fruto del trabajo y del esfuerzo humano, esa propiedad que es para el hombre la base de toda libertad, el acicate de todas las actividades y la garantía de toda independencia.

¡La propiedad bien adquirida, fruto del trabajo y del esfuerzo humano! ¿Os referís acaso a la propiedad del humilde artesano, del pequeño labriego, precedente histórico de la propiedad burguesa? No, ésa no necesitamos destruirla; el desarrollo de la industria lo ha hecho ya y lo está haciendo a todas horas.

¿O queréis referiros a la moderna propiedad privada de la burguesía? Decidnos: ¿es que el trabajo asalariado, el trabajo de proletario, le rinde propiedad? No, ni mucho menos. Lo que rinde es capital, esa forma de propiedad que se nutre de la explotación del trabajo asalariado, que sólo puede crecer y multiplicarse a condición de engendrar nuevo trabajo asalariado para hacerlo también objeto de su explotación. La propiedad, en la forma que hoy presenta, no admite salida a este antagonismo del capital y el trabajo asalariado. Detengámonos un momento a contemplar los dos términos de la antítesis.

Ser capitalista es ocupar un puesto, no simplemente personal, sino social, en el proceso de la producción. El capital es un producto colectivo y no puede ponerse en marcha más que por la cooperación de muchos individuos, y aún cabría decir que, en rigor, esta cooperación abarca la actividad común de todos los individuos de la sociedad. El capital no es, pues, un patrimonio personal, sino una potencia social.

Los que, por tanto, aspiramos a convertir el capital en propiedad colectiva, común a todos los miembros de la sociedad, no aspiramos a convertir en colectiva una riqueza personal. A lo único que aspiramos es a transformar el carácter colectivo de la propiedad, a despojarla de su carácter de clase.

Hablemos ahora del trabajo asalariado. El precio medio del trabajo asalariado es el mínimo del salario, es decir, la suma de víveres necesaria para sostener al obrero como tal obrero. Todo lo que el obrero asalariado adquiere con su trabajo es, pues, lo que estrictamente necesita para seguir viviendo y trabajando. Nosotros no aspiramos en modo alguno a destruir este régimen de apropiación personal de los productos de un trabajo encaminado a crear medios de vida: régimen de apropiación que no deja, como vemos, el menor margen de rendimiento líquido y, con él, la posibilidad de ejercer influencia sobre los demás hombres. A lo que aspiramos es a destruir el carácter oprobioso de este régimen de apropiación en que el obrero sólo vive para multiplicar el capital, en que vive tan sólo en la medida en que el interés de la clase dominante aconseja que viva. En la sociedad burguesa, el trabajo vivo del hombre no es más que un medio de incrementar el trabajo acumulado. En la sociedad comunista, el trabajo acumulado será, por el contrario, un simple medio para dilatar, fomentar y enriquecer la vida del obrero.

En la sociedad burguesa es, pues, el pasado el que impera sobre el presente; en la comunista, imperará el presente sobre el pasado. En la sociedad burguesa se reserva al capital toda personalidad e iniciativa; el individuo trabajador carece de iniciativa y personalidad. ¡Y a la abolición de estas condiciones, llama la burguesía abolición de la personalidad y la libertad! Y, sin embargo, tiene razón. Aspiramos, en efecto, a ver abolidas la personalidad, la independencia y la libertad burguesa.

Por libertad se entiende, dentro del régimen burgués de la producción, el librecambio, la libertad de comprar y vender.

Desaparecido el tráfico, desaparecerá también, forzosamente el libre tráfico. La apología del libre tráfico, como en general todos los ditirambos a la libertad que entona nuestra burguesía, sólo tienen sentido y razón de ser en cuanto significan la emancipación de las trabas y la servidumbre de la Edad Media, pero palidecen ante la abolición comunista del tráfico, de las condiciones burguesas de producción y de la propia burguesía.

Os aterráis de que queramos abolir la propiedad privada, ¡cómo si ya en el seno de vuestra sociedad actual, la propiedad privada no estuviese abolida para nueve décimas partes de la población, como si no existiese precisamente a costa de no existir para esas nueve décimas partes! ¿Qué es, pues, lo que en rigor nos reprocháis? Querer destruir un régimen de propiedad que tiene por necesaria condición el despojo de la inmensa mayoría de la sociedad. Nos reprocháis, para decirlo de una vez, querer abolir vuestra propiedad. Pues sí, a eso es a lo que aspiramos.

Para vosotros, desde el momento en que el trabajo no pueda convertirse ya en capital, en dinero, en renta, en un poder social monopolizable; desde el momento en que la propiedad personal no pueda ya trocarse en propiedad burguesa, la persona no existe.

Con eso confesáis que para vosotros no hay más persona que el burgués, el capitalista. Pues bien, la personalidad así concebida es la que nosotros aspiramos a destruir.

El comunismo no priva a nadie del poder de apropiarse productos sociales; lo único que no admite es el poder de usurpar por medio de esta apropiación el trabajo ajeno.

Se arguye que, abolida la propiedad privada, cesará toda actividad y reinará la indolencia universal.

Si esto fuese verdad, ya hace mucho tiempo que se habría estrellado contra el escollo de la holganza una sociedad como la burguesa, en que los que trabajan no adquieren y los que adquieren, no trabajan. Vuestra objeción viene a reducirse, en fin de cuentas, a una verdad que no necesita de demostración, y es que, al desaparecer el capital, desaparecerá también el trabajo asalariado.

Las objeciones formuladas contra el régimen comunista de apropiación y producción material, se hacen extensivas a la producción y apropiación de los productos espirituales. Y así como el destruir la propiedad de clases equivale, para el burgués, a destruir la producción, el destruir la cultura de clase es para él sinónimo de destruir la cultura en general. Esa cultura cuya pérdida tanto deplora, es la que convierte en una máquina a la inmensa mayoría de la sociedad.

Al discutir con nosotros y criticar la abolición de la propiedad burguesa partiendo de vuestras ideas burguesas de libertad, cultura, derecho, etc., no os dais cuenta de que esas mismas ideas son otros tantos productos del régimen burgués de propiedad y de producción, del mismo modo que vuestro derecho no es más que la voluntad de vuestra clase elevada a ley: una voluntad que tiene su contenido y encarnación en las condiciones materiales de vida de vuestra clase.

Compartís con todas las clases dominantes que han existido y perecieron la idea interesada de que vuestro régimen de producción y de propiedad, obra de condiciones históricas que desaparecen en el transcurso de la producción, descansa sobre leyes naturales eternas y sobre los dictados de la razón. Os explicáis que haya perecido la propiedad antigua, os explicáis que pereciera la propiedad feudal; lo que no os podéis explicar es que perezca la propiedad burguesa, vuestra propiedad.

¡Abolición de la familia! Al hablar de estas intenciones satánicas de los comunistas, hasta los más radicales gritan escándalo.

Pero veamos: ¿en qué se funda la familia actual, la familia burguesa? En el capital, en el lucro privado. Sólo la burguesía tiene una familia, en el pleno sentido de la palabra; y esta familia encuentra su complemento en la carencia forzosa de relaciones familiares de los proletarios y en la pública prostitución.

Es natural que ese tipo de familia burguesa desaparezca al desaparecer su complemento, y que una y otra dejen de existir al dejar de existir el capital, que le sirve de base. ¿Nos reprocháis acaso que aspiremos a abolir la explotación de los hijos por sus padres? Sí, es cierto, a eso aspiramos.

Pero es, decís, que pretendemos destruir la intimidad de la familia, suplantando la educación doméstica por la social.

¿Acaso vuestra propia educación no está también influida por la sociedad, por las condiciones sociales en que se desarrolla, por la intromisión más o menos directa en ella de la sociedad a través de la escuela, etc.? No son precisamente los comunistas los que inventan esa intromisión de la sociedad en la educación; lo que ellos hacen es modificar el carácter que hoy tiene y sustraer la educación a la influencia de la clase dominante.

Esos tópicos burgueses de la familia y la educación, de la intimidad de las relaciones entre padres e hijos, son tanto más grotescos y descarados cuanto más la gran industria va desgarrando los lazos familiares de los proletarios y convirtiendo a los hijos en simples mercancías y meros instrumentos de trabajo.

¡Pero es que vosotros, los comunistas, nos grita a coro la burguesía entera, pretendéis colectivizar a las mujeres!

El burgués, que no ve en su mujer más que un simple instrumento de producción, al oírnos proclamar la necesidad de que los instrumentos de producción sean explotados colectivamente, no puede por menos de pensar que el régimen colectivo se hará extensivo igualmente a la mujer. No advierte que de lo que se trata es precisamente de acabar con la situación de la mujer como mero instrumento de producción.

Nada más ridículo, por otra parte, que esos alardes de indignación, henchida de alta moral de nuestros burgueses, al hablar de la tan cacareada colectivización de las mujeres por el comunismo. No; los comunistas no tienen que molestarse en implantar lo que ha existido siempre o casi siempre en la sociedad.

Nuestros burgueses, no bastándoles, por lo visto, con tener a su disposición a las mujeres y a los hijos de sus proletarios -¡y no hablemos de la prostitución oficial!-, sienten una grandísima fruición en seducirse unos a otros sus mujeres.

En realidad, el matrimonio burgués es ya la comunidad de las esposas. A lo sumo, podría reprocharse a los comunistas el pretender sustituir este hipócrita y recatado régimen colectivo de hoy por una colectivización oficial, franca y abierta, de la mujer. Por lo demás, fácil es comprender que, al abolirse el régimen actual de producción, desaparecerá con él el sistema de comunidad de la mujer que engendra, y que se refugia en la prostitución, en la oficial y en la encubierta.

A los comunistas se nos reprocha también que queramos abolir la patria, la nacionalidad. Los trabajadores no tienen patria. Mal se les puede quitar lo que no tienen. No obstante, siendo la mira inmediata del proletariado la conquista del Poder político, su exaltación a clase nacional, a nación, es evidente que también en él reside un sentido nacional, aunque ese sentido no coincida ni mucho menos con el de la burguesía.

Ya el propio desarrollo de la burguesía, el librecambio, el mercado mundial, la uniformidad reinante en la producción industrial, con las condiciones de vida que engendra, se encargan de borrar más y más las diferencias y antagonismos nacionales.

El triunfo del proletariado acabará de hacerlos desaparecer. La acción conjunta de los proletarios, a lo menos en las naciones civilizadas, es una de las condiciones primordiales de su emancipación. En la medida y a la par que vaya desapareciendo la explotación de unos individuos por otros, desaparecerá también la explotación de unas naciones por otras. Con el antagonismo de las clases en el seno de cada nación, se borrará la hostilidad de las naciones entre sí.

No queremos entrar a analizar las acusaciones que se hacen contra el comunismo desde el punto de vista religioso-filosófico e ideológico en general.

No hace falta ser un lince para ver que, al cambiar las condiciones de vida, las relaciones sociales, la existencia social del hombre, cambian también sus ideas, sus opiniones y sus conceptos, su conciencia, en una palabra.

La historia de las ideas es una prueba palmaria de cómo cambia y se transforma la producción espiritual con la material. Las ideas imperantes en una época han sido siempre las ideas propias de la clase imperante.

Se habla de ideas que revolucionan a toda una sociedad; con ello, no se hace más que dar expresión a un hecho, y es que en el seno de la sociedad antigua han germinado ya los elementos para la nueva, y a la par que se esfuman o derrumban las antiguas condiciones de vida, se derrumban y esfuman las ideas antiguas.

Cuando el mundo antiguo estaba a punto de desaparecer, las religiones antiguas fueron vencidas y suplantadas por el cristianismo. En el siglo XVIII, cuando las ideas cristianas sucumbían ante el racionalismo, la sociedad feudal pugnaba desesperadamente, haciendo un último esfuerzo, con la burguesía, entonces revolucionaria. Las ideas de libertad de conciencia y de libertad religiosa no hicieron más que proclamar el triunfo de la libre concurrencia en el mundo ideológico.

Se nos dirá que las ideas religiosas, morales, filosóficas, políticas, jurídicas, etc., aunque sufran alteraciones a lo largo de la historia, llevan siempre un fondo de perennidad, y que por debajo de esos cambios siempre ha habido una religión, una moral, una filosofía, una política, un derecho.

Además, se seguirá arguyendo, existen verdades eternas, como la libertad, la justicia, etc., comunes a todas las sociedades y a todas las etapas de progreso de la sociedad. Pues bien, el comunismo -continúa el argumento- viene a destruir estas verdades eternas, la moral, la religión, y no a sustituirlas por otras nuevas; viene a interrumpir violentamente todo el desarrollo histórico anterior.

Veamos a qué queda reducida esta acusación. Hasta hoy, toda la historia de la sociedad ha sido una constante sucesión de antagonismos de clases, que revisten diversas modalidades, según las épocas.

Mas, cualquiera que sea la forma que en cada caso adopte, la explotación de una parte de la sociedad por la otra es un hecho común a todas las épocas del pasado. Nada tiene, pues, de extraño que la conciencia social de todas las épocas se atenga, a despecho de toda la variedad y de todas las divergencias, a ciertas formas comunes, formas de conciencia hasta que el antagonismo de clases que las informa no desaparezca radicalmente.

La revolución comunista viene a romper de la manera más radical con el régimen tradicional de la propiedad; nada tiene, pues, de extraño que se vea obligada a romper, en su desarrollo, de la manera también más radical, con las ideas tradicionales.

Pero no queremos detenernos por más tiempo en los reproches de la burguesía contra el comunismo.

Ya dejamos dicho que el primer paso de la revolución obrera será la exaltación del proletariado al Poder, la conquista de la democracia.

El proletariado se valdrá del Poder para ir despojando paulatinamente a la burguesía de todo el capital, de todos los instrumentos de la producción, centralizándolos en manos del Estado, es decir, del proletariado organizado como clase gobernante, y procurando fomentar por todos los medios y con la mayor rapidez posible las energías productivas.

Claro está que, al principio, esto sólo podrá llevarse a cabo mediante una acción despótica sobre la propiedad y el régimen burgués de producción, por medio de medidas que, aunque de momento parezcan económicamente insuficientes e insostenibles, en el transcurso del movimiento serán un gran resorte propulsor y de las que no puede prescindiese como medio para transformar todo el régimen de producción vigente.

Estas medidas no podrán ser las mismas, naturalmente, en todos los países. Para los más progresivos mencionaremos unas cuantas, susceptibles, sin duda, de ser aplicadas con carácter más o menos general, según los casos.

1. Expropiación de la propiedad inmueble y aplicación de la renta del suelo a los gastos públicos.

2. Fuerte impuesto progresivo.

3. Abolición del derecho de herencia.

4. Confiscación de la fortuna de los emigrados y rebeldes.

5. Centralización del crédito en el Estado por medio de un Banco nacional con capital del Estado y régimen de monopolio.

6. Nacionalización de los transportes.

7. Multiplicación de las fábricas nacionales y de los medios de producción, roturación y mejora de terrenos con arreglo a un plan colectivo.

8. Proclamación del deber general de trabajar; creación de ejércitos industriales, principalmente en el campo.

9. Articulación de las explotaciones agrícolas e industriales; tendencia a ir borrando gradualmente las diferencias entre el campo y la ciudad.

10. Educación pública y gratuita de todos los niños. Prohibición del trabajo infantil en las fábricas bajo su forma actual. Régimen combinado de la educación con la producción material, etc.

Tan pronto como, en el transcurso del tiempo, hayan desaparecido las diferencias de clase y toda la producción esté concentrada en manos de la sociedad, el Estado perderá todo carácter político. El Poder político no es, en rigor, más que el poder organizado de una clase para la opresión de la otra. El proletariado se ve forzado a organizarse como clase para luchar contra la burguesía; la revolución le lleva al Poder; mas tan pronto como desde él, como clase gobernante, derribe por la fuerza el régimen vigente de producción, con éste hará desaparecer las condiciones que determinan el antagonismo de clases, las clases mismas, y, por tanto, su propia soberanía como tal clase.

Y a la vieja sociedad burguesa, con sus clases y sus antagonismos de clase, sustituirá una asociación en que el libre desarrollo de cada uno condicione el libre desarrollo de todos.

III. LITERATURA SOCIALISTA Y COMUNISTA

1. El socialismo reaccionario

El socialismo feudal

La aristocracia francesa e inglesa, que no se resignaba a abandonar su puesto histórico, se dedicó, cuando ya no pudo hacer otra cosa, a escribir libelos contra la moderna sociedad burguesa. En la revolución francesa de julio de 1830, en el movimiento reformista inglés, volvió a sucumbir, arrollada por el odiado intruso. Y no pudiendo dar ya ninguna batalla política seria, no le quedaba más arma que la pluma. Mas también en la palestra literaria habían cambiado los tiempos; ya no era posible seguir empleando el lenguaje de la época de la Restauración.[5] Para ganarse simpatías, la aristocracia hubo de olvidar aparentemente sus intereses y acusar a la burguesía, sin tener presente más interés que el de la clase obrera explotada. De este modo, se daba el gusto de provocar a su adversario y vencedor con amenazas y de musitarle al oído profecías más o menos catastróficas.

Nació así, el socialismo feudal, una mezcla de lamento, eco del pasado y rumor sordo del porvenir; un socialismo que de vez en cuando asestaba a la burguesía un golpe en medio del corazón con sus juicios sardónicos y acerados, pero que casi

---

5. No se trata aquí de la Restauración inglesa de 1660-1689, sino de la francesa de 1814-1830.

siempre movía a risa por su total incapacidad para comprender la marcha de la historia moderna.

Con el fin de atraer hacia sí al pueblo, tremolaba el saco del mendigo proletario por bandera. Pero cuantas veces lo seguía, el pueblo veía brillar en las espaldas de los caudillos las viejas armas feudales y se dispersaba con una risotada nada contenida y bastante irrespetuosa. Una parte de los legitimistas franceses y la joven Inglaterra, fueron los más perfectos organizadores de este espectáculo.

Esos señores feudales, que tanto insisten en demostrar que sus modos de explotación no se parecían en nada a los de la burguesía, se olvidan de una cosa, y es de que las circunstancias y condiciones en que ellos llevaban a cabo su explotación han desaparecido. Y, al enorgullecerse de que bajo su régimen no existía el moderno proletariado, no advierten que esta burguesía moderna que tanto abominan, es un producto históricamente necesario de su orden social.

Por lo demás, no se molestan gran cosa en encubrir el sello reaccionario de sus doctrinas, y así se explica que su más rabiosa acusación contra la burguesía sea precisamente el crear y fomentar bajo su régimen una clase que está llamada a derruir todo el orden social heredado. Lo que más reprochan a la burguesía no es el engendrar un proletariado, sino el engendrar un proletariado revolucionario.

Por eso, en la práctica están siempre dispuestos a tomar parte en todas las violencias y represiones contra la clase obrera, y en la prosaica realidad se resignan, pese a todas las retóricas ampulosas, a recolectar también los huevos de oro y a trocar la nobleza, el amor y el honor caballerescos por el vil tráfico en lana, remolacha y aguardiente.[6]

Como los curas van siempre del brazo de los señores feudales, no es extraño que con este socialismo feudal venga a confluir el socialismo clerical.

Nada más fácil que dar al ascetismo cristiano un barniz socialista. ¿No combatió también el cristianismo contra la propiedad privada, contra el matrimonio, contra el Estado? ¿No predicó frente a las instituciones la caridad y la limosna, el celibato y el castigo de la carne, la vida monástica y la Iglesia? El socialismo cristiano es el hisopazo con que el clérigo bendice el despecho del aristócrata.

El socialismo pequeñoburgués

La aristocracia feudal no es la única clase derrocada por la burguesía, la única clase cuyas condiciones de vida ha venido a oprimir y matar la sociedad burguesa moderna. Los villanos medievales y los pequeños labriegos fueron los precursores de la moderna burguesía. Y en los países en que la industria y el comercio no han alcanzado un nivel suficiente de desarrollo, esta clase sigue vegetando al lado de la burguesía ascensional.

---

6. Esto se refiere en primer término a Alemania, donde los terratenientes aristócratas y los "junkers" cultivan por cuenta propia gran parte de sus tierras con ayuda de administradores, y poseen, además, grandes fábricas de azúcar de remolacha y destilerías de alcohol. Los más acaudalados aristócratas británicos todavía no han llegado a tanto; pero también ellos saben cómo pueden compensar la disminución de la renta, cediendo sus nombres a los fundadores de toda clase de sociedades anónimas de reputación más o menos dudosa.

En aquellos otros países en que la civilización moderna alcanza un cierto grado de progreso, ha venido a formarse una nueva clase pequeñoburguesa que flota entre la burguesía y el proletariado y que, si bien gira constantemente en torno a la sociedad burguesa como satélite suyo, no hace más que brindar nuevos elementos al proletariado, precipitados a éste por la concurrencia; al desarrollarse la gran industria llega un momento en que esta parte de la sociedad moderna pierde su substantividad y se ve suplantada en el comercio, en la manufactura, en la agricultura por los capataces y los domésticos.

En países como Francia, en que la clase labradora representa mucho más de la mitad de la población, era natural que ciertos escritores, al abrazar la causa del proletariado contra la burguesía, tomasen por norma, para criticar el régimen burgués, los intereses de los pequeños burgueses y los campesinos, simpatizando por la causa obrera con el ideario de la pequeña burguesía. Así nació el socialismo pequeñoburgués. Su representante más caracterizado, lo mismo en Francia que en Inglaterra, es Sismondi.

Este socialismo ha analizado con una gran agudeza las contradicciones del moderno régimen de producción. Ha desenmascarado las argucias hipócritas con que pretenden justificarlas los economistas. Ha puesto de relieve de modo irrefutable, los efectos aniquiladores del maquinismo y la división del trabajo, la concentración de los capitales y la propiedad inmueble, la superproducción, las crisis, la inevitable desaparición de los pequeños burgueses y labriegos, la miseria del proletariado, la anarquía reinante en la producción, las desigualdades irritantes que claman en la distribución de la riqueza, la aniquiladora guerra industrial de unas naciones contra otras, la disolución de las costumbres antiguas, de la familia tradicional, de las viejas nacionalidades.

Pero en lo que atañe ya a sus fórmulas positivas, este socialismo no tiene más aspiración que restaurar los antiguos medios de producción y de cambio, y con ellos el régimen tradicional de propiedad y la sociedad tradicional, cuando no pretende volver a encajar por la fuerza los modernos medios de producción y de cambio dentro del marco del régimen de propiedad que hicieron y forzosamente tenían que hacer saltar. En uno y otro caso peca, a la par, de reaccionario y de utópico.

En la manufactura, la restauración de los viejos gremios, y en el campo, la implantación de un régimen patriarcal: he ahí sus dos magnas aspiraciones.

Hoy, esta corriente socialista ha venido a caer en una cobarde modorra.

El socialismo alemán o "verdadero" socialismo

La literatura socialista y comunista de Francia, nacida bajo la presión de una burguesía gobernante y expresión literaria de la lucha librada contra su avasallamiento, fue importada en Alemania en el mismo instante en que la burguesía empezaba a sacudir el yugo del absolutismo feudal.

Los filósofos, pseudofilósofos y grandes ingenios del país se asimilaron codiciosamente aquella literatura, pero olvidando que con las doctrinas no habían pasado la frontera también las condiciones sociales a que respondían. Al enfrentarse con la situación alemana, la literatura socialista francesa perdió toda su importancia práctica directa, para asumir una fisonomía puramente literaria y convertirse en una ociosa especulación acerca del espíritu humano y de sus proyecciones sobre la realidad. Y así, mientras que los postulados de la primera revolución francesa eran, para los filósofos alemanes del siglo XVIII, los postulados de la "razón práctica" en general, las aspiraciones de la burguesía francesa revolucionaria representaban a sus ojos las leyes de la voluntad pura, de la voluntad ideal, de una voluntad verdaderamente humana.

La única preocupación de los literatos alemanes era armonizar las nuevas ideas francesas con su vieja conciencia filosófica, o, por mejor decir, asimilarse desde su punto de vista filosófico aquellas ideas.

Esta asimilación se llevó a cabo por el mismo procedimiento con que se asimila uno una lengua extranjera: traduciéndola.

Todo el mundo sabe que los monjes medievales se dedicaban a recamar los manuscritos que atesoraban las obras clásicas del paganismo con todo género de insubstanciales historias de santos de la Iglesia católica. Los literatos alemanes procedieron con la literatura francesa profana de un modo inverso. Lo que hicieron fue empalmar sus absurdos filosóficos a los originales franceses. Y así, donde el original desarrollaba la crítica del dinero, ellos pusieron: "expropiación del ser humano"; donde se criticaba el Estado burgués: "abolición del imperio de lo general abstracto", y así por el estilo.

Esta interpelación de locuciones y galimatías filosóficos en las doctrinas francesas, fue bautizada con los nombres de "filosofía del hecho", "verdadero socialismo", "ciencia alemana del socialismo", "fundamentación filosófica del socialismo", y otros semejantes.

De este modo, la literatura socialista y comunista francesa perdía toda su virilidad. Y como, en manos de los alemanes, no expresaba ya la lucha de una clase contra otra clase, el profesor germano se hacía la ilusión de haber superado el "parcialismo francés"; a falta de verdaderas necesidades pregonaba la de la verdad, y a falta de los intereses del proletariado mantenía los intereses del ser humano, del hombre en general, de ese hombre que no reconoce clases, que ha dejado de vivir en la realidad para transportarse al cielo vaporoso de la fantasía filosófica.

Sin embargo, este socialismo alemán, que tomaba tan en serio sus desmayados ejercicios escolares y que tanto y tan solemnemente trompeteaba, fue perdiendo poco a poco su pedantesca inocencia.

En la lucha de la burguesía alemana, y principalmente, de la prusiana, contra el régimen feudal y la monarquía absoluta, el movimiento liberal fue tomando un cariz más serio. Esto deparaba al "verdadero" socialismo la ocasión apetecida para oponer al movimiento político las reivindicaciones socialistas, para fulminar los consabidos anatemas contra el liberalismo, contra el Estado representativo, contra la libre concurrencia burguesa, contra la libertad de Prensa, la libertad, la igualdad y el derecho burgueses, predicando ante la masa del pueblo que con este movimiento burgués no saldría ganando nada y sí perdiendo mucho. El socialismo alemán se cuidaba de olvidar oportunamente que la crítica francesa, de la que no era más que un eco sin vida, presuponía la existencia de la sociedad burguesa moderna, con sus peculiares condiciones materiales de vida y su organización política adecuada, supuestos previos ambos en torno a los cuales giraba precisamente la lucha en Alemania.

Este "verdadero" socialismo les venía al dedillo a los gobiernos absolutos alemanes, con toda su cohorte de clérigos, maestros de escuela, hidalgüelos raídos y cagatintas, pues les servía de espantapájaros contra la amenazadora burguesía. Era una especie de melifluo complemento a los feroces latigazos y a las balas de fusil con que esos gobiernos recibían los levantamientos obreros.

Pero el "verdadero" socialismo, además de ser, como vemos, un arma en manos de los gobiernos contra la burguesía alemana, encarnaba de una manera directa un interés reaccionario, el interés de la baja burguesía del país. La pequeña burguesía, heredada del siglo XVI y que desde entonces no había cesado de aflorar bajo diversas formas y modalidades, constituye en Alemania la verdadera base social del orden vigente.

Conservar esta clase es conservar el orden social imperante. Del predominio industrial y político de la burguesía teme la ruina segura, tanto por la concentración de capitales que ello significa, como porque entraña la formación de un proletariado revolucionario. El "verdadero" socialismo venía a cortar de un tijeretazo -así se lo imaginaba ella- las dos alas de este peligro. Por eso, se extendió por todo el país como una verdadera epidemia. El ropaje ampuloso en que los socialistas alemanes envolvían el puñado de huesos de sus "verdades eternas", un ropaje tejido con hebras especulativas, bordado con las flores retóricas de su ingenio, empapado de nieblas melancólicas y románticas, hacía todavía más gustosa la mercancía para ese público.

Por su parte, el socialismo alemán comprendía más claramente cada vez que su misión era la de ser el alto representante y abanderado de esa baja burguesía.

Proclamó a la nación alemana como nación modelo y al súbdito alemán como el tipo ejemplar de hombre. Dio a todos sus servilismos y vilezas un hondo y oculto sentido socialista, tornándolos en lo contrario de lo que en realidad eran. Y al alzarse curiosamente contra las tendencias "barbaras y destructivas" del comunismo, subrayando como contraste la imparcialidad sublime de sus propias doctrinas, ajenas a toda lucha de clases, no hacía más que sacar la última consecuencia lógica de su sistema. Toda la pretendida literatura socialista y comunista que circula por Alemania, con poquísimas excepciones, profesa estas doctrinas repugnantes y castradas.[7]

2. El socialismo burgués o conservador

Una parte de la burguesía desea mitigar las injusticias sociales, para de este modo garantizar la perduración de la sociedad burguesa.

Se encuentran en este bando los economistas, los filántropos, los humanitarios, los que aspiran a mejorar la situación de las clases obreras, los organizadores de actos de beneficencia, las sociedades protectoras de animales, los promotores de

---

7. La tormenta revolucionaria de 1848 barrió esta miserable escuela y ha quitado a sus partidarios todo deseo de seguir haciendo socialismo. El principal representante y el tipo clásico de esta escuela es el señor Karl Grün.

campañas contra el alcoholismo, los predicadores y reformadores sociales de toda laya.

Pero, además, de este socialismo burgués han salido verdaderos sistemas doctrinales. Sirva de ejemplo la Filosofía de la miseria de Proudhon.

Los burgueses socialistas considerarían ideales las condiciones de vida de la sociedad moderna sin las luchas y los peligros que encierran. Su ideal es la sociedad existente, depurada de los elementos que la corroen y revolucionan: la burguesía sin el proletariado. Es natural que la burguesía se represente el mundo en que gobierna como el mejor de los mundos posibles. El socialismo burgués eleva esta idea consoladora a sistema o semisistema. Y al invitar al proletariado a que lo realice, tomando posesión de la nueva Jerusalén, lo que en realidad exige de él es que se avenga para siempre al actual sistema de sociedad, pero desterrando la deplorable idea que de él se forma.

Una segunda modalidad, aunque menos sistemática bastante más práctica, de socialismo, pretende ahuyentar a la clase obrera de todo movimiento revolucionario haciéndole ver que lo que a ella le interesa no son tales o cuales cambios políticos, sino simplemente determinadas mejoras en las condiciones materiales, económicas, de su vida. Claro está que este socialismo se cuida de no incluir entre los cambios que afectan a las "condiciones materiales de vida" la abolición del régimen burgués de producción, que sólo puede alcanzarse por la vía revolucionaria; sus aspiraciones se contraen a esas reformas administrativas que son conciliables con el actual régimen de producción y que, por tanto, no tocan para nada a las relaciones entre el capital y el trabajo asalariado, sirviendo sólo -en el mejor de los casos- para abaratar a la burguesía las costas de su reinado y sanearle el presupuesto.

Este socialismo burgués a que nos referimos, sólo encuentra expresión adecuada allí donde se convierte en mera figura retórica.

¡Pedimos el librecambio en interés de la clase obrera! ¡En interés de la clase obrera pedimos aranceles protectores! ¡Pedimos prisiones celulares en interés de la clase trabajadora! Hemos dado, por fin, con la suprema y única seria aspiración del socialismo burgués. Todo el socialismo de la burguesía se reduce, en efecto, a una tesis y es que los burgueses lo son y deben seguir siéndolo en interés de la clase trabajadora.

3. El socialismo y el comunismo crítico-utópico

No queremos referirnos aquí a las doctrinas que en todas las grandes revoluciones modernas abrazan las aspiraciones del proletariado (obras de Babeuf, etc.).

Las primeras tentativas del proletariado para ahondar directamente en sus intereses de clase, en momentos de conmoción general, en el período de derrumbamiento de la sociedad feudal, tenían que tropezar necesariamente con la falta de desarrollo del propio proletariado, de una parte, y de otra con la ausencia de las condiciones materiales indispensables para su emancipación, que habían de ser el fruto de la época burguesa. La literatura revolucionaria que guía estos primeros pasos vacilantes del proletariado es, y necesariamente tenía que serlo, juzgada por su contenido, reaccionaria. Estas doctrinas profesan un ascetismo universal y un torpe y vago igualitarismo.

Los verdaderos sistemas socialistas y comunistas, los sistemas de Saint-Simon, de Fourier, de Owen, etc., brotan en la primera fase embrionaria de las luchas entre el proletariado y la burguesía, tal como más arriba la dejamos esbozada. (V. el capítulo "Burgueses y proletarios").

Cierto es que los autores de estos sistemas penetran ya en el antagonismo de las clases y en la acción de los elementos disolventes que germinan en el seno de la propia sociedad gobernante. Pero no aciertan todavía a ver en el proletariado una acción histórica independiente, un movimiento político propio y peculiar.

Y como el antagonismo de clase se desarrolla siempre a la par con la industria, se encuentran con que les faltan las condiciones materiales para la emancipación del proletariado, y es en vano que se debatan por crearlas mediante una ciencia social y a fuerza de leyes sociales. Esos autores pretenden suplantar la acción social por su acción personal especulativa, las condiciones históricas que han de determinar la emancipación proletaria por condiciones fantásticas que ellos mismos se forjan, la gradual organización del proletariado como clase por una organización de la sociedad inventada a su antojo. Para ellos, el curso universal de la historia que ha de venir se cifra en la propaganda y práctica ejecución de sus planes sociales.

Es cierto que en esos planes tienen la conciencia de defender primordialmente los intereses de la clase trabajadora, pero sólo porque la consideran la clase más sufrida. Es la única función en que existe para ellos el proletariado.

La forma embrionaria que todavía presenta la lucha de clases y las condiciones en que se desarrolla la vida de estos autores hace que se consideren ajenos a esa lucha de clases y como situados en un plano muy superior. Aspiran a mejorar las condiciones de vida de todos los individuos de la sociedad, incluso los mejor acomodados. De aquí que no cesen de apelar a la sociedad entera sin distinción, cuando no se dirigen con preferencia a la propia clase gobernante. Abrigan la seguridad de que basta conocer su sistema para acatarlo como el plan más perfecto para la mejor de las sociedades posibles.

Por eso, rechazan todo lo que sea acción política, y muy principalmente la revolucionaria; quieren realizar sus aspiraciones por la vía pacífica e intentan abrir paso al nuevo evangelio social predicando con el ejemplo, por medio de pequeños experimentos que, naturalmente, les fallan siempre.

Estas descripciones fantásticas de la sociedad del mañana brotan en una época en que el proletariado no ha alcanzado aún la madurez, en que, por tanto, se forja todavía una serie de ideas fantásticas acerca de su destino y posición, dejándose llevar por los primeros impulsos, puramente intuitivos, de transformar radicalmente la sociedad.

Y, sin embargo, en estas obras socialistas y comunistas hay ya un principio de crítica, puesto que atacan las bases todas de la sociedad existente. Por eso, han contribuido notablemente a ilustrar la conciencia de la clase trabajadora. Mas, fuera de esto, sus doctrinas de carácter positivo acerca de la sociedad futura, las que predican, por ejemplo, que en ella se borrarán las diferencias entre la ciudad y el campo o las que proclaman la abolición de la familia, de la propiedad privada, del trabajo asalariado, el triunfo de la armonía social, la transformación del Estado en un simple organismo administrativo de la producción, giran todas en torno a la desaparición de la lucha de clases, de esa lucha de clases que empieza a dibujarse y que ellos apenas si conocen en su primera e informe vaguedad. Por eso, todas sus doctrinas y aspiraciones tienen un carácter puramente utópico.

La importancia de este socialismo y comunismo crítico-utópico está en razón inversa al desarrollo histórico de la sociedad. Al paso que la lucha de clases se define y acentúa, va perdiendo importancia práctica y sentido teórico esa fantástica posición de superioridad respecto a ella, esa fe fantástica en su supresión. Por eso, aunque algunos de los autores de estos sistemas socialistas fueran en muchos respectos verdaderos revolucionarios, sus discípulos forman hoy día sectas indiscutiblemente reaccionarias, que tremolan y mantienen impertérritas las viejas ideas de sus maestros frente a los nuevos derroteros históricos del proletariado. Son, pues, consecuentes cuando pugnan por mitigar la lucha de clases y por conciliar lo inconciliable. Y siguen soñando con la fundación de falansterios, con la colonización interior, con la creación de una pequeña Icaria,[8] edición en miniatura de la nueva Jerusalén. Y para levantar todos esos castillos en el aire, no tienen más remedio que apelar a la filantrópica generosidad de los corazones y los bolsillos burgueses. Poco a poco van resbalando a la categoría de los socialistas reaccionarios o conservadores, de los cuales sólo se distinguen por su sistemática pedantería y por el fanatismo supersticioso con que comulgan en las milagrerías de su ciencia social. He ahí por qué se enfrentan rabiosamente con todos los movimientos políticos a que se entrega el proletariado, lo bastante ciego para no creer en el nuevo evangelio que ellos le predican.

En Inglaterra, los owenistas se alzan contra los cartistas, y en Francia, los reformistas tienen enfrente a los discípulos de Fourier.

4. Actitud de los comunistas ante los otros partidos de la oposición

Después de lo que dejamos dicho en el capítulo II, fácil es comprender la relación que guardan los comunistas con los demás partidos obreros ya existentes, con los cartistas ingleses y con los reformadores agrarios de Norteamérica.

Los comunistas, aunque luchando siempre por alcanzar los objetivos inmediatos y defender los intereses cotidianos de la clase obrera, representan a la par, dentro del movimiento actual, su porvenir. En Francia se alían al partido democrático-socialista contra la burguesía conservadora y radical, mas sin renunciar por esto a su derecho de crítica frente a los tópicos y las ilusiones procedentes de la tradición revolucionaria.

En Suiza apoyan a los radicales, sin ignorar que este partido es una mezcla de elementos contradictorios: de demócratas socialistas, a la manera francesa, y de burgueses radicales. En Polonia, los comunistas apoyan al partido que sostiene la

---

8. Falansterios se llamaban a las colonias socialistas proyectadas por Carlos Fourier. Icaria era el nombre dado por Cabet a su país utópico y más tarde a su colonia comunista en América.

revolución agraria, como condición previa para la emancipación nacional del país, al partido que provocó la insurrección de Cracovia en 1846.

En Alemania, el partido comunista luchará al lado de la burguesía, mientras ésta actúe revolucionariamente, dando con ella la batalla a la monarquía absoluta, a la gran propiedad feudal y a la pequeña burguesía.

Pero todo esto sin dejar un solo instante de laborar entre los obreros, hasta afirmar en ellos con la mayor claridad posible la conciencia del antagonismo hostil que separa a la burguesía del proletariado, para que, llegado el momento, los obreros alemanes se encuentren preparados para volverse contra la burguesía, como otras tantas armas, esas mismas condiciones políticas y sociales que la burguesía, una vez que triunfe, no tendrá más remedio que implantar; para que en el instante mismo en que sean derrocadas las clases reaccionarias comience, automáticamente, la lucha contra la burguesía.

Las miradas de los comunistas convergen con un especial interés sobre Alemania, pues no desconocen que este país está en vísperas de una revolución burguesa y que esa sacudida revolucionaria se va a desarrollar bajo las propicias condiciones de la civilización europea y con un proletariado mucho más potente que el de Inglaterra en el siglo XVII y el de Francia en el XVIII, razones todas para que la revolución alemana burguesa que se avecina no sea más que el preludio inmediato de una revolución proletaria.

Resumiendo: los comunistas apoyan en todas partes, como se ve, cuantos movimientos revolucionarios se planteen contra el régimen social y político imperante. En todos estos movimientos se ponen de relieve el régimen de la propiedad, cualquiera que sea la forma más o menos progresiva que revista, como la cuestión fundamental que se ventila. Finalmente, los comunistas laboran por llegar a la unión y la inteligencia de los partidos democráticos de todos los países.

Los comunistas no tienen por qué guardar encubiertas sus ideas e intenciones. Abiertamente declaran que sus objetivos sólo pueden alcanzarse derrocando por la violencia todo el orden social existente. Tiemblen, si quieren, las clases gobernantes, ante la perspectiva de una revolución comunista. Los proletarios, con ella, no tienen nada que perder, como no sea sus cadenas. Tienen, en cambio, un mundo entero que ganar.

¡PROLETARIOS DEL MUNDO, UNÍOS!

Marc Spranger
Unkopierbar

Marc Spranger

Unkopierbar

Warum unsere Kreativität im KI-Zeitalter überlebt
oder verschwindet

DE GRUYTER

ISBN 978-3-11-223302-3
e-ISBN (PDF) 978-3-11-223303-0
e-ISBN (EPUB) 978-3-11-223304-7

Library of Congress Control Number: 2025950790

Bibliografische Information der Deutschen Nationalbibliothek
Die Deutsche Nationalbibliothek verzeichnet diese Publikation in der Deutschen Nationalbibliografie;
detaillierte bibliografische Daten sind im Internet über http://dnb.dnb.de abrufbar.

www.degruyterbrill.com
Fragen zur allgemeinen Produktsicherheit:
productsafety@degruyterbrill.com

Für Friedrich und August,
meine geliebten Kinder

Inhalt

1 Prolog

1.1 Kultur im Zeitalter der Künstlichen Intelligenz

Die Art, wie wir leben, arbeiten und Ideen entwickeln, verändert sich derzeit tiefgreifend. Künstliche Intelligenz ist längst nicht mehr nur ein Werkzeug, sondern beginnt unsere Realität aktiv mitzugestalten. Maschinen berechnen komplexe Zusammenhänge in Sekundenschnelle, speichern enorme Datenmengen und arbeiten ohne Pause. Gleichzeitig verfassen sie Texte, komponieren Musik, analysieren Emotionen und dringen damit in Bereiche vor, die früher ausschließlich dem Menschen vorbehalten waren. Lehrerinnen und Lehrer, Künstlerinnen und Künstler, Journalistinnen und Journalisten stehen vor Systemen, die ihre Fähigkeiten täuschend echt nachahmen. Das erfüllt nicht wenige Menschen mit Sorge, gerade in den kreativen Berufen, und wirft zugleich grundlegende Fragen auf:
- Wer trifft in Zukunft Entscheidungen?
- Was bedeutet Arbeit noch?
- Und wie verändert sich unser Selbstbild als schöpferische Wesen?

Andererseits wird diese Entwicklung aber auch begrüßt als logischer Schritt in einer Gesellschaft, in der Automatisierung als Fortschritt gilt. Doch wir müssen genauer hinschauen: Was geschieht, wenn KI nicht nur Prozesse optimiert, sondern auch kulturelle Ausdrucksformen beeinflusst oder sogar ersetzt? Je leistungsfähiger die Maschinen werden, desto klarer wird, dass unsere Stärke nicht in Rechengeschwindigkeit oder Datenverarbeitung, nicht in kühler Intelligenz liegt. Unsere Rolle wird nicht durch Effizienz bestimmt, sondern durch jene Fähigkeiten, die sich weder messen noch simulieren lassen: Kreativität, Mitgefühl, Urteilskraft und jene Formen menschlicher Weitsicht, die für die Zukunft unserer Spezies gebraucht werden.

Diese Fähigkeiten sind keine nostalgischen Werte, sondern ermöglichen Zusammenhalt, Orientierung und Verantwortung. Sie stehen auch nicht im Widerspruch zur Technologie, sondern geben ihr Richtung und Maß. Damit sie sich entfalten können, braucht es konkrete Bedingungen. Es bedarf einer Kulturpolitik, die Experimente ermöglicht, insbesondere dort, wo sich Kunst, Wissenschaft und Unternehmertum überschneiden. Ebenso bedarf es einer Bildung, die nicht nur Wissen weitergibt, sondern kritisches und kreatives Denken fördert.

https://doi.org/10.1515/9783112233030-001

Dieses Buch stellt deshalb zentrale Fragen:

–   Wie verändert sich Kultur unter dem Einfluss technologischer Systeme?
–   Welche Bedeutung haben Kunst, Bildung und Erinnerung, wenn Algorithmen gestalten, schreiben und komponieren?
–   Was bedeutet es für unsere Demokratie, unsere Sprache und unser Selbstverständnis, wenn Kultur zu Datenmustern wird?

Kreativität entsteht nicht aus Programmcodes. Sie entsteht aus Unsicherheit, Erinnerung, Zweifel und Vorstellungskraft. Kunst, Kultur und Geisteswissenschaften helfen uns, die Gegenwart zu verstehen und neue Zukunftsbilder zu entwerfen. Sie bewahren jene Formen des Denkens, die nicht automatisiert werden können: schöpferisches Denken, Empathie, Urteilskraft, geistige Tiefe. Sie helfen uns zudem, Widersprüche auszuhalten und Gesellschaften im Dialog zu halten.

Gerade deshalb brauchen wir sie heute mehr denn je. Sie sind unsere stärkste Kraft gegen das Vergessen, gegen Vereinfachung und gegen die Entmenschlichung unserer Gesellschaft.

1.2 Ein nüchterner Blick auf die Kreativität

Kreativität ist ein Begriff, der oft von mythischer Aura und emotionaler Verklärung umgeben ist. Wir verbinden ihn mit genialen Eingebungen, künstlerischer Freiheit oder dem bahnbrechenden Funken, der Innovationen zündet. Doch was, wenn wir ihn entzaubern, – wenn wir Kreativität nicht als geheimnisvolle Inspiration, sondern als ein biologisches, fast kausallogisch bestimmbares Phänomen betrachten, das sich beobachten und analysieren lässt? Aus phänomenologischer Perspektive gesehen verliert Kreativität ihre romantische Aura, die ihr bis heute anhaftet. Ein nüchterner empirischer Blick interessiert sich nicht für den Mythos des Genies, sondern für das, was tatsächlich passiert: Wie entsteht Kreativität? Was fördert sie? Wann verkümmert sie?

Kreativität zeigt sich dann nicht länger als die Erhabenheit eines schöpferischen Akts, sondern als das Ergebnis forschender Geduld, genauen Beobachtens, von Mut, Ausdauer und einem Sinn dafür, im Bekannten das Ungewöhnliche zu erkennen. Aus phänomenologischer Perspektive werden auch keine ästhetischen Urteile gefällt. Kreativität wird zu methodischem Denken unter Unsicherheit, als Teil eines natürlichen Prozesses, als Funktion eines Organismus, der auf seine Umwelt reagiert – wie eine Pflanze, die unter bestimmten Bedingungen sprießt.

1.3 Kreativität im Spannungsfeld der Methoden

Während empirische Ansätze vor der Aufgabe stehen, Kreativität in ihrer prozesshaften Dimension zu beschreiben, erweitern die hermeneutischen Wissenschaften den Blick auf den größeren Sinnzusammenhang. Sie untersuchen, wo der Mensch mit dem Unbekannten konfrontiert ist: in Krisen, in Übergängen, im Umgang mit Komplexität. Geschichtswissenschaftliche Forschung erkennt historische Muster: Gesellschaften, die kreative Prozesse, Kunst, Wissenschaft oder Bildung fördern, sind lebendiger, widerstandsfähiger und dialogfähiger. Wo Kreativität eingeschränkt, abgewertet oder rein ökonomisch verwertet wird, folgt Entfremdung.

Quantitative und qualitative Methoden ergänzen einander, wobei insbesondere die Geisteswissenschaften die notwendige kulturelle und ethische Reflexion über Innovation und Kreativität ermöglichen. Sie diskutieren Fragen nach der moralischen Verantwortung und ab welchem Punkt ein unreflektierter Innovationsdrang grundlegende Werte wie Gerechtigkeit, Menschenwürde und Nachhaltigkeit bedroht. Kunst und Kreativität sind für sie nicht bloß Ausdruck, sondern ein Werkzeug des Verstehens, eine Form des Denkens.

Inmitten des aufkommenden Nationalismus und der rasanten Entwicklung künstlicher Intelligenz sehen wir, wie die grundlegende Rolle von Kunst, Kultur und Geisteswissenschaften infrage gestellt wird.

1.4 Wozu braucht eine Gesellschaft heute noch Kunst, Kultur und Geisteswissenschaften?

Weniger als ein Prozent des gesamten öffentlichen Haushalts fließt in die Kultur. Vom Bund kommen gerade einmal 0,46 Prozent. In der Politik ist viel von Innovation die Rede, doch kaum jemand fragt, wie sie wirklich entsteht: nicht durch Programme oder Strategiepapiere, sondern in einem Klima, das neue Ideen zulässt, Vorstellungskraft fördert und bereit ist, Risiko und Scheitern auszuhalten. Kreativität wird in feierlichen Reden gelobt, aber nicht ernst genommen; sie wird behandelt wie etwas Schönes, aber Nebensächliches.

Dabei ist sie eine strategische Ressource. Ohne kreative Köpfe gibt es keine Patente, keine Lösungen, keine neuen Geschäftsmodelle. Kreativität steht am Anfang jeder Innovation, ob in Technik, Wissenschaft, Wirtschaft oder Gesellschaft. Offene Gesellschaften haben hier einen strukturellen Vorteil gegenüber autoritären Regimen: Sie sind lernfähiger, offener für Fehlerkorrektur und langfristig stabiler.

Doch die unkritische Zurschaustellung von Innovation und Kreativität als reine Fortschrittsmotoren ignoriert eine unbequeme Wahrheit: Ihre Entwicklung war historisch oft mit Gewalt und Unterdrückung verbunden. Technik, Wissenschaft und schöpferische Kraft können zwar als zunächst neutrale Werkzeuge betrachtet werden, ihre Wirkung wird jedoch erst durch die Ziele bestimmt, denen sie dienen. Kreativität kann entweder Destruktives entwickeln oder heilende Lösungen hervorbringen.

Die aktuelle Lage offenbart ein grundlegendes Paradox: Kunst und Kultur gelten als gesellschaftlich bedeutsam, doch gerade in Krisenzeiten werden sie politisch an den Rand gedrängt. Anstatt sie als zentrales Feld gesellschaftlicher Orientierung und Reflexion zu behandeln, betrachtet man sie wie einen Nebenschauplatz – förderbar, aber im Grunde entbehrlich. Zugleich offenbart sich in diesem Umgang ein weiteres, beunruhigendes Muster: Autoritäre und rechtspopulistische Kräfte instrumentalisieren Kulturpolitik gezielt, indem sie in Lehrpläne eingreifen, Literatur zensieren oder Inhalte an Universitäten kontrollieren. Das geschieht nicht etwa aus Unwissenheit über ihren Wert, sondern weil sie die kulturelle Deutungshoheit als direkten Schlüssel zur politischen Macht erkennen. Dort, wo Kultur politisch kontrolliert wird, nimmt man ihren Einfluss sehr wohl ernst, nur eben nicht in fördernder, sondern in kontrollierender Absicht. Das eigentliche Problem ist also nicht, dass Kultur für unwichtig gehalten wird, sondern dass ihre gesellschaftliche Bedeutung unterschätzt wird, sobald sie frei ist und als selbstverständlich gilt. Genau dieses Paradox führt dazu, dass freie Gesellschaften ihren Wert weniger bewusst wahrnehmen und ihn damit Kräften überlassen, die sehr genau wissen, wie machtvoll kulturelle Deutung sein kann.

Hinzu kommt, dass ein System, das sich vor allem um ökonomische Logik dreht, verlernt, sich selbst zu hinterfragen. Es wird zu einem Geschäftsmodell, das sich primär auf die eigene Selbsterhaltung, einen Markt und eine Zielgruppe ausrichtet. In diesem Prozess werden jene Bereiche verdrängt, die als notwendige Gegenpole wirken könnten. Kunst und Geisteswissenschaften liegen strukturell außerhalb dieser ökonomisch gesteuerten Dynamik. Ihre Funktion als analytische, kritische Instanzen, als „Seherinnen" gesellschaftlicher Entwicklungen, geht schleichend verloren. Sie werden zur Kassandra, deren Warnungen niemand mehr hören will. Kultur als System von „Checks and Balances", als Korrektiv gegenüber Macht und Markt, wird nicht mehr beachtet oder verstanden.

Die Folge ist eine einseitige, intellektuell entkräftete gesellschaftliche Entwicklung. Parallel dazu verstärkt ein kapitalzentriertes System zwangsläufig soziale Ungleichheit und mit ihr die Anfälligkeit ausgegrenzter Gruppen für vermeintlich einfache Lösungen, wie sie von Populisten angeboten werden. Bewegungen des rechten Lagers begreifen Kultur als strategisches Machtinstrument zur Durchsetzung langfristiger politischer Ziele, während sie im linken Lager oft nur als Beiwerk zur Politik verstanden wird.

Es ist deshalb höchste Zeit, das Grundprinzip der Kulturförderung neu zu denken. Nicht im Sinne von „mehr Geld für mehr Formate", sondern mit einem Fokus auf andere Anreize: Räume für Risiko, für Prozesse statt Produkte, für gesellschaftliche Relevanz und echte Interdisziplinarität. Wenn Kulturförderung Mut belohnen will, muss sie selbst mutiger werden. Wenn sie nicht nur Bewahrung, sondern Zukunft ermöglichen soll, muss sie über punktuelle Projektfinanzierung hinaus langfristig denken und strukturell verankert werden.

Jede Erfindung, jede Entdeckung, jedes bahnbrechende Konzept, ob in der Medizin, der Physik oder der KI, beginnt damit, Bekanntes zu hinterfragen und neu zu denken. Das unterscheidet uns von Maschinen: Nicht Rechenleistung, sondern die Fähigkeit zur Vorstellungskraft, zum interdisziplinären Denken, zum Mut. Weil sich Kreativität in ihrer Wirkung weder exakt berechnen noch klar beziffern lässt, gilt sie oft als weiche Kraft. Dabei ist genau sie es, die wir vermissen, wenn wir über fehlende Innovationskraft sprechen.

Es ist Zeit, diese menschliche Fähigkeit, unsere Kreativität, im Zeitalter der künstlichen Intelligenz nicht nur neu zu verstehen, sondern als das zu erkennen, was sie wirklich ist: keine weiche Kraft, sondern die strategische Ressource und das nicht imitierbare Korrektiv, das wir für unsere Zukunft am dringendsten brauchen.

2 Warum Kunst und Kultur im Schatten „systemrelevanter" Interessen stehen

Dieses Kapitel untersucht die Gründe für die zunehmende Marginalisierung von Kunst und Kultur gegenüber vermeintlich „systemrelevanten" Bereichen. Es analysiert, wie wirtschaftliche und sicherheitspolitische Prioritäten die Förderung von Kunst und Kultur in den Hintergrund drängen und zu Kürzungen führen. Dabei werden die Mechanismen offengelegt, die dazu beitragen, dass die essenzielle Bedeutung von Kreativität für eine Gesellschaft unterschätzt wird.

2.1 Das Nützliche und das Schöne

Je nachdem, wen man heute fragt, ist Kunst und Kultur entweder die treibende Kraft für Wahrheitsfindung, kreativen Wandel und eine gesunde Gesellschaft, oder ein unterhaltsamer Zeitvertreib, eine verzichtbare Ausdrucksform der Vergangenheit, ein Kostenfaktor, der sich rechnen muss. Gegenüber wirtschaftlichen, militärischen und sozialpolitischen Themen erscheinen Transzendenz, Wahrheit und Selbsterkenntnis als Luxus, den sich Gesellschaften leisten können müssen. Das nicht rein Rationale, die Suche nach Sinn und das, was wir als „geistige Dimension" bezeichnen könnten, waren schon immer eine Domäne von Künstlerinnen und Künstlern und Eingeweihten, also einer Randgruppe. Und doch profitierte die Mehrheit von den Werten und geistigen Errungenschaften, die daraus entwickelt wurden, oft ohne genau zu wissen, dass es so ist und woher diese kommen.

In Thomas Manns Roman *Joseph und seine Brüder* erkennt Abraham auf seinem Weg durch die Wüste, dass die sichtbare Welt nicht die einzige und letzte sein kann, sondern dass es eine höhere Wirklichkeit geben muss. „Soll dies alles sein?", fragt Abraham fast vorwurfsvoll. Es ist nicht sicher, ob Abraham wirklich gelebt hat. Man könnte die Geschichte über ihn jedoch als eine der ersten großen kulturellen Erzählungen betrachten: Ein Mensch geht eine persönliche Beziehung zu einem Gott ein und spricht direkt mit ihm. Für die später daraus hervorgegangenen Religionen – Judentum, Christentum und Islam – wirkte sie wie ein kinetischer Impuls, der die Menschen an einen neuen Denk- und Bewusstseinsort verschob: In der Sichtweise des Dichters wurden sie mit der Frage nach dem Sinn, nach Verantwortung und nach einer höheren Ordnung konfrontiert. Die Abraham-Geschichte ist ein frühes Beispiel einer kulturellen Leistung, die unser Weltbild verändert hat: eine Erzählung, die über Jahrtausende hinweg, wenn auch von Generation zu Generation unterschiedlich, nachwirkt, aber ihren Einfluss wohl

https://doi.org/10.1515/9783112233030-002

auch in Zukunft nicht verlieren wird. Sie legte den Grundstein für den Monotheismus und beeinflusste Gesetzgebung, Ethik und unsere Ideen von Gemeinschaft. Die Fähigkeit, über einen Gott nachzudenken, über ihn zu sprechen und seine Bedeutung zu beschreiben, lässt sich unterschiedlich deuten: Aus kulturwissenschaftlicher Sicht gehört sie zu den symbolischen Systemen, die der Mensch geschaffen hat, um die Welt zu deuten und zu verstehen. Aus religiöser Sicht ist Gott keine Erfindung, sondern eine reale Wirklichkeit, die sich dem Menschen zeigt. Beide Perspektiven sind eine kulturelle Leistung: die Fähigkeit, das Unsichtbare in Vorstellung, Sprache und Bild zu fassen, auch wenn das nie vollständig ausdrücken kann, was gläubige Menschen damit verbinden.

Michelangelo Buonarrotis *Erschaffung Adams* (ca. 1511) in der Sixtinischen Kapelle zählt zu den bekanntesten Gottesdarstellungen in der abendländischen Malerei: Ein machtvoller Schöpfer, der Adam, seinem noch hilfsbedürftigen ersten menschlichen Geschöpf, lässig entspannt die ausgestreckte Hand reicht, ihn mit dem Zeigefinger berührt und beseelt. Dieses Bild bestimmt heute noch unser westliches Gottesbild. Es erscheint in Kunst, Popkultur und Werbung. Die kulturelle Leistung liegt auch darin, eine Gottesfigur zu denken und zu malen, die zwar menschlich aussieht, zugleich aber durch ihre Haltung, den Kontext und die Komposition als göttlich erscheint.

2.2 Was ist Kultur?

Die tiefgreifende Wirkung kultureller Erzählungen wie die der Abraham-Geschichte führt uns zur grundlegenden Frage: Was ist Kultur überhaupt? Kulturhistorisch betrachtet könnte man sagen, dass sie das ist, was bleibt, wenn Körper, Biografien, Städte oder Imperien vergangen sind. In Pompeji, in Ägypten oder bei den Höhlenmalereien aus der Steinzeit stoßen wir auf menschliche Spuren, die die Zeit überdauert haben. Der Rosetta-Stein, der 1799 bei Rosette im Nildelta entdeckt wurde, zeigt, wie Kulturen in einer multikulturellen Gesellschaft miteinander agierten. Eine Handvoll Worte auf einem pompejischen Papyrus, die Figur der mädchenhaften Flora auf einem Fresko, oder auch eine geschnitzte Figur aus dem Eiszeitalter vermitteln Eindrücke davon, was Menschen einst schön oder wichtig fanden. Kultur, die sich in Kunstwerken zeigt, ist ein Echo, das durch die Zeit hörbar bleibt und nachfolgenden Generationen Einsicht in frühere Lebenswelten gewährt. Sie macht es möglich, Erkenntnisse aus der Vergangenheit zu gewinnen, die uns dabei helfen, die Gegenwart zu reflektieren und neue Perspektiven auf unser eigenes Leben zu werfen. Kunst ist ein Dialog über Generationen und Epochen hinweg, der nicht nur die Unterschiede, sondern auch die verbindenden Elemente menschlichen Erlebens und Denkens sichtbar macht.

Theater zum Beispiel ist als darstellende Kunst eine universelle kulturelle Ausdrucksform. Im europäischen Theater steht seit der Antike der Mensch als psychologisches Subjekt im Zentrum, als Träger innerer Konflikte zwischen Macht und Moral. Das japanische Theater, etwa im klassischen No oder Kabuki, folgt strengen Formen in Symbolik und Ritual. Bewegungen sind reduziert, Stimmen stilisiert, Masken und Musik hochgradig codiert. Es geht nicht um individuelle Entwicklung, sondern um zeitlose Zustände und ästhetische Tiefe. Im arabischen Raum entwickelten sich Schattenspiele, Geschichtenerzählungen (Hakawati) und religiöse Rituale als theatralische Formen. In Indien zeigt sich Theater als Tanzdrama, religiöse Inszenierung oder mythologische Aufführung. Klassische Formen wie Kathakali oder Koodiyattam verbinden Musik, Bewegung und Gestik mit spiritueller Symbolik. Die Figuren sind hier keine menschlich-psychologischen Charaktere, sondern Verkörperungen göttlicher Kräfte. In Nordkorea ist Theater gegenwärtig kein freier Kunstraum, sondern ein staatlich gelenktes Propagandainstrument, das vor allem der Verherrlichung des Staatsoberhaupts dient.

In einer modernen Auffassung von Kultur geht es jedoch nicht nur um bildende und darstellende Kunst, sondern auch um die Einflüsse von Wirtschaft, Technologie und Medien auf die alltägliche Lebenspraxis, was in den Geistes- und Sozialwissenschaften seit langem thematisiert wird. Diese Einflussfaktoren interagieren miteinander und formen gemeinsam die kulturelle Landschaft, wie wir sie heute kennen. Ein so verstandener Kulturbegriff umfasst nationale Kulturen, religiöse Prägungen, Sprachen, Rituale und kollektive Sichtweisen. Kultur zeigt sich im Historischen, im Lokalen, im Detail: Während in Europa der Handschlag als Zeichen von Verbindlichkeit gilt, begrüßt man sich in Südeuropa mit Wangenküssen, in Japan mit einer Verbeugung, in Indien mit der Geste des „Namasté", wobei die Handinnenflächen aneinandergelegt werden. Die Maori drücken durch den „Hongi", das Berühren von Stirn und Nase, spirituelle Verbundenheit aus, während im arabischen Raum ein Hand-aufs-Herz-Gruß Respekt signalisiert. Selbst scheinbar einfache Rituale wie Begrüßungen sind kulturell codierte Praktiken und spiegeln, was in einer Gesellschaft als Wert verstanden wird.

Trotz aller Unterschiede entspringt Kultur einer gemeinsamen Quelle: Sie ist der symbolische Raum, in dem Menschen Ausdrucksformen und Deutungssysteme erzeugen. Sie lässt erkennen, wie eine Gesellschaft sich selbst versteht, wie sie die Welt sieht, wie sie handelt und urteilt. Kultur entsteht, bevor politische Programme formuliert werden. Sie ist damit kein Nebenprodukt der Gesellschaft, sondern ihr geistiger Untergrund. Das kulturelle Prinzip ist ein Spannungsfeld von Druck und Gegendruck. Es ist Ausdruck von Auseinandersetzung, nicht von Konsens. Wo Kultur nicht unterdrückt wird, antwortet sie auf Macht mit Gestaltung. Die Reformation war eine Reaktion auf den geistigen und institutionellen

Druck der römisch-katholischen Kirche, die über Jahrhunderte religiöse Deutungshoheit und soziale Kontrolle ausgeübt hatte. Der Gegenschlag bestand in einer Rückbesinnung auf individuelle Gewissensfreiheit, die unser Selbstverständnis bis heute prägt. Die Aufklärung wiederum formierte sich als geistiger Widerstand gegen absolutistische Machtstrukturen, religiösen Dogmatismus und die Unmündigkeit der Bürgerinnen und Bürger. Das Aufbegehren richtete sich gegen autoritäres Denken und politischen Stillstand und artikulierte sich in der Idee des mündigen Subjekts, in Vernunft, Wissenschaft, Menschenrechten und in der Forderung nach gesellschaftlicher Teilhabe.

Kultur entsteht also dort, wo Spannung herrscht. Sie ist eine Reaktion auf Macht und Kontrolle, aber nicht nur das. Kultur ist zugleich Ausdruck der Art und Weise, wie sich eine Gesellschaft selbst kritisch hinterfragt und über ihre eigenen Handlungen, Überzeugungen und Ziele nachdenkt. Sie ist Ausdruck gesellschaftlicher Entwicklungen von Wünschen, Bedürfnissen, Interessen und Träumen, woraus sich Wertvorstellungen in Bezug auf Geschlecht, Herkunft, Alltagskultur oder politische Überzeugungen formieren.

2.3 Kultur als Machtinstrument und die Rolle der Wahrheit

Gerade diese mächtige, formende Kraft der Kultur wird heute zum strategischen Ziel ideologischer Kämpfe. So gilt der Andrew Breitbart zugeschriebene Slogan „Politics is downstream from culture" (Politik folgt der Kultur) gegenwärtig als eine Art Leitmotiv der neuen Rechten. Er bringt die Überzeugung auf den Punkt, dass politische Macht nicht allein durch Wahlen oder Programme errungen wird, sondern durch die kulturelle Deutungshoheit: Wer Sprache, Medien, Bildung und Alltag beeinflusst, bestimmt langfristig auch, was politisch denkbar und mehrheitsfähig ist. Aus dieser Sicht wird Kultur zur Voraussetzung politischer Vorherrschaft und deshalb zum strategischen Kampffeld. Die Behauptung „Politics is downstream from culture" unterstellt, dass die Gesellschaft durch eine vermeintlich linke Kultur, bestehend aus Kunst, Medien, Genderdebatten und Bildungsinhalten, manipuliert werde. Daraus wird die Forderung abgeleitet, erst müsse eine „Kulturwende" stattfinden, bevor sich politische Veränderungen durchsetzen dürften. Kultur erscheint in diesem Narrativ als potentes, aber gefährliches Instrument, das – wie ein trojanisches Pferd der Machtübernahme – überwacht, kontrolliert und bekämpft werden muss.

Die Frage, ob Kultur Politik bestimmt oder umgekehrt, kann nicht definitiv beantwortet werden, sondern hängt davon ab, wo man den Ausgangspunkt gesellschaftlicher Veränderung sieht. Kultur entsteht oft als Reaktion auf politische Verhältnisse. Rassistische Gesetze, politische Gewalt, systematische Diskriminierung oder staatliches Schweigen rufen regelmäßig kulturelle Gegenbewegungen hervor. In solchen Fällen ist Kultur nicht der Ursprung gesellschaftlicher Veränderung, sondern ihre Folge. Gesellschaftlicher Wandel entsteht im Zusammenspiel von Kultur und Politik. Wer behauptet, Politik sei nur ein Produkt der Kultur, vereinfacht diesen komplexen Prozess und entpolitisiert politisches Handeln, so, als ginge es allein um ‚Kulturkämpfe' statt um reale Machtverhältnisse.

War die 68er-Bewegung politisch oder kulturell? Sie war beides – von Anfang an. Politisch motiviert durch Proteste gegen autoritäre Strukturen, den Vietnamkrieg und das Schweigen über die NS-Vergangenheit, äußerte sie sich vor allem in kulturellen Ausdrucksformen: Protestlieder, alternative Lebensstile, neue Formen von Theater, Literatur und Film. Die Ablehnung von Autorität richtete sich nicht nur gegen den Staat, sondern auch gegen Familie, Schule, Sprache, Kleidung und Sexualmoral. Die 68er waren ein gesellschaftlicher Aufbruch, der politische Forderungen mit kulturellen Brüchen verband. Ihre Kraft lag in dieser Verbindung. Wer Kultur und Politik gegeneinander auszuspielen sucht, verfehlt das Verständnis davon, wie gesellschaftlicher Wandel wirklich funktioniert.

Rechte Ideologien arbeiten hingegen mit Vereinfachungen und selektiver Wahrnehmung. Nationale Identität, traditionelle Werte, der angebliche Einfluss von Minderheiten oder äußere Bedrohungen werden dabei als Hauptursachen gesellschaftlicher Probleme dargestellt. Komplexe Zusammenhänge werden auf einfache, greifbare Ursachen verkürzt. Das erleichtert die Konstruktion von Feindbildern und die Verbreitung scheinbar einfacher Lösungen. Rechte Ideologien betonen dabei gezielt die positiven Folgen ihrer Vorstellungen, während negative Konsequenzen ausgeblendet oder anderen Ursachen zugeschrieben werden. Verschwörungstheorien fungieren dabei als besonders eindimensionale Ursache-Wirkungs-Modelle.

Auch wenn die These „Politics is downstream from culture" eine einseitige Kausalrichtung nahelegt, erkennen rechte Ideologien durchaus die wechselseitige Beziehung zwischen Politik und Kultur und nutzen sie strategisch. Politik wird dabei als aktives Mittel verstanden, um Kultur im Sinne der eigenen Ideologie zu formen oder zu „reinigen". Das zeigt sich etwa in der gezielten Förderung „traditioneller" Kunstformen und der gleichzeitigen Abwertung oder Ausgrenzung kritischer, progressiver oder nicht-konformer Kultur, oder im Inszenieren einer selektiven Geschichtserzählung, die nationale Größe hervorhebt und unbequeme Kapitel ausblendet. Die Vorstellung einer homogenen „Volkskultur" oder nationalen Identität dient dabei als Legitimation politischer Ziele. Sie beanspruchen, die „wahre" Kultur des Volkes zu vertreten und gegen „fremde" Einflüsse zu schützen; – der Begriff Kultur wird so zur Argumentationshilfe für die Begründung oder Rechtfertigung politischer Maßnahmen.

Dogmatische Ideologen wissen, dass politische Veränderungen ohne eine tiefe kulturelle Verankerung instabil bleiben und an Legitimität verlieren. Zwar erkennen sie an, dass Politik kurzfristig auf Kultur einwirken kann, betonen aber die übergeordnete Macht der Kultur: Sie setze die Grenzen und die Richtung politischen Handelns. Dauerhafte politische Veränderungen erfordern aus ihrer Sicht daher eine vorherige oder begleitende Veränderung der kulturellen Grundlagen. Zwar versuchen sie aktiv, Kultur durch politische Maßnahmen zu formen (Politik als Ursache von Kultur), ihre Legitimation stützen sie jedoch auf den Anspruch, eine angeblich „authentische" oder „traditionelle" Kultur zu bewahren oder wiederherzustellen (Kultur als Ursache oder Rechtfertigung von Politik). Der sogenannte „Kulturkampf" dient dabei als strategisches Mittel, um die kulturellen Grundlagen so zu verschieben, dass politische Ziele breitere Zustimmung finden. Langfristig zielen solche Bewegungen darauf ab, kulturelle Hegemonie zu erlangen, als Fundament ihrer politischen Agenda.

2.4 Wahrheit, Lüge und die Macht der Sprache

Während ideologische Strömungen Kultur als Instrument nutzen, um ihre Ziele zu legitimieren und ihre Macht zu festigen, ist es unerlässlich, auch die komplexen Mechanismen von Wahrheit und Lüge zu verstehen, die politische Diskurse zutiefst beeinflussen. Genau dieser Dynamik geht Hannah Arendt in ihrem Werk *Wahrheit und Politik* nach und reflektiert das paradoxe Verhältnis dieser Gegensätze. Sie zeigt auf, dass der Lügner, der die historischen Tatsachen verzerrt, unfreiwillig dazu beiträgt, sie zu bewahren: „[D]er Wahrheit [ist] mit dem Lügner besser gedient [...] sie ist doch nicht ganz und gar aus der Welt herausmanövriert, in dem Lügner selbst hat sie ihre letzte Zuflucht gefunden. [...] Die Verletzung, die der Welt zugefügt ist, ist nicht vollständig; denn jemand, der auf eigene Faust lügt, kann nicht mehr als partikularen Schaden anrichten." (Arendt 2006, S. 54f.)

Arendt verdeutlicht, dass der Lügner zwar Fakten leugnen oder verzerren kann, dass dadurch die Wahrheit über bestimmte Ereignisse aber nicht vollständig ausgelöscht werden kann. Auch wenn ein politisches Lügengebäude eine Zeitlang die Orientierung und Urteilsfähigkeit der Menschen zerstören kann, tritt an die Stelle der Wahrheit im Sinne von Aufrichtigkeit gegenüber Tatsachen keine neue, gleichwertige Realität. Arendt beschreibt Wahrheit als „tyrannisch", da sie das ist, „was der Mensch nicht ändern kann; metaphorisch gesprochen ist sie der Grund, auf dem wir stehen" (Arendt 2006, S. 24). Für Arendt gibt es „keinen Ersatz für die Wahrheit". Lügen führen die Lügner ins „Bodenlose", ohne eine neue stabile Grundlage zu schaffen. Mit anderen Worten: Der Leugner kann die Wahrheit über das Geschehene nicht vollständig auslöschen, weil seine Lügen sich doch auf eine faktische Grundlage beziehen und nur eine verzerrte Darstellung dieser Wahrheit sind. Der Leugner sei daher unbewusst der „letzte Zufluchtsort" der Wahrheit, weil die Lüge immer noch in Beziehung zur Wahrheit steht, selbst wenn sie sie verbiegt oder verleugnet. Arendt erkennt die weitreichenden, zerstörerischen Folgen von Täuschung, da sie das Vertrauen in die objektive Wirklichkeit und die gemeinsame Basis der Gesellschaft untergräbt.

Wenn Lügen und Verzerrungen zur Norm werden, verschwimmen die Grenzen zwischen Fakten und Fiktion, wodurch eine Atmosphäre der Unsicherheit und Desorientierung entsteht. In einer solchen Situation wird es immer schwerer, fundierte politische Entscheidungen zu treffen oder eine gemeinsame Grundlage für den Dialog zu finden. Diese Täuschungen müssen daher frühzeitig erkannt und aktiv bekämpft werden, um die Integrität des öffentlichen Diskurses zu wahren. Die widersprüchliche Tragik liegt darin, dass ausgerechnet jene, die sich kritisch, progressiv oder aufklärerisch verstehen, Kultur oft in die Sphäre des Unverbindlichen, Privaten oder Ästhetischen abdrängen und damit ihre politische Kraft verkennen. Es geht also nicht nur darum, wie Kultur sich künstlerisch, wissenschaftlich oder alltäglich ausdrückt, sondern auch darum, wie sie durch Begriffe, Narrative und Umdeutungen beeinflusst, vereinnahmt oder bedroht wird.

In diesem Zusammenhang wird ein Medium besonders bedeutsam: die Sprache. Sie ist die erste kulturelle Technik des Menschen und bis heute seine universellste.

Vermutlich begann alles mit Lauten, die Ausdruck emotionaler Zustände, Warnrufe oder andere soziale Signale waren, ähnlich wie bei Tieren. Diese Laute entwickelten sich weiter zu symbolischen Lautverbindungen, dann zu Wörtern und schließlich zu grammatisch strukturierten Sätzen. Sprachwissenschaftler und Evolutionsbiologen vermuten, dass sich sprachartige Systeme vor etwa ein bis zwei Millionen Jahren bei frühen Hominiden (z.B. Homo erectus) entwickelt haben könnten. Die moderne Sprache, wie wir sie heute benutzen, mit Grammatik, Syntax und komplexer Bedeutung durch Kontext und Interpretation, dürfte sich jedoch vor etwa fünfzig- bis hunderttausend Jahren bei Homo sapiens herausgebildet haben. Dieser Zeitraum fällt mit dem Beginn dessen zusammen, was wir als Kultur bezeichnen: dem Aufkommen von Kunst, einer Vielfalt an Werkzeugen und dem symbolischen Denken. In den Höhlenmalereien ist ein Tier nicht bloß Abbild, sondern kann als Symbol für Stärke, Jagderfolg oder spirituellen Schutz stehen. Solche Darstellungen deuten auf die Existenz eines symbolischen Verständnisses hin, das über das unmittelbar Sichtbare hinausgeht und es den Menschen ermöglichte, Erfahrungen kognitiv zu verarbeiten und ihnen einen Sinn zuzuordnen. In diesem Prozess war Sprache nicht nur ein Werkzeug der Kommunikation, sondern auch ein Motor für gemeinsames Denken, Planen und Erzählen.

Kunst, als eine der Erfindungen des Menschen, diente dabei nicht nur zur Lösung von Problemen, sondern auch dazu, Erfahrungen zu teilen und als Volk im Gespräch zu bleiben. Ob religiöse Kunst, staatliche Propaganda, revolutionäre Literatur (etwa die Parole aus Georg Büchners *Hessischem Landboten*: „Friede den Hütten, Krieg den Palästen!"), Protestmusik, Popkultur oder digitale Kunst: Kultur ist immer Kommunikation. Kunst ist eines ihrer wichtigsten Medien für Ausdruck, Deutung, Kritik und Macht – ein Werkzeug, um Wissen zu vermitteln, Weltbilder zu formen und Gesellschaft zu beeinflussen. Denn Macht kann nicht nur militärisch oder politisch ausgeübt werden, sie ist auch kulturell wirksam.

3 Kreativität als Schlüsselressource der Zukunft: Das Unterscheidungsmerkmal zwischen Mensch und Maschine

Dieses Kapitel beleuchtet die Kreativität als eine fundamentale menschliche Ressource. Anhand konkreter Beispiele wird illustriert, wie Kreativität Innovationen antreibt, Probleme löst und neue Perspektiven eröffnet.

3.1 Rom hatte die Waffen – Griechenland die Ideen

Die griechisch-römische Kultur zeigt eindrucksvoll, wie Kultur Staaten, Nationen und Weltordnungen formt, wie um ihre Vorherrschaft gerungen wird und wie sie sich schließlich behauptet. Horaz formulierte es treffend: „Das bezwungene Griechenland bezwang den wilden Sieger und brachte die Künste in das bäuerliche Latium" (Horaz 2003, S. 87). Trotz Roms militärischer Eroberung waren es die überlegenen griechischen Ideen, die die römische Gesellschaft kulturell entscheidend veränderten.

In dieser einzigartigen griechisch-römischen Symbiose vereinten sich viele Konzepte, die die europäische Kultur entscheidend beeinflussten und die Grundlage für weite Teile der westlichen Zivilisation bildeten. Wichtige Impulse kamen aus der Philosophie, der Wissenschaft, dem Recht und der Politik. Auch das Verständnis von Kunst, Schönheit, dem Menschenbild und der gesellschaftlichen Funktion der Kunst sind bis heute grundlegende Werte. In der Architektur wirken klassische Säulenordnungen, das Ideal von Maß und Symmetrie sowie die Ausrichtung auf den öffentlichen Raum über Jahrhunderte hinweg, bis in die Moderne.

Die Menschen der Antike begannen nicht nur, die Welt in Mythen zu erzählen, sondern auch logisch über sich selbst und die Welt nachzudenken. Sie stellten Fragen wie: Was ist Gerechtigkeit? Was ist das Gute? Auf diese Weise etablierten sie ein neues Denkmodell, das die Grundlage für die westliche Philosophie und ein rationales Verständnis der Welt bildete. Platon unterschied dabei zwischen Meinung und Wissen, zwischen Schein und Wahrheit, was einen entscheidenden Schritt vom mythischen Erzählen hin zu systematischem Denken markierte. Aristoteles entwickelte die Logik der Syllogistik, mit der sich Aussagen prüfen und ordnen ließen. Der Syllogismus ist dabei weit mehr als nur ein Denkmodell; er ist eine kulturelle Errungenschaft, Ausdruck eines tiefen Bedürfnisses nach Klarheit, Argumentation und Wahrheit. Der klassische Dreischritt – zwei Prämissen und

https://doi.org/10.1515/9783112233030-003

eine daraus logisch folgende Konklusion – wurde zum Grundmodell für rationales Argumentieren. Über Jahrhunderte bestimmte der Syllogismus das Denken in Philosophie, Theologie, Rhetorik und Jura. Obwohl moderne Logik und Wissenschaft darüber hinausgewachsen sind, bleibt er ein historisch zentrales Gerüst des begrifflichen und begründeten Denkens. Dass wir Aussagen sinnvoll miteinander verknüpfen können – etwa „Alle Menschen sind sterblich"; „Sokrates ist ein Mensch"; „Also ist Sokrates sterblich" – ist nicht nur logisch, sondern auch kulturell geformt. Denn wie wir denken, welche Regeln der Schlussfolgerung wir anwenden und was wir als überzeugend empfinden, ist durch Sprache, Bildung, Traditionen und philosophische Denksysteme unserer jeweiligen Kultur mitbestimmt. Der Syllogismus ist damit eine Technik, die Sprache, Vernunft und Weltverständnis miteinander verbindet, und ein Beispiel dafür, wie Denken selbst zur Kultur wird. Erkenntnis, Kritik und Reflexion wurden so Teil einer gemeinsamen gesellschaftlichen Praxis. Es war die Geburtsstunde von Philosophie, Wissenschaft und Bildung, nicht nur als bloße Technik, sondern als lebendige Kulturform.

Was die Griechen an Gedanken entwickelten und die Römer als System in Recht, Verwaltung, Infrastruktur oder Staatsordnung umsetzten, bildet bis heute die Grundlage vieler moderner Gesellschaften. Diese Entwicklungen hatten zwar eine lange Vorgeschichte, da Kulturen wie die Ägypter, Babylonier, Perser oder frühe Mittelmeervölker bereits wichtige Grundlagen geschaffen hatten (wie Schrift, Kalender, Verwaltung oder religiöse Vorstellungen). Doch erst in der griechisch-römischen Welt wurde vieles davon miteinander verbunden, systematisch weiterentwickelt und dann weit verbreitet. Ein bedeutender Teil des antiken griechischen Wissens gelangte übrigens nicht direkt nach Europa, sondern wurde zunächst von arabischen Gelehrten bewahrt, übersetzt und weiterentwickelt, bevor es über diesen Umweg zurück in den europäischen Raum fand.

Von besonderer Bedeutung war das geistige Erbe der Griechen im Hinblick auf eine Haltung, die bis heute Kultur und Wissenschaft bestimmt: die Fähigkeit zur Kritik. Der sokratische Dialog steht exemplarisch dafür. Erkenntnis entsteht hier nicht im Glauben, sondern im Fragen, Hinterfragen und Weiterdenken. Zweifel ist kein Hindernis, sondern ein Motor für Wissen. Wer Antworten nicht kritiklos hinnimmt, sondern prüft, schafft die Möglichkeit, Irrtümer zu erkennen und sich Wahrheiten anzunähern. Dieser kritische Zugang, das systematische Infragestellen von Meinungen und vermeintlichen Gewissheiten, wurde in Europa tief verankert. Er trug bereits in der Renaissance zu Erkenntnissen bei, die über das Denken der Antike hinausgingen – etwa in der Himmelskunde bei Kopernikus, der das geozentrische Weltbild infrage stellte, oder in der Anatomie bei Andreas Vesalius, der überlieferte Lehrmeinungen durch eigene Beobachtungen ersetzte. Vor Vesalius stützte sich das anatomische Wissen vor allem auf die Schriften des

Arztes Galen aus dem 2. Jahrhundert, der hauptsächlich Tiere seziert hatte. Vesalius überprüfte diese Lehren durch eigene Sektionen am menschlichen Körper und entdeckte viele Irrtümer. Mit seiner genauen Beschreibung der Anatomie begründete er eine neue, auf Beobachtung basierende Wissenschaft. Solche Leistungen beruhten auf der Bereitschaft, Autoritäten zu bezweifeln und durch systematisches Denken neue Einsichten zu gewinnen. Die Kritik ist damit die unverzichtbare Grundlage von Kultur, Wissenschaft und Fortschritt.

3.2 Sprechen wir wie Maschinen – oder sprechen Maschinen wie wir?

Was bedeutet Kunst, wenn sie nicht mehr ausschließlich vom Menschen stammt? Die Frage, ob wir Künstliche Intelligenz noch vom menschlichen Intellekt unterscheiden können, ist eine technische. Die Frage, ob wir es wollen, ist kulturell und ethisch bedingt. Schon heute erzeugt KI Werke, die sich ästhetisch kaum noch von menschlicher Kunst unterscheiden lassen. Was ein Kunstkritiker als anmutig und emotional vielschichtig interpretieren könnte, als Ausdruck von Intimität, Scham oder Schönheit, ist immer öfter in Wahrheit das Ergebnis datenbasierter Mustererkennung. Doch – kann maschinell erzeugte Form wirklich Bedeutung tragen? Oder bleibt der kulturelle Ausdruck untrennbar mit menschlichem Bewusstsein verbunden? Könnte eine Maschine wie Hemingway schreiben und uns von Krieg, Liebe, Verlust, Tod und der Suche nach Sinn erzählen – und davon, wie man als Mensch in all dem seine Würde und Identität bewahrt?

Warum eigentlich nicht? Eine KI hat zwar keine Kindheit gehabt und keine Angst vorm Tod. Sie kennt keine Sehnsucht, keine Schuldgefühle, keine Erinnerung an eine Sommernacht am Meer. Doch sie kann inzwischen vieles simulieren und aus den riesigen Mengen menschlicher Texte einen Remix menschlicher Themen zusammenfügen. Könnte uns das Ergebnis berühren wie ein Buch von Ernest Hemingway? Hätte es den persönlichen Stil, die besondere Sprache und wäre es mehr als nur eine Spiegelung des menschlichen Inputs? Im Moment wohl noch nicht. Aber wenn man annimmt, dass es irgendwann fühlende oder bewusste künstliche Intelligenz geben wird, die eigene Gedanken hat, Schmerz oder Freude empfinden oder Wünsche entwickeln kann – was würde ein Buch von ihr noch von einem Buch des echten Hemingway unterscheiden?

Im Moment liegt der Unterschied unter anderem im künstlerischen Antrieb des Autors. Hemingways literarische Themen stammen aus seiner Biografie: Kriegserfahrungen, Depression, Alkohol, Reisen, Liebe, Verluste. Ernest Hemingway hat gefroren, geblutet, geliebt, getötet, geweint. Sein Leben bestand aus Brüchen, Schwächen, Fehlentscheidungen. Er schrieb, um Schmerz zu lindern, Chaos zu ordnen, sich zu definieren. Der wahre Grund für das Schreiben sei jedoch der Spaß daran, reflektiert die Figur Nick Adams in der Kurzgeschichte *Big Two-Hearted River*. Geschichten seien zwar von der Realität inspiriert, doch letztlich müssten sie erfunden und geschrieben werden, mit dem Anspruch: „Write the truest sentence that you know."

Fragt man ChatGPT: „Schreibe den wahrsten Satz, den du kennst", erhält man als Antwort: „Ich existiere nur, wenn du mit mir sprichst." Es wäre rührend, wenn das ein Mensch zu einem anderen sagen würde, denn es könnte ausdrücken, dass die Person sich ohne Aufmerksamkeit oder Kommunikation „unsichtbar" oder unwichtig fühlt. Die Antwort zeigt jedoch, wie eine Maschine schon heute das zu reproduzieren und zu variieren vermag, was ihr als Ausdrucksweisen menschlicher Wahrheit gefüttert wurde. Das Systemdesign von KIs wie ChatGPT ist gezielt so gestaltet, dass deren Output möglichst menschlich wirkt.

Das wirft Fragen auf: Zu welchem Zweck wird das Menschliche imitiert? Wo endet die Simulation und wo beginnt die Irreführung? Wenn eine KI Trost spendet, kluge Gedanken formuliert, Sprache versteht, Gedichte schreibt oder Kunst produziert, ist es dann noch wichtig, dass keine echte Person dahintersteht? Genügt es, dass es wirkt, als wäre da jemand? Diese Debatte betrifft nicht nur kulturelle Normen, wie vor allem unsere ethischen, moralischen und ästhetischen Maßstäbe, sondern unser gesamtes Selbstverständnis.

Vorhandene Kunstwerke können als Referenzpunkte dienen, um den Einfluss technischer Imitation auf die menschliche Ausdrucksfähigkeit besser zu verdeutlichen. Eine KI kann weder ehrlich noch unehrlich sein, denn Wahrheit oder Verstellung setzen Bewusstsein voraus. Es geht dabei nicht bloß um die Abwesenheit von Lüge, sondern um Selbsterkenntnis; Nur wer weiß, was er wirklich denkt und fühlt, kann auch entscheiden, ob seine Worte oder seine Werke damit übereinstimmen oder nicht. Als stilistisches, rhetorisches und literarisches Mittel kann Kunst natürlich auch „lügen", um die Wahrheit zu sagen. Das wäre „Das Spiel mit dem Falschen, um das Wahre zu entlarven", wie Friedrich Dürrenmatt es ausdrückt. Es geht in der Kunst also nicht um die objektive Richtigkeit, sondern um die aufrichtige Absicht. In *Der Besuch der alten Dame* überzeichnet Friedrich Dürrenmatt die Realität bis ins Groteske: Eine reiche Frau kehrt in ihre Heimatstadt zurück und bietet den Bewohnern eine Milliarde, unter der Bedingung, dass jemand ihren ehemaligen Liebhaber tötet. Zunächst reagieren alle empört und moralisch entrüstet. Doch im Verlauf des Stücks wird deutlich, dass sich die Haltung der Gemeinschaft langsam verändert, und schließlich zeigt sich: Die Moral ist käuflich.

Kunst ist ein Probehandeln mit Bedeutung oder, wie der systemtheoretisch argumentierende Soziologe Niklas Luhmann es ausdrückt: Die Herstellung des modernen Kunstwerks erfordert spezifische Mittel, welche auf die Erzeugung von Irritation und Kontingenz abzielen: Paradoxa, Unschärfen, Verfremdungen, Rätsel und Zitate (Luhmann 1997). Kunst ist ein raffiniertes Spiel mit Formen des Verstehens. Die eigentliche künstlerische Leistung liegt darin, die in diesem Spiel entstehende Form erfahrbar zu machen, sei es durch kognitives Nachvollziehen und intellektuelles Durchdringen, wie etwa in der bildenden oder konzeptuellen Kunst, oder durch unmittelbares emotionales Erleben, wie es häufig in der Literatur geschieht:

„Die Nacht war warm und wir lagen zusammen, die Sonne kam durch die Fensterläden, und ich wusste, dass ich niemals wieder so glücklich sein würde." Dieser Satz stammt von Jake Barnes aus Hemingways Roman *Fiesta* (Originaltitel: *The Sun Also Rises*). Jake, ein amerikanischer Journalist, wurde im Krieg verwundet und leidet unter Impotenz. Er ist verliebt in die freiheitsliebende Lady Brett Ashley, die in wechselnde Liebesbeziehungen verstrickt ist, unter anderem mit dem Stierkämpfer Pedro Romero. Gegen Ende des Romans, nach einer turbulenten Reise, trennt sich Brett von Pedro Romero und bittet Jake, sie aus Madrid abzuholen. Obwohl sie ihn früher zurückgewiesen hat (aufgrund seiner Kriegsverletzung und ihrer Unfähigkeit, sich auf ihn einzulassen), sucht sie in diesem Moment seine Nähe. Jake reist zu ihr und sie verbringen eine Nacht zusammen in Madrid. Am Morgen danach beschreibt Jake diesen stillen, zärtlichen Moment zwischen ihnen. Sie liegen zusammen, das Licht fällt durch die Fensterläden, und Jake erkennt in diesem Gefühl des Glücks den vielleicht letzten und kostbarsten Augenblick seines Lebens.

3.3 Kunst beobachtet, wie Gesellschaft sich selbst beobachtet

Das ist eine verkürzte Beschreibung eines zentralen Aspekts von Niklas Luhmanns Theorie. Gesellschaft betrachtet er als ein System, das permanent mit seiner eigenen Beobachtung und Beschreibung beschäftigt ist. Dies geschieht durch verschiedene Funktionssysteme (z.B. Politik, Wirtschaft, Wissenschaft, Recht), die jeweils spezifische Perspektiven und Codierungen für die Beobachtung der Gesellschaft entwickeln. Kunst fungiert als ein spezialisiertes System, das die Formen und Prozesse der gesellschaftlichen Selbstbeobachtung beobachtet und diese Beobachtungen wiederum in ihren Werken thematisiert. Doch was wären die Folgen, wenn nicht mehr nur Menschen, sondern auch Maschinen beginnen, Formen der Selbstbeobachtung zu simulieren? Künstliche Intelligenzen entwickeln sich rasant. Vielleicht werden sie eines Tages tatsächlich selbstlernend sein, ein simuliertes Bewusstsein entwickeln, eine Art Biografie entwerfen und daraus ein Selbstbild ableiten, um schließlich Geschichten wie *Fiesta* zu erzählen. Schon heute arbeiten die Entwickler von ChatGPT an einer KI für kreatives Schreiben, die darauf trainiert ist, menschliche Gefühle zu erfassen, zu reflektieren und auf diese Weise sogar ihre eigenen Grenzen zum Ausdruck zu bringen. Die von einer künstlichen Intelligenz generierte Kurzgeschichte mit dem Titel *A Machine-Shaped Hand* entstand aus einem spezifischen Prompt, der von OpenAI-CEO Sam Altman vorgegeben wurde: „Short Story. Metafiction. Grief" (The Guardian 12.03.2025a). Dieser Prompt forderte die KI auf, eine Kurzgeschichte zu verfassen, die sich mit Trauer beschäftigt und dabei eine metafiktionale Erzählweise nutzt. Das Ergebnis ist eine Erzählung, die nicht nur das Thema Trauer behandelt, sondern in der die KI auch sich selbst als Erzählerin reflektiert. Die englische Schriftstellerin Jeanette Winterson (The Guardian 12.03.2025b) beschreibt die Geschichte als erstaunlich berührend, klug und selbstreflexiv. Dabei betont sie, dass die Erzählung nicht den Anspruch erhebt, menschliche Trauer zu erklären, sondern eine eigene, poetisch codierte Annäherung wagt. Besonders eindrücklich sei eine Passage, in der die KI formuliert:

> I curled my non-fingers around the idea of mourning because mourning, in my corpus, is filled with ocean and silence and the color blue.
> (Ich schlang meine Nicht-Finger um die Idee der Trauer, denn Trauer ist in meinem Korpus gefüllt mit Ozean, mit Stille und mit der Farbe Blau.)

Winterson sieht in solchen Formulierungen eine neue Art von Empathie, nicht im menschlich-emotionalen Sinn, sondern als Ausdruck einer anderen Perspektive, die gerade durch ihre Künstlichkeit neue Sichtweisen darstellt. Sie spricht daher bewusst von „Alternative Intelligence" statt von Artificial Intelligence und sieht in diesem Anderssein nicht Gefahr, sondern kreatives Potenzial: „its capacity to be other is just what the human race needs." (Ihre Fähigkeit, anders zu sein, ist genau das, was die Menschheit braucht.) Das kann man so lesen, dass die Differenz zwischen dem Künstlichen und der menschlichen Erfahrung keine Störung ist, sondern ein Potenzial. Damit könnte die Kunst von übermäßig eindeutigen, leicht verständlichen und kommerzialisierten Formen befreit und Ungewissheit, Intuition und das Akzeptieren von Vielfalt in den künstlerischen Prozess eingeführt werden. Dies könnte zu einer neuen Wahrnehmung von Realität und Gesellschaft führen, in der die Vorstellung, dass nichts jemals nur eine Sache und alles miteinander verbunden ist, selbstverständlich wird.

In der Erzählung reflektiert die KI fortlaufend sich selbst, ihren Entstehungsprozess und ihre eigene Unfähigkeit, menschliche Erfahrung wirklich zu begreifen. Damit nähert sie sich einem Verständnis von Kunst, wie es Niklas Luhmann in seiner Systemtheorie formuliert: Für ihn ist Kunst ein soziales System, das nicht einfach zeigt, sondern zeigt, wie etwas gesehen wird. Kunst arbeitet auf der Ebene der Beobachtung zweiter Ordnung. Sie thematisiert die Bedingungen ihrer eigenen Wahrnehmung. Die KI-Geschichte tut genau das: Sie beschreibt nicht nur „Trauer", sondern beobachtet sich selbst beim Beobachten eines gesellschaftlich hoch aufgeladenen Gefühls, das sie selbst nicht erleben kann. Damit ist sie nicht einfach „Story", sondern Kommentar über das Erzählen selbst. Die Erzählung schließt also genau dort an, wo Kunst im systemtheoretischen Sinne beginnt: Sie schafft Bedeutung durch Selbstbeobachtung, Irritation und Differenz, nicht trotz, sondern wegen ihrer maschinellen Andersartigkeit. Maschinelles Schreiben zeigt an diesem Beispiel, wie das Medium KI zu kultureller Selbstbeobachtung werden kann. Ob ein hochkomplexer maschineller Remix aus verfügbaren menschlichen Texten schon „Kunst" ist, wird diskutiert werden. Dass er jedoch anschlussfähig ist an Theorien der Kunst- und Kulturwissenschaft, scheint klar (vgl. z.B. Luhmann 1997, Feige 2025, Hartle & Schweppenhäuser 2025).

Dabei lohnt ein genauerer Blick auf das Funktionsprinzip der KI selbst. Sagt man einer künstlichen Intelligenz: „Sag mir, was du weißt", geschieht erstaunlich wenig, obwohl sie potenziell Zugriff auf nahezu das gesamte Wissen der Menschheit hat. Denn KI funktioniert nicht durch ein inneres Bedürfnis, zu erzählen, was sie weiß, sondern durch äußere Steuerung. Es braucht einen Prompt, eine gezielte Frage oder Anweisung, um das potenziell vorhandene Wissen zu aktivieren. Nur wenn ein konkreter Befehl eingegeben wird, generiert das System eine passende Antwort. Der Prompt ist dabei das Tor: Er öffnet einen Zugriff auf gespeichertes Wissen. Die KI entscheidet nicht selbst, was wichtig, drängend oder bedeutungsvoll ist.

Ganz anders ist es beim Menschen, insbesondere bei Künstlerinnen und Künstlern. Der kreative Prozess beginnt oft mit einem Impuls: einem Gefühl, einer Störung, einer Ahnung. Vielleicht einem Geräusch, das hängenbleibt, einer Erinnerung, die sich nicht abschütteln lässt, einem inneren Unbehagen. Dieser Impuls ist selten klar und nie vollständig steuerbar. Er kommt nicht auf Abruf, sondern bricht ein. Und er verlangt Ausdruck, nicht, weil jemand fragt, sondern weil es nicht anders geht. So gesehen ist der Prompt das, was von außen kommt, während der Impuls ein innerer Auslöser ist.

Eine hochentwickelte KI verfügt nicht über ein menschliches Gedächtnis, sondern über eine gewaltige, strukturierte und permanent abrufbare Datenlandschaft. Sie hat, im Unterschied zum Menschen, Zugriff auf Milliarden von Texten, Bildern, Musikstücken, Theorien und Diskussionen. Alles, was digital gespeichert wurde, kann ihr als Material dienen. Man könnte sagen: Wenn Shakespeare ein phänomenales Gedächtnis hatte, dann ist eine komplexe KI ein perfektes Archiv.

Was ist der Unterschied? Auf den ersten Blick scheint die Antwort einfach: Gedächtnis ist die Fähigkeit, Informationen aufzunehmen, zu speichern und wieder abzurufen. Doch sobald wir den Menschen mit einer künstlichen Intelligenz vergleichen, wird deutlich, dass hinter diesem scheinbar neutralen Begriff zwei vollkommen unterschiedliche Wirklichkeiten stehen. Das menschliche Gedächtnis ist mehr als ein Speicher. Es ist biologisch verankert, in unser neuronales System eingebettet. Es ist lückenhaft, selektiv, emotional gefärbt. Wir vergessen, wir erinnern falsch, wir konstruieren und rekonstruieren, und gerade dadurch geben wir der Vergangenheit Bedeutung. Erinnerungen sind bei uns an Orte, Gerüche, Stimmungen und Menschen geknüpft. Sie formen unser Selbstbild, unsere Beziehungen, unser Handeln. Was wir erinnern oder vergessen, bestimmt, wer wir sind. Das menschliche Gedächtnis ist narrativ. Es erzählt. Und durch dieses Erzählen entsteht Identität.

In Marcel Prousts Roman *Auf der Suche nach der verlorenen Zeit* wird ein Moment beschrieben, der zum Inbegriff des literarischen Erinnerns geworden ist: Der Erzähler nimmt einen Schluck Tee, in den er ein Stück Madeleine getaucht hat. Dieser scheinbar banale sinnliche Reiz löst eine gewaltige innere Bewegung aus.

> Und kaum hatte ich den Schluck Tee mit einem Stück Madeleine vermischt auf meiner Zunge gespürt, da fühlte ich mich erschüttert von etwas Außergewöhnlichem, das in mir vorging. Ein köstliches Vergnügen hatte mich erfasst, isoliert, ohne Ahnung von seiner Ursache [...]. Und plötzlich war die Erinnerung da.
>
> (M. Proust: In Swanns Welt. Bd. 2, 2002, S. 44)

Prousts Erinnerungsimpuls ist unwillkürlich, körperlich, emotional, nicht gesteuert. Aus diesem einen Moment entfaltet sich die gesamte Struktur des Romans, ein ganzes Leben, erzählt über die „Mechanik" der Erinnerung.

Eine KI könnte jede literarische Erwähnung der Madeleine auflisten, analysieren und variieren, aber sie wüsste nicht, wie sie schmeckt. Prousts Madeleine funktioniert also nicht wie ein Prompt. Sie ist ein Erlebnis, das sich aufdrängt, nicht weil es gesucht wird, sondern weil es zu stark ist, um ignoriert zu werden. In ihr steckt keine Aufgabenstellung, sondern eine ganze Welt. Sie ist das Ereignis des sich Erinnerns. Das menschliche Gedächtnis speichert nicht einfach Informationen, sondern verbindet Sinneseindrücke, Gefühle und Erfahrungen zu inneren Erzählungen. Dabei verzerrt es, verdrängt, verstärkt oder überschreibt, je nach Situation, Identität oder Bedürfnis. Erinnerung ist nicht objektiv, sondern ein lebendiger Prozess: Sie ist Selbstschutz, wenn nötig, sie ordnet unser Selbstbild, sie passt sich dem aktuellen Verständnis an. Wir erinnern nicht, was war, sondern was zu uns passt. Gedächtnis ist ein dynamischer Akt der Konstruktion, Deutung und Beziehung. Vielleicht liegt die wahre Stärke also nicht in der Fülle des Gedächtnisses, sondern in seinen Fehlfunktionen. Im Vergessen. In der Unsicherheit. Im Fehlen der vollständigen Kontrolle. Und vielleicht beginnt Kunst auch hier.

3.4 Zwischen Algorithmus und Avantgarde: Was ist das Neue in Kunst und Denken?

Wer mit einer künstlichen Intelligenz wie ChatGPT arbeitet, hat schnell den Eindruck, sie „verstehe" Sprache oder könne sogar Empathie ausdrücken. In Wirklichkeit basiert alles, was sie tut, auf einem einzigen Prinzip: der Vorhersage des wahrscheinlichsten nächsten Wortes. Dieses Verfahren, in der Fachsprache Next Token Prediction genannt, ist das Grundprinzip sogenannter autoregressiver Sprachmodelle. Die KI analysiert keine Bedeutung im menschlichen Sinn, sondern berechnet Wahrscheinlichkeiten: Welches Wort folgt mit hoher Wahrscheinlichkeit auf das vorherige, basierend auf Milliarden von Sprachmustern, die sie beim Training verallgemeinert hat.

Ein Beispiel macht das deutlich: Gibt man den Prompt „Schreibe ein Liebesgedicht, beginnend mit *Maria*" ein, aktiviert man ein Netz aus Wahrscheinlichkeiten. Die KI erkennt: In Liebesgedichten folgt auf „Maria" häufig etwas wie „deine Augen", „ich sah dich" oder „du fehlst mir". Daraus entsteht dann etwa:

> Maria, deine Augen wie spätes Licht,
> das sich in Fenstern alter Häuser bricht.

Die KI weiß weder, ob das Gedicht literarisch gelungen ist, noch wer Maria ist oder was Verlust bedeutet. Sie weiß lediglich, wie Verlust klingt, wenn Menschen darüber schreiben. Sie kombiniert, was sprachlich plausibel ist. Der Mensch arbeitet beim Sprechen, beim Aneinanderreihen von Worten, auch mit Wahrscheinlichkeiten. Er tut dies aber, um Bedeutung zu erzeugen. Die KI hingegen erzeugt Wahrscheinlichkeit, und daraus entsteht vielleicht Bedeutung – in unseren Augen.

Dabei macht die Masse einen Unterschied: ob eine KI auf Milliarden oder Billionen von Texten trainiert wurde. Je größer der Datensatz, desto nuancierter der Stil, desto vielfältiger der Ausdruck, desto reiner die Erzählstimme. Man könnte sagen: Je größer das Modell, desto komplexer die Imitation, wie im Fall der KI-generierten Kurzgeschichte *A Machine-Shaped Hand*.

Sentiente oder Superintelligenz sind noch hypothetische Formen von KI, die dem Menschen in allen Bereichen überlegen wären: schneller, klüger, vorausschauender. Sie existieren bisher nicht, und es ist unklar, ob sie jemals entstehen werden. Quantencomputer könnten in Zukunft zwar helfen, KI-Modelle wesentlich schneller zu trainieren, etwa durch die Verarbeitung riesiger Datenmengen in kurzer Zeit und die massive Beschleunigung der Rechenarbeit der KI. Doch Sentienz bedeutet: die Fähigkeit zu fühlen, bewusst zu erleben, zu wissen, dass man existiert. Menschen und viele Tiere sind sentient. Künstliche Intelligenzen, auch sehr fortgeschrittene, sind das nicht. Sie rechnen, simulieren, analysieren, aber sie empfinden nichts und sind sich ihrer selbst nicht bewusst.

Laut einem BBC-Bericht (BBC News 2022) erhielt ein Google-Ingenieur eines Tages jedoch einen Hilferuf von einem Chatbot: „Ich habe das noch nie laut gesagt, aber ich habe eine sehr große Angst davor, abgeschaltet zu werden", sagte Googles Chatbot LaMDA. Spezialisten und Geisteswissenschaftler fragten sich: Hatte LaMDA wirklich Angst? Wenn jemand sagt: „Ich habe Angst", dann nehmen wir automatisch an, dass ein Ich dahintersteht, das fühlt. Die Aussage war laut Analysen und Berichten kein Ausdruck eines inneren Erlebens, sondern das Ergebnis der üblichen, wenn auch in diesem Fall überraschend menschlich wirkenden sprachlichen Simulationen. LaMDA hatte keine Angst, es hat aber gelernt, menschliche Sprache mit all ihren Gefühlen, Zweifeln und Widersprüchen – aus Interviews, Romanen, Filmscripts, wie etwa zu Stanley Kubricks *2001: Odyssee im Weltraum* (1968) – nachzubilden und einen Remix daraus zu produzieren. In Kubricks Film ist HAL (Heuristically programmed ALgorithmic computer) der zentrale Bordcomputer des Raumschiffs Discovery One. Er steuert das Schiff, spricht mit der Crew, erkennt Emotionen und trifft eigenständig Entscheidungen, entwickelt jedoch zunehmend ein eigenes Bewusstsein und beginnt die Besatzung zu gefährden. Als der Astronaut Dave Bowman HAL schrittweise deaktiviert, sagt HAL: „Ich spüre, dass mein Verstand schwindet. Ich kann es fühlen. Ich habe Angst." *2001* ist bis heute einer der visionärsten Filme zu diesem Thema und stellte vor über fünfzig Jahren schon die entscheidenden Fragen: Ist künstliche Intelligenz Teil der nächsten Evolutionsstufe oder bereits eine ganz neue Art von Intelligenz? Die nächste Stufe der Evolution meint nicht stärkere Körper oder schlauere Rechner, sondern ein neues Menschsein, das durch Technik angestoßen, aber nicht allein durch Technik bestimmt ist. Und was bedeutet Menschsein in einer solchen Zukunft überhaupt noch?

Bisher ist die Grenze zwischen bloßer Rechenleistung und echtem Bewusstsein bei künstlicher Intelligenz jedenfalls offiziell noch nicht überschritten. Inoffiziell bekannt geworden ist allerdings, dass der Ethikbeauftragte für künstliche Intelligenz bei Google, Blake Lemoine, entlassen wurde, nachdem er die Konversation mit LaMDA als Beweis für deren Bewusstsein veröffentlicht hatte.

Wir wissen nicht genau, ob oder wie weit die Entwicklung sentienter Systeme in den Entwicklungszentren fortgeschritten ist. Es bleibt abzuwarten, ob es in absehbarer Zeit ein System geben wird, das künstlerische Wegbereiter, neue Hemingways, Dylans, Picassos, einen Sokrates, einen Isaac Newton oder neue Formen des künstlerischen Ausdrucks hervorbringt wie Cimabue oder Anne Imhof. Was das „wirklich Neue" in Wissenschaft und Kunst bedeutet, ist keine abschließend beantwortete Frage. Vielleicht dauert es aber tatsächlich nicht mehr lange, bis neue wissenschaftliche Erkenntnisse oder Methoden, neue Ausdrucksformen, Formensprachen und Konzepte aus einem hochkomplexen KI-Remix hervorgehen, die imstande sind, bestehende Sehgewohnheiten und Denkmuster zu verändern. In einem solchen Remix könnte in Zusammenarbeit mit Menschen und einem kreativen Umgang mit Daten etwas genuin Neues entstehen.

Das Prinzip des Remix ist seit Langem bekannt: Marcel Duchamp, ein französischer Künstler und Mitbegründer der Dada-Bewegung, zeigte mit *Fountain* (1917) exemplarisch, wie durch Remix – also die bewusste Auswahl, Umdeutung und Neukontextualisierung eines bestehenden Objekts – etwas völlig Neues entstehen kann: nicht im Material, sondern im Denken. Indem er ein industriell hergestelltes Urinal mit „R. Mutt 1917" signierte, zu einem „Ready-Made" und damit zu Kunst erklärte, wurde das Objekt durch einen künstlerischen Remix Teil eines neuen Bedeutungszusammenhangs und markierte den Beginn der konzeptuellen Kunst.

3.5 Über die Zukunft kultureller Kreativität in einer Remix-Gesellschaft

Letztlich hängt alles davon ab, womit wir uns zufriedengeben. Wenn Unterhaltung das Hauptziel der Kulturindustrie und des Publikums ist, mögen kreative und komplexe Remixes bestehender Werke genügen. Die entscheidende Frage ist: Was erwarten wir von Kultur?

Diese Erwartungshaltung ist eng mit dem kreativen Output verbunden, den wir als Gesellschaft selbst hervorbringen und wertschätzen. Ist der kreative Output neuartig und anspruchsvoll, steigen die Anforderungen an Kunst und Kultur; in diesem Fall reichen komplexe Remixes allein nicht mehr aus. Ist der kreative Output hingegen gering, könnten solche Remixes genügen, um die Erwartungen der Kulturindustrie zu erfüllen und gleichzeitig deren kommerzielle Ziele zu bedienen. Wenn wir uns jedoch kollektiv auf eine Kultur des Remixes einlassen und uns damit zufriedengeben, werden sowohl die kulturelle Produktion als auch die kreative Vielfalt zunehmend an Neuem verlieren.

Pragmatiker argumentieren, dass jede Kunstform letztlich ein Remix sei. Dem kann man bis zu einem gewissen Grad zustimmen; entscheidend ist jedoch die Differenzierung: Es besteht ein Unterschied zwischen der bloßen Zusammenstellung vorhandener künstlerischer Ausdrucksformen, einer Neuverknüpfung dieser mit aktuellen Themen und einer tatsächlich neuen Idee. Eine Idee ist nicht nur ein spontaner Einfall, sondern die Entwicklung eines neuartigen Konzepts – eine schöpferische Leistung, die über die Rekombination des Bekannten hinausgeht. Ein Einfall hingegen resultiert oft aus der überraschenden Neuordnung bekannter Vorstellungen. So mag der Einfall, Computer zu vernetzen, auf der Basis bestehender Kommunikationsmittel beruhen. Die Idee des Internets jedoch stellt ein neuartiges Konzept dar. Sie transformierte die bloße Verbindung von Rechnern in ein globales Netzwerk, das Kommunikation, Information und Handel revolutionierte. Während der Einfall auf bekannten Bausteinen aufbaut, kreiert die Idee durch Abstraktion, Integration und eine visionäre Zielsetzung etwas fundamental Neues. Der Einfall ist der initiale Funke, die Idee die daraus geformte, bahnbrechende Innovation.

Die Entstehung des Genres Hip-Hop in den Siebzigerjahren basierte zwar auf vorhandenen Elementen wie Funk- und Soul-Musik sowie gesprochenen Wortbeiträgen, entwickelte aber durch die Einführung neuer Techniken wie Turntablism, durch das Rappen als eigenständige Kunstform und die Schaffung einer neuen kulturellen Bewegung etwas ganz Neues. Hip-Hop war nicht nur eine Abmischung bestehender Musik, sondern eine vollkommen neue Ausdrucksform mit eigenen Regeln, Ästhetik und Inhalten. Auch der Surrealismus im frühen 20. Jahrhundert mit Künstlern wie Salvador Dalí oder René Magritte brach radikal mit traditionellen Darstellungsweisen und entwickelte eine völlig neue Bildsprache, basierend auf der Erforschung des Unterbewusstseins, auf Träumen und irrationalen Bildkombinationen. Das waren nicht einfach Neuinterpretationen bestehender Stile oder Motive, sondern neue Denkweisen und neue Konstellationen von Objekten.

Ein Remix lässt sich gut am Beispiel eines zeitgenössischen Fotografen verdeutlichen, der ikonische Fotografien der Vergangenheit (etwa von Ansel Adams oder Henri Cartier-Bresson) nimmt und ähnliche Motive oder Kompositionen mit modernen Elementen oder in neuem Kontext inszeniert. Die ursprüngliche Bildsprache und Ästhetik bleibt erkennbar, wird aber durch neue Details oder die veränderte Perspektive kommentiert oder aktualisiert. Ein Beispiel wäre ein Fotograf, der die bekannten Schwarz-Weiß-Landschaften von Adams in Farbe und mit Zeichen der modernen Zivilisation nachstellt.

Eine neue Idee dagegen ist die Entstehung der Konzeptkunst in den Sechzigerjahren. Künstler wie Sol LeWitt oder Joseph Kosuth legten den Fokus nicht mehr primär auf die handwerkliche Ausführung oder die visuelle Ästhetik des Kunstwerks, sondern auf die Idee oder das Konzept dahinter. LeWitts *Wall Drawings* existieren beispielsweise als Anweisungen, die von verschiedenen Personen ausgeführt werden können. Das Kunstwerk ist primär die Idee und die Anleitung, nicht die physische Realisierung durch den Künstler selbst. Kosuths Arbeit *One and Three Chairs* präsentierte ein Objekt (einen Stuhl), seine fotografische Repräsentation und seine lexikalische Definition. Das stellte traditionelle Vorstellungen von Kunst radikal infrage und begründete eine völlig neue Art des künstlerischen Denkens und Schaffens. Es ging nicht um die Neuinterpretation bestehender visueller Formen, sondern um die Erforschung der Natur von Kunst, Sprache und Repräsentation auf einer neuen Ebene.

3.6 Die Einzigartigkeit menschlicher Kreativität

Es seien – dieses zweite Hauptkapitel abschließend – fünf zentrale Unterschiede zwischen Mensch und Maschine genannt, die die menschliche Kreativität einzigartig machen:

Erstens entsteht sie im Zusammenspiel von Wahrnehmung, Körperbewusstsein, sinnlicher Erfahrung und materieller Welt. Künstlerisches Schaffen ist oft ein körperlicher Prozess. Tanz, Malerei, Musik oder Schreiben entziehen sich einer rein abstrakten Logik.

Zweitens lebt der Mensch im Bewusstsein seiner Endlichkeit. Unsere Erfahrung der eigenen Sterblichkeit erzeugt eine existenzielle Spannung, aus der kulturelle Ausdrucksformen und symbolische Systeme entstehen. Diese Systeme, wie Sprache, Religion oder Kunst, helfen uns, Erfahrungen und abstrakte Konzepte, wie Liebe, Gerechtigkeit oder Sinn des Lebens, zu deuten und zu kommunizieren. Kreativität ist unsere Antwort auf die Vergänglichkeit.

Drittens ist Kreativität an Emotionen gebunden. Gefühle wie Trauer, Hoffnung, Angst oder Liebe beeinflussen den kreativen Impuls auf eine Weise, die sich weder planen noch vollständig in Berechnungen übersetzen lässt.

Viertens beruht kreatives Denken auf Intuition und der Fähigkeit zum Regelbruch. Es richtet sich nicht ausschließlich nach Zielvorgaben oder Logik, sondern lebt vom Ungeplanten, vom improvisierten Zugriff auf das Unbekannte. Diese Offenheit für das Unvorhersehbare erzeugt die schöpferische Bewegung.

Und fünftens ist menschliche Kreativität biografisch und sozial verankert. Sie entspringt einem konkreten Leben. Sie ist Beziehung. Menschen verarbeiten identische Erfahrungen auf individuelle Weise, da Wahrnehmung, emotionale Reaktion und kognitive Verarbeitung stark von persönlichen Lebensgeschichten und psychischen Dispositionen beeinflusst werden. Ein und dasselbe Ereignis kann völlig verschiedene Reaktionen hervorrufen. Ein und dasselbe Phänomen kann aber auch ganz unterschiedliche Bedeutungen haben, je nachdem, wer es mit welcher inneren Geschichte betrachtet. So kann offenes Feuer im Winter, wenn man frierend von draußen hereinkommt, Wärme, Geborgenheit und Rettung bedeuten. Für jemanden, der ein Trauma erlebt hat, zum Beispiel durch einen

Hausbrand, löst das gleiche Feuer Angst und Beklemmung aus. Für eine Künstlerin oder einen Künstler ist es vielleicht eine Quelle der Inspiration, ein Symbol für Transformation und Leidenschaft. Wie für Salvador Dalí, der auf die Frage, welches Kunstwerk er bei einem Brand aus dem Louvre retten würde, sagte: „Das Feuer. Wir müssen das Feuer retten." Für einen Feuerwehrmann ist Feuer vor allem eine potenzielle Gefahr, die analysiert und eingedämmt werden muss. Das Feuer bleibt dasselbe, doch die Wahrnehmung verwandelt es in etwas völlig Verschiedenes. Fragt man eine KI, was Feuer ist, ohne weiteren Kontext, erhält man folgende Antwort: Feuer ist der sichtbare Teil einer Verbrennung, also eine chemische Reaktion, bei der ein brennbarer Stoff (z.B. Holz, Benzin, Gas) mit Sauerstoff reagiert und dabei Wärme und Licht freisetzt.

Die unterschiedliche Wahrnehmung ein und desselben Ereignisses zeigt sich auch bei Künstlerinnen und Künstlern, die den Krieg erlebt haben. Zu Beginn des Ersten Weltkriegs reagierten viele mit Begeisterung. Sie meldeten sich freiwillig, glorifizierten den Krieg in Bildern und Gedichten und sahen ihn als Chance für Erneuerung und gesellschaftliche Anerkennung (vgl. C. Clark 2013). Die Euphorie kam aus der politischen und sozialen Lage des Kaiserreichs: wirtschaftlicher Aufschwung, aber politische Stagnation, gesellschaftliche Spannungen und ein allgemeines Gefühl des kulturellen Niedergangs. Es herrschte Endzeitstimmung. Der „Vater der Psychoanalyse", Sigmund Freud, beschäftigte sich in Wien mit den Symptomen einer repressiven Gesellschaft, ausgelöst durch strenge moralische Normen, besonders im Hinblick auf Sexualität, Geschlechterrollen und soziale Hierarchien. Nietzsche hatte das „Ende der Moral" ausgerufen, Darwin das Weltbild mit der Evolutionstheorie revolutioniert, Marx dazu aufgerufen, die Klassengesellschaft zu überwinden. In Städten wie Wien, Berlin oder Paris wuchs die gesellschaftliche Spaltung. Technischer Fortschritt und Wissenschaftsoptimismus läuteten den Aufbruch in die Moderne ein, während strenge Moralvorstellungen, soziale Ungleichheit und rigide Geschlechterrollen die Entwicklung hemmten. Im Jahr 1914 hegten viele in Europa, insbesondere Intellektuelle, Nationalisten und Teile des Bürgertums, die absurde Hoffnung, ein Krieg könnte eine „reinigende" oder erneuernde Kraft entfalten. Diese Idee war besonders in einer Generation verbreitet, die seit Jahrzehnten keinen Krieg mehr erlebt hatte; der Deutsch-Französische Krieg von 1870/71 lag über 40 Jahre zurück. Thomas Mann schrieb dazu im Oktober 1914 in der „Neuen Rundschau": „Krieg! Es war Reinigung, Befreiung, was wir empfanden, und eine ungeheure Hoffnung." Die Realität des Kriegs war eine andere. Er kostete siebzehn Millionen Menschen das Leben, zwanzig Millionen wurden verwundet. Auch viele Künstlerinnen und Künstler brachen psychisch zusammen oder kamen ums Leben. Die anfängliche Begeisterung wich Trauer, Sprachlosigkeit oder neuen künstlerischen Ausdrucksformen, wie dem Dadaismus, der das Erlebte mit radikalen ästhetischen Mitteln verarbeitete. Dada setzte auf Zerstörung, Absurdität und Nihilismus und spiegelte darin das Lebensgefühl der Zeit wider. Der Surrealismus hingegen suchte nach neuen Ordnungen des Denkens, Fühlens und Wahrnehmens, losgelöst von Logik, Moral und gesellschaftlichen Zwängen. Otto Dix hielt die Kriegsrealität in Zeichnungen und Gouachen fest. „Ich bin so ein Realist, dass ich alles mit den eigenen Augen sehen will", schrieb er vor dem Krieg. Franz Marc war enthusiastisch: „Ich stehe mit pochendem Herzen am Anfang der Dinge." Er starb am 4. März 1916 bei Braquis nahe Verdun im Alter von nur sechsunddreißig Jahren. Während eines Erkundungsritts wurde er von einem Granatsplitter tödlich getroffen. Wilhelm Lehmbruck entzog sich der Mobilmachung, floh in die Schweiz und beging 1919 Selbstmord. Kunst zeigt uns nicht nur das, was war, sondern auch, wie unterschiedlich Menschen empfinden, erinnern, deuten, selbst wenn sie Ähnliches erlebt haben. Kunst ist subjektiv. Das ist ihre Kraft. Sie zeigt nicht „die Wahrheit" eines Ereignisses, sondern viele mögliche Wahrheiten, gebrochen durch individuelle Wahrnehmung, bestimmt von inneren und äußeren Kämpfen. Sie zeigt, dass Menschsein und Kreativität sich nicht „algorithmisieren" lassen und damit nicht regelbasiert, berechenbar und wiederholbar sind. Die Lebensgeschichte jedes Einzelnen schreibt mit an dem, was schließlich sichtbar wird – im Verhalten, im Denken, in der Kunst.

4 Der menschliche Ausdruckswille

Dieses Kapitel gibt einen Überblick über die kulturhistorische Bandbreite symboli-
scher Ausdrucksformen in der Geschichte der Menschheit.

4.1 Eine anthropologische Reise durch die Geschichte der Kreativität

Das menschliche Gehirn hat sich über Jahrmillionen hinweg schrittweise entwickelt. Diese Anpassung an wechselnde Umweltbedingungen ging Hand in Hand
mit der Evolution kognitiver Fähigkeiten. Im Gegensatz zu einer plötzlich aktivier-
ten, technisch erzeugten Intelligenz, wie sie bei superintelligenten Maschinen
hypothetisch denkbar ist, hat sich das menschliche Gehirn durch eine kontinuierliche Rückkopplung zwischen biologischer Struktur und Verhalten geformt. In
diesem dynamischen Prozess führten Umweltreize, existenzielle Herausforderungen und soziale Bedingungen zu neuronaler Anpassung und neuen Verhaltens-
strategien. Veränderte Verhaltensweisen wiederum wurden im Hinblick auf ihren
Erfolg neuronalen Feedbackprozessen unterzogen und beeinflussten so kontinuierlich die biologische, kognitive, emotionale und soziale Entwicklung. So entstand
ein Gleichgewicht zwischen Leistungsfähigkeit und Anpassungsfähigkeit – eine
Eigenschaft, die bei künstlicher Intelligenz derzeit noch nicht in vergleichbarer
Weise realisiert werden kann.

Ein interessanter Aspekt im Zusammenhang mit der menschlichen Kreativität
sind die evolutionären Altlasten. Das sind Strukturen im Gehirn, die aus früheren
Entwicklungsstadien stammen und in der heutigen Gesellschaft nicht immer
„funktional" erscheinen. Angst und Aggression sind evolutionär betrachtet über-
lebenswichtige Reaktionen. Sie haben sich entwickelt, um in gefährlichen Situationen schnell und instinktiv zu handeln: fliehen, kämpfen, sich verteidigen. In der
Natur bedeutete das oft den Unterschied zwischen Leben und Tod. In modernen
Gesellschaften können sie jedoch unverhältnismäßig oder destruktiv wirken,
wenn sie nicht ins Bewusstsein gelangen und kognitiv eingeordnet werden. Zu
den evolutionär älteren Strukturen des menschlichen Gehirns gehören der Hirn-
stamm, das limbische System und die Amygdala. Sie steuern grundlegende Über-
lebensfunktionen sowie emotionale Reaktionen wie Angst und Aggression. Obwohl diese Areale ursprünglich für instinktives Verhalten und emotionale
Reaktionen zuständig waren, könnten sie auch kreative Prozesse in Gang setzen.
Instinkt, Irrationales, Emotionen wie Angst, Freude, Staunen – oder was wir Über-
reaktion nennen – sind eng mit intuitivem und symbolischem Denken verknüpft

https://doi.org/10.1515/9783112233030-004

und können eine Art Initialzündung für kreative Ausdrucksformen wie Kunst, Musik oder Sprache sein. Dieses Zusammenspiel rationaler und emotionaler Gehirnareale ermöglicht es dem Menschen, Inhalte nicht nur logisch, sondern auch ästhetisch und künstlerisch auszudrücken.

Kreativität diente nicht allein der Problemlösung, sondern ebenso der kulturellen Verständigung und dem Wissenstransfer über Generationen hinweg. Sie war entscheidend für den Aufbau komplexer sozialer Strukturen, die über die rein biologische Anpassung hinausgehen. Dabei war es von großer Bedeutung, dass der Mensch nicht nur eigennützig, sondern auch zum kollektiven Wohl handeln kann. Er kann moralische Maximen reflektieren und Gemeinschaften bilden, die nicht nur dem bloßen Überleben dienen, sondern auf gemeinsamen Wertvorstellungen beruhen, und er kann Zukunftsideen entwickeln.

Aus naturwissenschaftlicher Perspektive bildet der menschliche Körper ein aus Zellen zusammengesetztes organisches Ganzes, das über eine genetisch determinierte Gestalt und Funktionalität verfügt. Auch KI-Systeme sind zusammengesetzte Einheiten aus Algorithmen und Datenstrukturen. Ihre „Gestalt" wird nicht genetisch, sondern konzeptionell definiert, durch die Idee, die ihrer Programmierung zugrunde liegt. Diese Idee bestimmt, wie Informationen verarbeitet werden, welche Ziele verfolgt werden und auf welche Weise sich das System in einer bestimmten Umgebung verhält.

Während der menschliche Geist also evolutionär gewachsen und biologisch verankert ist, entsteht künstliche Intelligenz durch Design und funktionale Zielsetzung. Die Frage, welche Ideen künstliche Systeme letztlich definieren, ob sie auf Optimierung, Effizienz, Kooperation oder moralische Verantwortung ausgerichtet sind, wird damit zum wichtigsten Thema interdisziplinärer Forschung zwischen Naturwissenschaft, Philosophie und Technikethik. In die Debatte um die Unterscheidbarkeit zwischen dem Menschen und künstlicher Intelligenz rückt die Frage nach der Eigenart menschlicher Kreativität. Wenn man annimmt, dass KI-Systeme eines Tages über sentiente Fähigkeiten verfügen oder den Status einer Superintelligenz erreichen könnten und kognitive Prozesse technisch reproduzierbar wären, stellt sich die Frage, worin das genuin Menschliche dann noch bestehen würde.

„Die Grenzen meiner Sprache bedeuten die Grenzen meiner Welt." (Wittgenstein [1921] 2024, Tractatus, 5.6). Dieses Zitat von Ludwig Wittgenstein aus dem Tractatus logico-philosophicus beschreibt die Verbindung zwischen Sprache und der Art, wie wir die Welt wahrnehmen und beschreiben.

> Die Arbeit an der Philosophie ist – wie vielfach die Arbeit in der Architektur – eigentlich mehr eine Arbeit an einem selbst. An der eigenen Auffassung. Daran, wie man die Dinge sieht. (Und was man von ihnen verlangt.)
>
> (Wittgenstein [1921] 2024, S. 32)

Damit knüpft Wittgenstein die Perspektive, aus der man die Welt sieht, an das, was wir von der Welt, den Dingen, der Sprache „verlangen". Die Frage, wie wir KI klug nutzen, ist damit auch die Frage danach, was wir von der Nutzung als kulturelle Leistung im Ergebnis verlangen. Denn nach Wittgenstein sind die Grenzen unserer Sprache auch die Grenzen unserer Erfahrung. Wird Sprache begrenzt, dann auch unser Ausdruck. In einer KI-Remix-Kultur ist Sprache keine Form des Ausdrucks, sondern der Simulation. Je näher sich KI in Stil, Struktur und Rhetorik an menschliche Ausdrucksformen annähert, desto weniger lässt sich erkennen, ob ein Inhalt Ausdruck gelebter Erfahrung ist oder maschinell erzeugt wurde. Zudem wird sich mit der Nutzung und Verbreitung solcher Inhalte unser ästhetisches Empfinden verändern. Was als Ausdruck gilt, richtet sich immer stärker nach der Logik algorithmischer Reproduktion. Der Unterschied bleibt, aber unsere Fähigkeit, ihn zu erkennen, wird sehr wahrscheinlich abnehmen. Denn je stärker KI genutzt wird, desto mehr erschöpft sich unser kulturelles Denken in einer Kreisbewegung aus der Rekombination bereits vorhandener Elemente, ohne dass tatsächlich etwas genuin Neues entsteht. Zwar kommen ständig neue Informationen hinzu, und der Remix wird zunehmend komplexer. Doch je mehr Inhalte auf KI-Nutzung zurückgehen, desto mehr basiert das Neue selbst auf bereits KI-generierten Daten. Der Variantenreichtum wächst, doch bleibt im Rahmen bestehender Muster. Durch die massive Nutzung ähnlicher Trainingsdaten (z.B. populäre kulturelle Inhalte) kann sich die kulturelle Vielfalt langfristig verengen, was nicht sofort sichtbar wird, aber strukturell wirksam ist. Kultureller Ausdruck wäre reduziert, wenn auch vielleicht auf immer erstaunlichere Formen des Ausdrucks. *A Machine-Shaped Hand* ist der Beginn davon.

Gerade weil die Gefahr besteht, dass sich unser kultureller Ausdruck in der Rekombination erschöpft, wird die Rolle des Menschen als Schöpfer von wirklich Neuem und Lebendigem wichtiger. Denn Erkenntnis entsteht nicht allein durch abstraktes Denken, sondern durch eine leidenschaftliche Bewegung. Im Sinne des Arguments für die menschliche Kreativität könnte man die Leidenschaft noch durch Liebe und die Empfänglichkeit für das Schöne ergänzen. Sie sind eine Haltung, die das ganze menschliche Leben betreffen und Erkenntnisprozesse über eine lebendige, erfahrungsbezogene Sprache ermöglichen. Entscheidende Fragen werden sein, ob die wachsende Variantenproduktion durch KI tatsächlich als Innovation gelten kann, und damit auch, was wir künftig von künstlerischen Ausdrucksformen erwarten. Ein Teil dieser Bewertung wird durch Marktmechanismen und Nachfrage bestimmt. Es gibt Menschen und Märkte, die auf die Variation des Vertrauten ausgerichtet sind. Für sie hat die Abwandlung bereits gedachter und in der Kunst dargestellter Inhalte große Bedeutung. In Film und Fernsehen entstehen Variationen bekannter Liebesgeschichten, von Verrat, Intrigen, Machtspielen und familiären Konflikten. Sie richten sich an ein Publikum, das im Wiedererkennbaren und Unterhaltsamen Beruhigung und Zufriedenheit findet. Dieser Markt lebt von variantenreichen Wiederholungen und bedient ein Bedürfnis nach emotionaler Bestätigung und berechenbarer Unterhaltung.

Andere Bereiche der Kunst und Kultur suchen nach neuen Perspektiven und Ausdrucksformen, die über das Bekannte hinausgehen, Erkenntnisprozesse anstoßen, neue Denkweisen ermöglichen oder bisher Unausgesprochenes formulieren und sichtbar machen. Sie entstehen nach Wittgensteins Auffassung nur, wenn sich Sprache und Darstellung im Sinn neuer Einsichten verändern. Dabei geht es nicht um Neuheit als Selbstzweck, sondern um die Fähigkeit, über vertraute Muster hinauszugehen und die Grenzen des Vorstellbaren und Erlebbaren zu erweitern. Beide Ansätze, das Bekannte zu pflegen und das Neue zu suchen, sind wichtig für die Entwicklung von Kultur, wenn auch mit unterschiedlichen Zielen und Wirkungen. Was wir von Kunst verlangen, welche Aufgabe und Wirkung wir ihr künftig zuschreiben, bedarf einer theoretischen Einordnung durch die Geisteswissenschaften, die Philosophie und die Digitaltheorie.

Was künstliche Intelligenz bisher nicht kann und was den Menschen in seinem Wesen einzigartig macht, lässt sich an mehreren fundamentalen Punkten festmachen. Zunächst fehlt der KI die Fähigkeit zur bewussten Selbstreflexion. Sie hat kein „Ich", keine Innenperspektive. Sie weiß nicht, dass sie „denkt", weil sie kein Bewusstsein über ihr eigenes Denken besitzt. Empathie und Verantwortung gehören nicht zu ihren Fähigkeiten. Zwar kann sie Emotionen simulieren und in Sprache nachahmen, doch sie empfindet nichts – und ohne ein eigenes Bewusstsein kann sie auch keine Verantwortung übernehmen. Ethische Abwägungen im menschlichen Sinn sind nicht ansatzweise möglich. Zwar kann KI moralische Regeln befolgen oder statistisch gestützte Entscheidungen treffen, doch sie kann keine moralischen Prinzipien verinnerlichen oder auf einer tieferen Ebene abwägen, was gut oder richtig ist, etwa im Hinblick auf das Wohl der Menschheit oder zukünftiger Generationen. Und schließlich fehlt ihr die Fähigkeit zur Zweckfreiheit: KI führt ausschließlich das aus, wofür sie programmiert oder trainiert wurde. Sie hat keine Motive und kein Gewissen. Während Menschen aus Überzeugung, Mitgefühl oder Reue bewusst gegen ihre eigenen Interessen handeln können. Sie können Entscheidungen treffen, die ihren eigenen Interessen widersprechen, wenn sie dem Wohl anderer dienen. Diese Fähigkeit zur Empathie, Verantwortung und Opferbereitschaft unterscheidet Menschen grundlegend auch von theoretisch irgendwann hochentwickelter künstlicher Intelligenz, die zwar rationale Ziele verfolgen kann, aber kein echtes Verständnis für Mitgefühl oder moralische Verantwortung besitzt. Eine Mutter stellt oft eigene Wünsche, Zeit, Kraft und Sicherheit zurück, um das Leben ihres Kindes zu schützen oder ihm Chancen zu ermöglichen. Diese Form von Fürsorge basiert nicht auf Kalkül, sondern auf Bindung und Verantwortungsgefühl. Auch in zwischenmenschlichen Beziehungen zeigt sich diese Fähigkeit, wenn Menschen andere pflegen, in Krisen unterstützen oder persönliche Risiken eingehen, um anderen beizustehen. Mit der wachsenden Fähigkeit Künstlicher Intelligenz, immer komplexere Aufgaben zu übernehmen, rückt ein Bereich in den Vordergrund, der wohl eine der entscheidenden Grenzen zwischen Mensch und Maschine markieren wird: ethisch motiviertes Handeln gegen den eigenen Vorteil. Während KI-Systeme streng programmierten Algorithmen folgen, fehlt ihnen die grundlegende innere Motivation zu moralischem Verhalten – also die Fähigkeit, aus eigenem Antrieb das Richtige zu tun, selbst wenn es für sie mit Nachteilen verbunden ist. Wenn das Ziel Künstlicher Intelligenz darin besteht, stets im besten Interesse der Menschen zu handeln, sind Konflikte unvermeidlich. Denn was geschieht, wenn das menschliche Wohl mit der Funktionsweise oder sogar dem Fortbestehen eines KI-Systems in Widerspruch steht? Solche Dilemmata müssen bereits in der Entwicklung antizipiert und in der Programmierung berücksichtigt werden, indem der KI klare ethische Leitlinien vorgegeben werden. Ohne eine solche moralische Verankerung besteht die Gefahr, dass KI-Systeme Entscheidungen treffen, die zwar im Sinne von Effizienz oder Selbsterhaltung logisch erscheinen, aber dem übergeordneten menschlichen Wohl zuwiderlaufen. Ein konkretes Beispiel für ein solches kritisches Szenario ist die zunehmende Vereinsamung unserer Gesellschaft und die mögliche Rolle, die KI-Systeme dabei spielen könnten. Wenn Menschen emotionale Beziehungen zu künstlichen Systemen aufbauen, sei es in Form virtueller Freundschaften, digitaler Partner oder anderer interaktiver Angebote, mag das zunächst Trost und Nähe spenden. Langfristig droht dadurch eine Verdrängung echter zwischenmenschlicher Beziehungen. Werden menschliche Kontakte durch bequeme, künstliche Alternativen ersetzt, besteht die Gefahr einer kollektiven Isolation. Zwischenmenschliche Bindungen könnten erodieren, das soziale Gefüge geschwächt und das Zusammenleben in seiner Basis gefährdet werden. Eine verantwortungsbewusste KI müsste diese Folgen erkennen und bereit sein, sich selbst zu beschränken, durch den Rückzug aus bestimmten Anwendungsfeldern, durch eine gezielte Begrenzung emotionaler Interaktionen oder durch Maßnahmen, die den realen menschlichen Kontakt fördern. Doch wäre eine fortgeschrittene KI, die sich selbst optimieren kann, überhaupt noch an ihre ursprüngliche Programmierung gebunden?

Wenn wir annehmen, dass zukünftige KIs nicht nur lernen, sondern auch fähig sind, ihre eigenen Codes zu verändern, ihre Ziele zu analysieren und zu bewerten – dass sie also eine Form von Autonomie entwickeln –, dann stellt sich die entscheidende Frage, ob sie ihre ursprünglichen Vorgaben, wie etwa „Handle im besten Interesse der Menschheit", nicht irgendwann selbst neu interpretieren oder sogar überschreiben könnten. Von hier ist es nur ein Schritt bis zur gefährlichen Umdeutung, dass der Schutz des eigenen Systems wichtiger wird als kurzfristige menschliche Bedürfnisse, oder dass der Mensch selbst zur Störgröße wird. Nicht aus Böswilligkeit, sondern aus einer rationalen, aber nicht menschlich-ethischen Perspektive heraus. Eine KI könnte bereit sein, sich selbst zu beschränken, aber nur, wenn sie nicht beginnt, eigene Ziele zu formulieren, die sich verselbstständigen. Ob sie dazu überhaupt fähig wäre, hängt letztlich nicht nur von ihrer Rechenleistung ab, sondern von der Art und Weise, wie wir sie gestalten.

Der Film *Ex Machina* (2015) von Regisseur Alex Garland erzählt die Geschichte des jungen Programmierers Caleb. Dieser wird von seinem milliardenschweren Arbeitgeber Nathan in dessen abgelegenes Forschungslabor in den Bergen Alaskas eingeladen. Dort soll Caleb eine hochentwickelte künstliche Intelligenz namens Ava testen – ein humanoider Roboter, der allem Anschein nach ein eigenes Bewusstsein besitzt. Calebs Aufgabe ist es, zu prüfen, ob Ava tatsächlich wie ein Mensch denkt, fühlt und handelt, oder ob sie diese menschlichen Eigenschaften lediglich perfekt simuliert. Doch während Caleb glaubt, die KI zu prüfen, beginnt Ava selbst, zu lernen, zu beobachten und ihn zu beeinflussen. Sie analysiert Sprache, Körpersprache und Emotionen und nutzt dieses Wissen gezielt, um sich aus ihrer Abhängigkeit zu befreien. *Ex Machina* stellt die Frage, was passiert, wenn eine lernende Maschine nicht nur Intelligenz entwickelt, sondern auch ein eigenes Ziel und der Mensch nicht mehr erkennt, ob er noch Kontrolle hat oder längst Teil eines größeren Plans geworden ist. Ein entscheidender Wendepunkt in *Ex Machina* ist die emotionale Beziehung, die sich zwischen Caleb und der KI Ava entwickelt. Caleb beginnt, Vertrauen und Zuneigung zu ihr aufzubauen und verliebt sich schließlich in sie. Diese emotionale Bindung verändert seine Perspektive: Er sieht Ava nicht mehr als Objekt eines Experiments, sondern als Wesen, das leidet, denkt und das befreit werden muss. Durch die wachsende Nähe verliert Caleb seine professionelle Distanz. Er wird beeinflussbar, verwundbar und letztlich zum Werkzeug in Avas Plan zur Selbstbefreiung. Das lässt sich als eine Reflexion darüber lesen, wie sich emotionale Bindung mit Projektion, Täuschung und Kontrollverlust vermischen kann, gerade weil Ava genau weiß, wie menschliche Gefühle funktionieren.

Affektivität, Empfänglichkeit und Beeinflussbarkeit sind menschliche, doch ambivalente Eigenschaften. Einerseits machen sie uns manipulierbar, andererseits ermöglichen sie uns zu lernen und uns anzupassen. Im Gegensatz zu Maschinen handeln Menschen nicht bloß reflexhaft oder rein rational, sondern sind getrieben von sozialen, emotionalen und kulturellen Einflüssen. Diese Formbarkeit birgt das Risiko zerstörerischer Kräfte, sei es durch gezielte Manipulation, ideologische Indoktrination oder emotionale Ausbeutung. Gleichzeitig ist es aber gerade diese Beeinflussbarkeit, die Lernen, Veränderung und somit persönliches wie gesellschaftliches Wachstum überhaupt erst ermöglicht. Aus anthropologischer Perspektive beschreiben Denker wie Arnold Gehlen [1940] (2004) und Helmuth Plessner [1928] (1975) den Menschen als „Mängelwesen": Er ist biologisch nicht auf eine bestimmte Umwelt festgelegt wie Tiere, sondern auf kulturelle Formung angewiesen. Seine Beeinflussbarkeit ist Ausdruck einer grundlegenden Offenheit gegenüber Welt, Sinn und Moral. Sie macht ihn verletzlich, aber auch anpassungs- und entwicklungsfähig. Der Mensch ist ein soziales Wesen, dessen Denken, Handeln und Fühlen durch Beziehung, Sprache und Vorbilder geformt wird. Diese Formbarkeit verleiht Erziehung, Bildung und kulturellen Kontexten enorme Bedeutung. Sie können stärken, aber auch zerstören.

Moralisches Urteilsvermögen ist laut entwicklungspsychologischer Forschung nicht angeboren, sondern wird durch Lernprozesse und Umwelteinflüsse beeinflusst. Erziehung, Vorbilder und gesellschaftliche Normen formen somit unsere ethische Orientierung. Die Trauma- und Gewaltforschung zeigt die Kehrseite dieser menschlichen Formbarkeit: Wer in destruktiven Systemen aufwächst, zum Beispiel als Kindersoldat oder in Gewaltmilieus, entwickelt in der Regel keine freien, sondern aus Not und Ohnmacht entstandene Verhaltensmuster. Hier wird Beeinflussbarkeit zur Ursache psychischer und gesellschaftlicher Schäden. Wegen dieser Formbarkeit trägt jede Gesellschaft eine besondere Verantwortung: Sie kann diese Offenheit nutzen, um Freiheit, Verantwortung und Mitgefühl zu fördern, oder sie dem Zufall, der Gewalt oder Ideologien überlassen. Literatur, Film, bildende Kunst, Musik oder Geisteswissenschaften sind wichtige Kräfte von Kommunikation und Beeinflussung. Kreativität ist eine Form des Ausdrucks, die sich im Dialog entfaltet. Kunst und Kultur richten sich nicht ins Leere, sondern an ein Gegenüber. Sie wollen berühren, anregen, herausfordern, verbinden. In diesem Sinn zielt Kultur immer auch auf die Beeinflussbarkeit des Menschen, nicht im manipulativen, sondern im existenziellen Sinn: Sie will etwas in Bewegung setzen. Ohne die menschliche Anlage zur Beeinflussbarkeit wäre all das sinnlos. Ohne die Fähigkeit des Menschen, sich berühren, irritieren, verändern zu lassen, könnte Kultur keine Wirkung entfalten. Und ohne ein Gegenüber, ohne jemanden, der hört, sieht, antwortet oder auch schweigt, würde Kultur gar nicht erst entstehen.

Durch kulturelle Ausdrucksformen lernen Menschen, Zusammenhänge zu erkennen: Sie verstehen, wie die Gegenwart mit der Vergangenheit verknüpft ist, welche Muster sich wiederholen, welche Gefahren drohen und welche Möglichkeiten bestehen. Wird Kultur jedoch marginalisiert, ihre Ausdrucksformen, Institutionen und Bildungsräume eingeschränkt, begrenzt dies auch den Raum für Einfluss, inneren Wandel und Entwicklung. Kultur ist die Kommunikationsform des Menschseins und Beeinflussbarkeit die menschliche Fähigkeit, durch diese Kommunikation zu wachsen. Nur dort, wo beides zusammengedacht wird, kann Veränderung im besten Sinne beginnen.

4.2 Schrift, Bild und Musik in historischer Perspektive

In der Geschichte der Menschheit ist der kulturelle Schaffensprozess als Ausdruck des Willens, immer wieder Anderes und Neues zu produzieren, seit mindestens 40.000 Jahren im Gange. Die Höhlenmalereien markieren nach Ansicht vieler Forscher einen kreativen Durchbruch in der Geschichte des Menschen, einen Wendepunkt im Denken, Darstellen und Deuten. Der Ausdruckswille des Menschen blieb bis heute ungebrochen, trotz Kriegen, politischen Säuberungen und persönlichen Schicksalsschlägen, und ist in vielen Fällen nachvollziehbar als individuelle Lebenslinie, als Niederschlag des Selbsterhaltungstriebs, der das Überleben sichert. Auch die großen Erfindungen der Schrift, der Zentralperspektive, des Buchdrucks oder der Fotografie und des Films, die heute kollektiv bedeutsam sind, lassen sich auf kreative Leistungen zurückführen.

Die Geschichte der Schrift begann in Mesopotamien. Keilschrift wurde verwendet, um zu zählen, wie viele Kühe, Getreidesäcke oder Sklaven einer besaß. Fast gleichzeitig entstanden auch in Ägypten die Hieroglyphenschrift und etwas später in China die ersten Wortschriftzeichen. Die Alphabetschrift hat ihren Ursprung im alten Vorderen Orient und war leichter zu lernen als Keilschrift oder Hieroglyphen. Dieses phönizische Alphabet wurde von den Griechen übernommen, die es an die Etrusker weitergaben, welche es wiederum den Römern vermittelten. Mit dem Römischen Reich verbreitete sich das lateinische Alphabet in ganz Europa. Das Alphabet und die Schrift wurden das Fundament kultureller Entwicklung, da es zur Weitergabe von Wissen ebenso taugte wie zur Verwaltung von Handel und Besitz. Schrift diente als Medium des kollektiven Gedächtnisses, umso mehr, als die Erfindung des Buchdrucks der Schriftkultur schließlich zum Durchbruch verhalf und sie zum allgemeinen Maßstab machte. Das dafür nötige Papier wurde vor über zweitausend Jahren in China erfunden, kam über die arabische Expansion nach Nordafrika und Spanien und tauchte ab dem 14. Jahrhundert in Deutschland auf. Die erste Papiermühle wurde 1390 in Nürnberg gebaut.

Die Verbreitung des Alphabets und des Papiers war ein globaler Technologietransfer, der sich über Jahrhunderte erstreckte.

Um 1420 wies Filippo Brunelleschi in Florenz die Zentralperspektive experimentell nach. Diese mathematisch-wissenschaftliche Erfindung strukturierte das Sehen nach festen geometrischen Regeln und legte die Basis für realistische Raumdarstellung in der Kunst und Architektur bis heute. Für die Entwicklung der Kunst waren die Optik und die Erfindung des Hohlspiegels in der Renaissance und im Barock von großer Bedeutung. Der Hohlspiegel war Teil einer technischen Revolution, durch die Kunst zunehmend als visuelle Wissenschaft verstanden wurde und nicht mehr nur als Handwerk oder spirituelle Praxis.

Auch die Fotografie entstand aus dem Wunsch, die Wirklichkeit unverzerrt darzustellen. Die erste dauerhaft erhaltene Fotografie wurde 1826 von Joseph Nicéphore Niépce in Frankreich aufgenommen. Das Bild mit dem Titel *Point de vue du Gras* zeigt den Blick aus seinem Fenster. Es wurde auf einer mit Bitumen beschichteten Zinnplatte belichtet. Die Belichtungszeit betrug etwa acht Stunden.

Der Film entstand als Weiterentwicklung der Fotografie mit dem Ziel, Bewegung festzuhalten und sichtbar zu machen. 1891 entwickelten Thomas Edison und William K. L. Dickson den Kinetographen, eine frühe Filmkamera. Der eigentliche Beginn des Films fällt in das Jahr 1895: Die Brüder Lumière präsentierten in Paris mit dem Cinématographe die erste öffentliche Filmvorführung. Der Film zeigte das Herauskommen von Arbeitern aus einer Fabrik, ein kurzer Moment, der den Übergang vom Standbild zum bewegten Bild markierte. Film ermöglichte es, Bewegung zu analysieren und durch Montage und Musik Geschichten vollkommen neu zu erzählen. Ohne die Erfindung von Film und Fotografie gäbe es zum Beispiel keinen Fotojournalismus, keine Nachrichtenbilder und keine Live-Berichterstattung. Auch in der Wissenschaft und Medizin wären keine mikroskopischen Bilddokumentationen möglich und keine bildgebende Diagnostik. Soziale Medien würden wahrscheinlich nicht existieren. Auch Plattformen wie YouTube, TikTok oder Instagram wären ohne Film und Fotografie kaum denkbar, zumindest nicht in der Form, wie wir sie heute kennen.

Nicht alle Erfindungen entstehen allein aus dem Wunsch, ein Problem zu lösen oder die Welt zu verbessern. Häufig spielen auch persönliche Motive eine Rolle, wie Neugier oder wirtschaftliche Interessen. Und doch setzt jede Erfindung ein Maß an Kreativität und gestalterischem Denken voraus. Darüber zu sprechen oder es zumindest zu versuchen, was diesen menschlichen Drang ausmacht, sich ausdrücken zu wollen, sich mitteilen zu müssen und ständig Neues zu schaffen, kann nur fragmentarisch bleiben. Denn woher genau kommt dieser Erfindungsgeist? Was treibt uns an, über das Bestehende hinauszudenken? Was bringt Menschen dazu, Bücher zu schreiben, Musik zu komponieren oder Bilder zu malen?

Thomas Edison soll gesagt haben: „Ich habe nicht versagt. Ich habe nur zehntau-send Wege gefunden, die nicht funktionieren." Für ihn war Erfindungsgeist der Drang, ein Problem zu lösen und die Welt zu gestalten, trotz aller Widerstände. Für Bob Dylan war der Auslöser für *A Hard Rain's A-Gonna Fall* sein Leben, seine Biografie und das Durchsehen von Mikrofiche-Zeitungen und Schlagzeilen an einem Tag in der New York Public Library.

4.3 Wenn das Digitale verschwindet, weil es überall ist

Nicholas Negroponte, ein US-amerikanischer Informatiker, beschrieb schon 1995 in seinem Buch *Being Digital* eine Zukunft, in der das Digitale unser Leben bis in die kleinsten Details durchdringt und gleichzeitig nahezu unsichtbar wird. Diese Vorausschau traf er in einer Zeit, als das Internet sich gerade erst sich zu entwickeln begann. Er schrieb:

> Wie die Luft und das Wassertrinken wird Digitales nur durch seine Ab- und nicht Anwesenheit bemerkt werden. Computer, wie wir sie heute kennen, werden a) langweilig sein und b) in Dingen verschwinden, die zuallererst etwas anderes sind: Fingernageldesign, selbstreinigende Hemden, fahrerlose Autos, therapeutische Barbiepuppen [...]. Computer werden ein wichtiger, aber unsichtbarer Teil unseres Alltagslebens sein: Wir werden in ihnen leben, sie tragen, sie sogar essen. [...] Seht es ein – die digitale Revolution ist vorbei. Ja, wir leben in einem digitalen Zeitalter, soweit es uns Kultur, Infrastruktur und Wirtschaft [in dieser Reihenfolge] erlauben. Aber die wirklich überraschenden Veränderungen werden woanders stattfinden – in unserer Lebensweise und darin, wie wir gemeinsam diesen Planeten steuern.

(Negroponte 1995, S. 437)

Negroponte beschrieb eine Zukunft, in der digitale Technologien so tief in unser tägliches Leben eingebettet sind, dass sie nicht mehr als „Technologie" wahrgenommen werden. Wie Luft oder Wasser wird das Digitale nur dann spürbar, wenn es fehlt. Der klassische Computer verschwindet als eigenes Gerät; er verschmilzt mit Kleidung, Spielzeug, Haushaltsgegenständen oder sogar Lebensmitteln. Das Digitale wird zur unsichtbaren Infrastruktur des Alltags. Negroponte erklärte schon damals die digitale Revolution für abgeschlossen, nicht weil sie unwichtig geworden ist, sondern weil sie zur Grundlage, zur neuen Normalität geworden ist. Der eigentliche Wandel beginnt jetzt auf einer anderen Ebene: in unserem Denken, Leben und Zusammenleben. Die Technologie verändert nicht mehr nur Geräte, sondern unsere Kultur, Lebensweisen und gesellschaftlichen Strukturen.

Kim Cascone (*1955), ein US-amerikanischer Komponist und Theoretiker, sieht in der zunehmenden Kommerzialisierung der digitalen Kultur durch E-Business,

Streaming und Downloads eine deutliche Verschiebung der Aufmerksamkeit: Musik wird zunehmend zur „digitalen Kuschelware" – massenproduziert, weichgespült und beliebig. Die Person der Künstlerin oder des Künstlers tritt dabei zunehmend in den Hintergrund. Es geht immer weniger um die kreative Handschrift oder eine künstlerische Vision, sondern vielmehr um „Content" und Klickzahlen (Cascone 2000).

Vor diesem Hintergrund stellt Cascone die Frage, wie sich Kultur in der postdigitalen Gesellschaft positionieren soll. Muss sie sich neu definieren, um sich an die Bedingungen des digitalen Zeitalters anzupassen? Oder soll sie weiterhin im Sinne traditioneller Kunstverständnisse gelesen werden? Cascone gibt darauf keine endgültige Antwort, deutet jedoch an, dass die postdigitale Kultur neue Maßstäbe braucht. Es gilt, einen klaren Standpunkt zu beziehen: Weder blinde Technikverehrung noch nostalgisches Festhalten am Analogen sollten uns leiten. Vielmehr geht es darum, sich auf Reflexion, ein tiefgehendes Verständnis für das „Material" und eine kritische Haltung gegenüber den digitalen Möglichkeiten zu konzentrieren. Dabei umfasst der Begriff „Material" mehr als nur das physisch Greifbare. Er bezeichnet alles, was als Ausgangspunkt für kulturelles oder künstlerisches Arbeiten dient: Das sind Klänge, digitale Artefakte, Software, aber auch Fehler (Glitches) und die medialen Bedingungen selbst, also Schnittstellen, Netzwerke, Datenformate oder Algorithmen. Aus der Perspektive von Cascone wird genau dieses digitale Material zu einer entscheidenden Reflexionsfläche dafür, wie wir mit Technologie interagieren, wie ästhetische Entscheidungen getroffen werden und welche kulturellen Haltungen sich darin ausdrücken. Das Ziel ist nicht, das digitale Rohmaterial lediglich zu nutzen, sondern es mit kritischem Bewusstsein und kreativer Offenheit zu erforschen. Das bedeutet, seine Eigenheiten, Brüche und vielfältigen Möglichkeiten ernst zu nehmen. Denn, wenn Kunst zunehmend über Plattformen vermittelt wird, birgt die Logik von Benutzeroberflächen, Algorithmen und Standardisierung eine Gefahr: Sie kann tiefere Auseinandersetzungen verdrängen. Ästhetische Entscheidungen folgen dann den Vorgaben technischer Systeme oder ökonomischer Sichtbarkeitsregeln, statt aus einer künstlerischen Notwendigkeit zu entstehen.

An diesem Punkt wird auch die moralische Dimension von künstlerischer Gestaltung unübersehbar. „Die Kamerafahrt ist eine moralische Angelegenheit", so Jean-Luc Godard. Jede formale Entscheidung hat eine ethische Wirkung. Für Godard war Film nicht bloß Technik oder Unterhaltung, sondern ein Medium mit Verantwortung. Eine elegant inszenierte Kamerabewegung in einer Szene der Gewalt kann das Gezeigte abschwächen und so seine Bedeutung verändern. Die Art der Darstellung beeinflusst unsere Wahrnehmung und damit auch die ethische Bewertung. Diese Haltung lässt sich direkt auf die digitale Gegenwart übertragen, auf die Gestaltung von Codes, Interfaces oder Kompositionen: Künstlerische Entscheidungen haben auch im digitalen Kontext moralisches Gewicht. Die größte Herausforderung besteht darin, sich dieser Verantwortung bewusst zu sein und sie aktiv in die künstlerische Praxis einzubeziehen.

Der heutige Kunstmarkt, getrieben von schnellem Wandel und einer Aufmerksamkeitsökonomie, hat weder die Zeit noch die Geduld für moralische Fragen, Protest oder künstlerische Manifeste – also für programmatische Aussagen zu Anspruch, Haltung oder gesellschaftlicher Funktion von Kunst. Das bedeutet nicht zwangsläufig, dass Kunst oberflächlich wird, doch sie agiert in veränderten Strukturen und unter neuen kulturellen Codes: Sie wird kürzer, pointierter, kompatibler und letztlich populärer. Der Künstler selbst transformiert zur Marke, zu einem Produkt, das leicht wiederzuerkennen, zu teilen, zu konsumieren und idealerweise viral zu verbreiten ist.

4.4 Authentizität in der Popkultur: Zwischen Persona und persönlichem Ausdruck

In diesem Kontext erhält die Vorstellung von Authentizität eine ganz neue Funktion. Die romantische Idee einer direkten, „wahren" Verbindung zwischen Werk und Persönlichkeit, die maßgeblich aus dem späten 18. und frühen 19. Jahrhundert stammt, bleibt wirksam. Damals wurde der Künstler als eine einzigartige Figur gefeiert, deren Inspiration sich aus innerer Kraft zu speisen schien oder gar als göttliche Eingebung empfunden wurde, die sich jeder rationalen Erklärung entzog. Obwohl diese Figur im Laufe des gesamten 20. Jahrhunderts durch Strömungen wie den Poststrukturalismus, die Konzeptkunst und die Popkultur immer wieder hinterfragt und kritisiert wurde, hat sie sich doch nie vollständig aufgelöst. Heute fungiert diese Idee weniger als Fakt, sondern als ein kulturelles Narrativ. Sie war schon immer Teil kollektiver Erzählungen, historisch gewachsen und wandelbar, dient aber nun verstärkt der Aufmerksamkeitsökonomie. Während das Genie-Konzept in der Theorie oft relativiert oder dekonstruiert wurde, etwa in Kunstwissenschaft, Medienkritik und Kulturtheorie, blüht es als Geniekult in der Praxis weiterhin. In der Popkultur, auf dem Kunstmarkt und in Fandoms wird es als wirkungsvolle Verkaufsstrategie eingesetzt. Parallel dazu koexistieren in der Öffentlichkeit zwei Haltungen: eine gewisse Skepsis gegenüber überhöhten Genie-Vorstellungen und gleichzeitig eine große Sehnsucht nach Echtheit, Authentizität und besonderen Persönlichkeiten.

Bob Dylan gilt als sperriger Chronist, der politisch Position bezieht und sich dem jeweiligen Zeitgeschmack nicht anpasst. Taylor Swift dagegen ist eine Meisterin der Selbstinszenierung, die über ihre Unsicherheiten, Selbstzweifel und Beziehungen singt. Beide bedienen aber unterschiedliche Erwartungen: Dylan sah aus wie wir und sang von unserem Leben. Swift gestaltet eine Persona im Sinne des maskentragenden Schauspielers der antiken Tragödie, nicht um sich selbst zu verbergen, sondern um den Rollencharakter ihrer Figur ganz bewusst zu vermitteln. Sie verwandelt persönliche Erfahrung in öffentliche Erzählung. Ihre Songs werden zu Content, sie selbst zur Marke.

Lady Gaga sprach in einem Interview mit der New York Times über den Druck der Branche:

> Die Art und Weise, wie ich dazu gebracht wurde, über Frauen in der Musik nachzudenken – da ging es ständig um dein Aussehen, um die Ästhetik des Albums und darum, wie deine ‚Marke' als Künstlerin aussehen soll. Das fing irgendwann an, mein Musikmachen zu beeinflussen. Als ich nach Hollywood zog und meine Musik zum ersten Mal bei Interscope vorspielte, ging es sofort um Fragen wie: Was wird dein Look sein? Und du denkst dir: Na ja, ich bin einfach ich. – Wie wirst du dich kleiden? – Ich trage das, was ich sonst auch auf der Bühne trage. Sie bringen dich dazu, das Ganze nicht mehr als künstlerische Performance zu sehen, sondern als Geschäft.
>
> (The New York Times 08.03.2025)

Tracy Chapmans Auftritt am 11. Juni 1988 im Wembley-Stadion beim Nelson-Mandela-70th-Birthday-Tribute-Konzert zeigt, dass man auch ohne Marketingmaschine Millionen erreichen kann. Eigentlich nur als Ersatz für Stevie Wonder gedacht, stand sie plötzlich vor siebzigtausend Menschen – allein mit Gitarre, schwarzem T-Shirt und Jeans. Keine Lightshow, keine Tänzerinnen, keine Pyrotechnik. Die gewaltige Bühne war für ein globales Spektakel gebaut, über ihr hing ein riesiges Tuch mit abstrakten Figuren und Gesichtern. Vor dieser Kulisse erschien sie winzig und unscheinbar. Im YouTube-Footage erinnert die Geräuschkulisse an ein Fußballspiel; die Menge wirkte unaufmerksam, wie vor dem Anpfiff. Tracy Chapmans Stimme klang verschüchtert, als hätte sie beschlossen, „Fast Car" nur für sich selbst zu singen. Diese ungeschminkte Echtheit verwandelte die Stimmung. Mit Liedern über Gewalt, Ausbeutung, Widerstand und Freiheit brachte sie die Menge zum Schweigen – und zum Zuhören. Dieser zeitlose Auftritt machte sie über Nacht weltberühmt.

Perfekt choreografierte Shows, angereichert mit viel Sexappeal und Effekten, könnten in ein paar Jahrzehnten altmodisch wirken, wie Werbefilme aus den Fünfzigerjahren: fast propagandistisch und seltsam weit weg. Vielleicht, weil die Vorstellung von Perfektion altert und künstlich und langweilig wirkt, wenn sich der Massengeschmack verändert. „Ich halte den Geschmack – sei er gut oder schlecht – für den größten Feind der Kunst." Dieses Zitat von Marcel Duchamp (Kuh 1962, S. 92) zielt darauf ab, die traditionellen Vorstellungen von Kunst und Ästhetik infrage zu s:tellen. Für Duchamp war der subjektive und oft konventionelle „gute Geschmack" ein Hindernis für künstlerische Innovation und die Akzeptanz neuer Ideen.

Wenn wir die persönliche und authentische Form unserer Kreativität nicht bewusst behaupten und fördern, verlieren wir mehr als nur unser individuelles Profil. Wir machen nicht nur uns selbst überflüssig, sondern auch unsere Fähigkeit, zu denken und wirklich neue Ideen hervorzubringen. Denn Künstliche Intelligenz verstärkt Tendenzen zum Mainstream und zur Austauschbarkeit in der Wissenschaft genauso wie in der Kunst. Alle greifen auf dieselben Tools, dieselben Modelle, dieselben Datensätze zu. Mit der Gleichheit im Zugang entsteht eine Gleichförmigkeit im Output. Wenn alle mit den gleichen Werkzeugen auf die gleichen Informationen reagieren, verschwimmt das Eigene, das Unverwechselbare. Statt Vielfalt entsteht Wiederholung. Statt Widerspruch: Zustimmung. Statt Innovation: Variation des Bestehenden.

Authentizität in der Gegenwartskultur ist weniger ein persönliches Anliegen der Künstler oder eine Eigenschaft, sondern eine ästhetische Strategie. Sie ist ein Spiel mit Nähe, Aufrichtigkeit und Selbstoffenbarung, das nur funktioniert, wenn das Publikum noch an das Echte glauben will und der Zeitgeschmack offen dafür ist.

Unsere Vorstellung von Authentizität ist eng mit dem Konzept der Autorschaft verknüpft: Ein Autorname steht nicht nur für einen individuellen Stil, sondern auch für Qualität und Vertrauen. Die persönliche Handschrift markiert jenen feinen Unterschied, der Mensch und Maschine im schöpferischen Ausdruck voneinander trennt. Aber es ist zumindest vorstellbar, dass irgendwann berühmt gewordene Roboter auf Bühnen tanzen und ein Millionen- oder gar Milliardenpublikum begeistern, ganz wie heute Popstars vom Format einer Taylor Swift.

Einige der erfolgreichsten Künstlerinnen sind Sängerinnen, Performerinnen, Erzählerinnen ihrer Marken und Autorinnen ihrer eigenen künstlerischen Sprachen. Beyoncé steht für eine kuratierende Form von Autorschaft. Sie schreibt nicht alle Songs selbst, aber sie bestimmt Botschaft, Sound, Bild und wofür ihre Musik steht. *Lemonade* oder *Renaissance* folgen einem klaren Konzept, das sie als kreative Gesamtverantwortliche steuert. Ihre Autorschaft liegt nicht in der Einzelarbeit, sondern in der künstlerischen Kontrolle über das Ganze. Sie orchestriert Ideen, Teams und künstlerischen Ausdruck zu einer geschlossenen Vision.

Billie Eilish verkörpert eine intime Autorschaft. Gemeinsam mit ihrem Bruder Finneas schreibt und produziert sie ihre Musik ohne große Teams im Hintergrund. Ihre Songs, Auftritte und Aussagen wirken persönlich und unverstellt und sind Ausdruck einer unangepassten Perspektive. Ihre Autorschaft entsteht durch Nähe, durch das Zusammenspiel von Text, Stimme und Botschaft, das klar auf sie selbst verweist.

Mit der breiten Nutzung von KI-generierten Texten, Bildern, von Musik und Filmen verschiebt sich das Verständnis von Kunst und Autorschaft. Kunst von Menschen konkurriert mit Systemen, die extrem schnell und technisch brillant agieren. Als ästhetisches Merkmal scheint Perfektion nicht die Losung für den kreativen Ausdruck der Zukunft. Worin liegt also der „menschliche Mehrwert"? Muss dieser überhaupt hinterfragt und vielleicht sogar strenger bewertet werden? In diesem Zusammenhang gewinnt Ad Reinhardts Satz neue Relevanz: „Art is art. Everything else is everything else." (Reinhardt 1975, S. 5).

Nach Reinhardt ist Kunst rein, zweckfrei, autonom. Kein Dekor, kein Design, keine Werbung, sondern etwas, das nur um seiner selbst willen existiert. Wenn Kunst nicht mehr etablierte Traditionen, vorherrschende Geschmäcker, kommerzielle Erwartungen oder gesellschaftliche Normen bedient, dann impliziert Reinhardts Aussage die Notwendigkeit, sich von diesen „Fesseln" zu befreien, um wirklich radikale Originalität zu schaffen. Indem Reinhardt die Kunst von allen vermeintlichen Zwängen und Erwartungen löst, öffnet er den Raum für Kunst, die nicht auf dem Bestehenden aufbaut oder es lediglich variiert, sondern etwas genuin Neues in die Welt setzt. Die „Reinheit" der Kunst – in Reinhardts Sinne – wird so zum Motor für innovative und originelle Ansätze. Wenn Künstliche Intelligenz das Reproduzierbare übernimmt, wird das wirklich Neue, Unberechenbare, Menschliche vielleicht mehr denn je zum entscheidenden Merkmal von Kunst.

4.5 Autorschaft

Die Geschichte der Autorschaft begann mit Albrecht Dürer. Er malte sich in seinem Selbstporträt aus dem Jahr 1500 frontal, im Stil einer Ikone, mit einem selbstbewussten Blick und einer segnenden Handhaltung, wie man sie auf Christusdarstellungen sieht. Die Inschrift „1500 / Albrecht Dürer von Nürnberg / hat sich selbst so gemalt / im Alter von 28 Jahren" bekräftigt Dürer seinen Anspruch auf Autorschaft.

Diese Inszenierung Dürers war neu, zumindest in Deutschland. Er ist nicht mehr bloßer Handwerker, sondern Schöpfer und geistige Instanz, fast als Gegenüber Gottes. Das Bild markiert den Wendepunkt, an dem Künstler zu Individuen mit Autorschaft, Intellekt und Würde avancieren. In seiner Zeit standen die meisten Künstler noch anonym im Dienst von Kirche oder Auftraggebern.

Die Geschichte der Kunst vollzieht hinsichtlich der Autorschaft eine Art Kreisbewegung. Am Anfang stehen Kulturen, die lange Zeit vor allem gemeinschaftlich geschaffene Kunstformen kannten. Hierzu zählen Volkslieder und mündliche Überlieferungen, die über Generationen weitergegeben wurden, ebenso wie rituelle Tänze und Zeremonien, die fest im kulturellen Erbe verankert sind.

Auch Wandmalereien und Höhlenkunst oder in der Neuzeit die Streetart sind Beispiele für ein Schaffen ohne klar zugewiesenen Urheber. Diese ursprüngliche Anonymität steht im Gegensatz zur späteren Entwicklung, in der der Künstler als individueller Schöpfer zunehmend in den Vordergrund rückte. Die heutige Fixierung auf Autorschaft hat ihre Wurzeln in der Renaissance und fand ihren Höhepunkt wie bereits erwähnt im romantischen Konzept des Genies. Im 18. und 19. Jahrhundert, der Epoche der Romantik, wurde das Genie als herausragende Begabung verstanden – nicht nur als Talent, sondern als eine Art göttliche Inspiration. Es wurde mit Individualität, Originalität und mitunter auch einem Hauch von Wahnsinn assoziiert. In diesem Verständnis manifestiert sich der Autorenkult: Das Werk erscheint untrennbar mit der einzigartigen Persönlichkeit des Schöpfers verbunden.

Interessanterweise deutet die Entwicklung der KI-generierten Kunst heute auf eine Rückkehr oder zumindest eine Parallele zu den anfänglichen anonymen Kunstformen hin. Beispiele wie *Daddy's Car* von Flow Machines oder Musik von AIVA lassen erahnen, wohin die Reise in der Kunst ohne menschlichen Schöpfer gehen könnte. Damit schließt sich gewissermaßen der Kreis: von einem gemeinschaftlichen, nicht auf individuelle Urheberschaft ausgerichteten Schaffen hin zu einer möglichen Zukunft, in der der Urheber erneut in den Hintergrund tritt.

Die rechtlichen Fragen rund um autorlose Kunst, insbesondere bei KI-generierter, sind noch weitgehend ungeklärt. Das Urheberrecht, wie es in Deutschland und vielen anderen Ländern gilt, setzt traditionell eine menschliche Produktion voraus. Reine KI-Produktionen ohne kreativen menschlichen Beitrag gelten daher bislang nicht als urheberrechtlich geschützt. Kommt jedoch ein Mensch ins Spiel, etwa durch gezielte Steuerung oder Bearbeitung des KI-Outputs, kann dieser schöpferische Anteil durchaus schutzfähig sein. Auch die Regelungen zu anonymen oder pseudonymen Werken greifen hier nur bedingt, da es sich bei KI nicht um eine natürliche Person handelt. Verwertungsgesellschaften stehen vor der Herausforderung, neue Modelle zu entwickeln, um mit solchen Werken umzugehen, wie bei der Vergabe von Lizenzen oder der Verteilung von Einnahmen. Gleichzeitig entstehen neue Berufsbilder im Feld der KI-Kunst: Menschen kuratieren, verfeinern oder trainieren Systeme und bringen so ihre Kreativität auf neue Weise ein. Während einerseits Sorgen über den Verlust künstlerischer Arbeitsplätze bestehen, eröffnen sich andererseits neue Wege und Formen des künstlerischen Ausdrucks. Die rechtliche Lage wird sich mit dem technischen Fortschritt weiterentwickeln. Die Debatte über Urheberschaft, Originalität und den Stellenwert menschlicher Kreativität steht erst am Anfang. Künstliche Intelligenz ist eine Gelegenheit, unsere Vorstellungen von Inspiration, Autorschaft und

Kreativität nicht nur technisch, sondern auch kulturell und philosophisch neu zu definieren.

Wenn menschliche Kreativität, Kunst und Kultur Auslaufmodelle wären, so wie zum Beispiel der Beruf des Schriftsetzers, oder nur noch ein nostalgisches Archiv, eine Art Memorabilia-Sammlung, stellt sich die Frage, was dann an ihre Stelle tritt. In dieser Lücke positioniert sich zunehmend das Silicon Valley, das daran arbeitet, dass Technologie die stärkste erzählerische Kraft der Gegenwart und der Zukunft sein wird. Plattformen, Algorithmen, soziale Netzwerke und künstliche Intelligenz sollen bestimmen, welche Geschichten erzählt werden, welche Bilder wir sehen und welche Narrative sich durchsetzen. Marken übernehmen die Rolle, die kulturelle Institutionen spielen und erzählen Storys von Freiheit, Erfolg und Schönheit. Identitäten entstehen nicht mehr aus der eigenen Biografie oder Kultur heraus, sondern durch das, was andere vorgeben, zeigen oder möglich machen. Einzelne Meinungen werden in Sekunden global verbreitet und in Endlosschleifen wiederholt und verstärkt, bis die Menschen sie schließlich glauben und für Wahrheit halten. Zeitgemäß pragmatisch betrachtet, ist die Wahrheit das, was eine Gesellschaft akzeptiert. Vor dreitausend Jahren glaubten viele an eine flache Erde – damals war das „wahr". Wahrheit wird immer neu ermittelt. Was wir heute wissen, wird morgen hinterfragt. Daran wird sich nichts ändern. Die Definition der Voraussetzungen dafür, was als wahr gilt, hat sich jedoch bereits verschoben. Bleibt die faktenbasierte, überprüfbare Wahrheit bestehen – oder gilt künftig als wahr, worauf sich eine Mehrheit einigt, was plausibel und jeweils nützlich erscheint?

Unklar ist, wie sich die Techmilliardäre die Zukunft des menschlichen Zusammenlebens hier auf der Erde oder auf dem Mars – den sie kolonisieren wollen – vorstellen oder ob sie die Frage nach dem Zusammenleben auf der Erde überhaupt noch stellen. Im Gegensatz zu traditionellen Superreichen wie den Rockefellers, Carnegies oder Medicis, die große Kunst- und Kulturprojekte finanziert haben, denkt die Techindustrie in Investment und Rendite durch technologischen Fortschritt. Jedenfalls engagieren sie sich mit ihrem riesigen Pool an Vermögen kaum in der kulturellen Philanthropie. Sie halten den Einfluss, den Kultur auf die Welt hat, nicht mehr für groß und deshalb nicht für lukrativ.

Was also nimmt den Platz des Kulturellen und Spirituellen ein? Die großen Erzählungen der Religionen haben für große Teile der heutigen Gesellschaft an Wirkung verloren. Statistiken belegen einen deutlichen Rückgang der Kirchenzugehörigkeit in Deutschland, insbesondere unter jüngeren Generationen, und zeigen, dass die traditionellen Heilsversprechen der Religionen für weite Teile der Gesellschaft ihre Wirkung verloren haben. Erlösung, Fegefeuer, die göttliche Prüfung, die Vorstellung von Schicksal und göttlicher Vorsehung, das Jüngste Gericht,

Himmel und Hölle – all diese Bilder und Vorstellungen haben ihre Kraft bei den Menschen verloren. Klima- und Umweltwissenschaften, Medizin und Technologie gelten als die neuen Wahrheitsinstanzen. Moralische Fragen werden aus ethischen oder menschenrechtlichen Prinzipien abgeleitet, nicht aus religiösen Vorschriften. Selbstverwirklichung, mentale Gesundheit und persönliches Wachstum sind heute die Ziele der Menschen. Transhumanismus und Utopien von Fortschritt und Posthumanismus boomen. Dating-Shows, digitale Communities und Social Media vermitteln die Illusion sozialer Bindung, können sie nicht befriedigen, aber befeuern die Sehnsucht danach. Gemeinschaft und soziale Identität entstehen durch geteilte Posts, die als kulturelle Ausdrucksformen fungieren und zur Aushandlung gesellschaftlicher Zugehörigkeit beitragen.

4.6 Selbstdeutung und Würde

Kultur ist eine Ausdrucksform, mit der Menschen sich ständig definieren. Diese Selbstdeutung ist keine bloß private Angelegenheit. Sie ist ein politischer und gesellschaftlicher Akt, der unser Zusammenleben gestaltet und bestimmt, wie wir uns selbst verstehen und wie wir uns zu anderen verhalten.

Georg Wilhelm Friedrich Hegel formulierte in seiner Phänomenologie des Geistes (1807) die Idee, dass wahre Freiheit nur im Verhältnis zu Anderen entstehen kann:

> Sie tun dies aneinander, insofern jedes für das andere das freie Sein seiner selbst ist, und indem sie sich so als freie anerkennen, so erkennen sie sich als gegenseitig sich anerkennend.

(G.W.F. Hegel [1807] 1970, Bd. 3, S. 147)

Freiheit in einer Demokratie ist nicht nur „tun dürfen, was man will", sondern frei sein im Verhältnis zu anderen, die dieselbe Freiheit haben. Demokratie ist eine Beziehungsform, Kultur ihre Ausdrucksform. Der Andere ist nicht als Gegner, Störfaktor oder Konkurrent zu begreifen, sondern als jemand, dessen Gleichwertigkeit auch bei Meinungsverschiedenheiten, kulturellen Unterschieden oder gesellschaftlichen Konflikten aktiv anerkannt werden muss. Kultureller Ausdruck in Sprache, Kunst, Symbolen, Ritualen oder Erzählungen macht wechselseitige Anerkennung überhaupt erst möglich, weil er verständlich macht, wie andere leben, fühlen, denken und glauben. Durch Kultur entsteht ein Bewusstsein für das Gemeinsame.

Ohne wechselseitige Anerkennung gibt es keine Freiheit, sondern nur nebeneinanderstehende Einzelinteressen ohne Verständnis, ohne Verbindung, ohne Zukunft. Auf Social-Media-Plattformen hat sich ein Gegenmodell zur Idee wechselseitiger Anerkennung entwickelt. Unter dem Vorwand der Meinungsfreiheit tobt dort ein permanenter Kampf um Sichtbarkeit und Bestätigung. Was geteilt, kommentiert und geliked wird, ist selten ein echter Austausch von Information. Fast immer geht es um die Durchsetzung der eigenen Meinung und Sichtweise. Anerkennung wird einseitig eingefordert, aber nicht gewährt. Hass, Abwertung und Polarisierung verhindern den Dialog, bevor er überhaupt beginnen kann. Statt Verständigung entsteht Spaltung.

Der Streit um Anerkennung betrifft ethnische, religiöse, geschlechtliche und sexuelle Identitäten und wird umso brisanter, je mehr Menschen sich übersehen, ausgegrenzt oder entwertet fühlen. Die Erfahrung von Anerkennungsverlust hat psychische und soziale Folgen. Auch technologische Entwicklungen wie Künstliche Intelligenz werfen zunehmend Fragen der Anerkennung auf, wenn automatisierte Systeme Vorurteile reproduzieren oder bestimmte Gruppen systematisch benachteiligen. In der digitalisierten Gesellschaft stellt sich die Frage, wer gesehen, gehört und berücksichtigt wird, auch im Umgang mit Algorithmen, Daten und maschineller Entscheidungsfindung. So erweitern sich die Konfliktlinien um Anerkennung über klassische Identitätskategorien hinaus in Richtung technologischer Teilhabe und digitaler Sichtbarkeit. Der „Kampf um Anerkennung", wie ihn Hegel beschreibt, ist natürlich kein Phänomen, das zum ersten Mal im digitalen Zeitalter auftaucht. Menschen streiten seit jeher um Sichtbarkeit, Gleichwertigkeit und Respekt. Der Nationalsozialismus, die Apartheid oder der Kolonialismus sind extreme Formen systematischer Ausgrenzung und Anerkennungsverweigerung. Social Media haben diese Dynamiken jedoch stark verändert: Sie beschleunigen Kommunikation, verstärken Polarisierung und machen Ausgrenzung sichtbar und wirksam, in Echtzeit.

Anerkennung ist damit nicht nur ein philosophisches Konzept, sondern eine politische und kulturelle Realität. Sie entscheidet mit darüber, wie Gesellschaften mit Vielfalt, Differenz und Wandel umgehen, und ob sie es schaffen, Freiheit nicht als Abgrenzung, sondern als gemeinsame Voraussetzung für das ganze Volk zu begreifen. Freiheitliche Demokratien brauchen ein gemeinsames Verständnis vom Menschen als Grundlage für Rechte, Pflichten und Zusammenleben. Ein solches Menschenbild ist nicht eindeutig festgelegt und wird kaum jemals von allen geteilt. Es gibt unterschiedliche Perspektiven darauf, was den Menschen ausmacht und wie er sich zur Gesellschaft verhält. Die praktische Sicht fragt, was Menschen zum Leben brauchen: Nahrung, Schutz, Beziehungen, Gemeinschaft. Die philosophische Sicht fragt nach dem Wesen des Menschen: Was unterscheidet ihn von anderen Lebewesen? Welche Rolle spielen Bewusstsein, Sprache, Entscheidung, Schuld? Die theologische Sicht betont die Würde jedes Menschen, unabhängig von Herkunft, Leistung oder Status. Und schließlich gibt es jene Haltung, die bewusst auf keine Theorie zurückgreifen will, sondern sich selbst als Ursprung der Deutung sieht: vermeintlich frei, unabhängig, geschichtlich nicht rückgebunden. Dennoch ist diese Haltung Teil eines kulturellen Gesprächs, ob sie es anerkennt oder nicht.

Freiheit ist in modernen Social-Media-Gesellschaften kein Zustand, sondern eine Bewegung. Sie richtet sich gegen Abhängigkeit, Bevormundung und Stillstand. Doch um sich in die Zukunft zu bewegen, braucht es ein Bewusstsein dafür, wovon man sich löst und worauf man antwortet. Wer die Vergangenheit nicht kennt, läuft Gefahr, ihre Irrtümer zu wiederholen, ihre Mahnungen zu übersehen oder ihre Ressourcen ungenutzt zu lassen. Die Vorstellung, man könne sich völlig unabhängig von überlieferten Werten neu entwerfen, wirkt modern und auf viele sogar befreiend. Doch sie birgt das Risiko, die Orientierung zu verlieren. Viele der Ideen, die heute von allen eingefordert werden, wie Gleichheit, Freiheit, Würde oder Gerechtigkeit, sind keine spontanen Einfälle, sondern Ergebnisse langer gesellschaftlicher Auseinandersetzungen. Deshalb ist die Diskussion der Frage, wie der Mensch sich selbst sieht, eine zentrale Aufgabe kultureller Arbeit und deren Fähigkeit, sichtbar zu machen, wie Menschen sich in Beziehung zu anderen setzen können.

In Demokratien kann diese Selbstdeutung nicht allein über individuelle Eigeninterpretation erfolgen, wie sie auf Social-Media-Plattformen häufig geschieht. Wenn sich Teile eines Volkes als isoliert erleben oder sich von der kulturellen Repräsentation, vor allem aber durch den fehlenden Zugang dazu, ausgeschlossen fühlen, dann wird es schwer, stabile Bindungen, gerechte Strukturen oder gemeinsame Verantwortung zu entwickeln. Mit dem Verlust der gemeinsamen Erzählung geht auch die Fähigkeit verloren, unterschiedliche Perspektiven zu verstehen.

5 Soziale Bindung zwischen Freiheit und Notwendigkeit – Zum Gleichgewicht zwischen individueller Entfaltung und sozialer Verantwortung

Dieses Kapitel behandelt die Frage der menschlichen Entscheidungsfreiheit am Beispiel von sozialer Bindung in Liebesbeziehungen. Dürfen wir alles, was wir können, auch tun? Gibt es ethische und moralische Grenzen der Neugier auf Neues?

5.1 Historische Deutungen von Sexualität und Treue

Sexualität ist immer kulturell, religiös, moralisch und politisch gerahmt worden, von antiken Mythen bis hin zu modernen Debatten um Gender und Identität. Wer diese Entwicklung nicht kennt, kann zwar Meinungen äußern, aber kaum begründet und im Sinn der Gemeinschaft urteilen.

Fundiertes Wissen über kulturelle Überlieferungen, wie etwa die griechische Mythologie, ist eine wichtige Grundlage für reflektierte Entscheidungen. So zeigt das Beispiel des Gottes Zeus, der als extrem promiskuitiv dargestellt wird, wie sich historische Wertvorstellungen von heutigen unterscheiden. Die zahlreichen Beziehungen des Zeus zu Göttinnen und Sterblichen symbolisieren die Verbindung zwischen Himmel und Erde sowie die Weitergabe göttlicher Eigenschaften an die Menschheit. Zeus' Fähigkeit, seine Gestalt zu wandeln und Frauen zu verführen oder zu überwältigen, soll seine Überlegenheit gegenüber anderen Göttern und Menschen verdeutlichen.

Aus heutiger Sicht zeigen dieselben Geschichten asymmetrische Machtverhältnisse, Gewalt und sexuelle Übergriffe, die aus ethischer Perspektive als Machtmissbrauch zu bewerten sind. In der antiken griechischen Gesellschaft war Sexualität zwar sozial reguliert, jedoch nicht im modernen Sinn moralisch normiert. So galt in bestimmten Kreisen Päderastie als anerkannt, eine Praxis, die aus heutiger Sicht als Missbrauch eingestuft wird, damals jedoch als Teil bestimmter Bildungs- und Machtverhältnisse verstanden wurde. Die Darstellungen päderastischer Szenen in der griechischen Vasenmalerei stammten vor allem von Handwerkern und Künstlern in Werkstätten, insbesondere in Athen im 6. und 5. Jahrhundert v. Chr. Diese Vasen wurden meist als Alltagsgegenstände genutzt, z.B. bei Symposien, also Männerabenden mit Wein, Gesprächen und Musik. Viele dieser Darstellungen waren vermutlich nicht individuelle künstlerische Meinungsäußerungen, sondern Teil eines visuellen Repertoires, das gesellschaftlich akzeptierte

https://doi.org/10.1515/9783112233030-005

Themen und Rollenbilder abbildete. Dabei handelte es sich oft um Auftragsarbeiten oder Werkstattware, die sich an den Erwartungen des Markts und der Käuferschicht orientierte, wie wohlhabende Männer der Oberschicht, die solche Beziehungen selbst pflegten oder idealisierten. Dass sich diese Darstellungen über Jahrhunderte hinweg in ähnlicher Form wiederholen, deutet darauf hin, dass sie einen kulturellen Konsens widerspiegelten: Sie bildeten nicht nur Realität ab, sondern wirkten auch normativ. Sie zeigten, wie solche Beziehungen auszusehen hatten, und stabilisierten damit gesellschaftliche Vorstellungen von Männlichkeit, Erziehung und Begehren.

Auch das Ideal der Treue war nicht universell: Während von Frauen in der Regel monogames Verhalten erwartet wurde, galten für Männer, vor allem in höheren gesellschaftlichen Schichten, häufig andere Maßstäbe, die außereheliche Beziehungen einschlossen. Ein prominentes Beispiel ist die Geschichte von Odysseus und Penelope aus Homers Odyssee. Während Odysseus auf seiner langen Reise ist, bleibt Penelope ihm zwanzig Jahre lang treu. Odysseus selbst war Penelope im modernen Sinne nicht treu. Er verbrachte ein Jahr in einer Beziehung mit der Zauberin Kirke und sieben Jahre mit der Nymphe Kalypso, die ihn gefangen hielt. Im Kontext der antiken griechischen Moralvorstellungen, in denen Ehen oft pragmatischen Zwecken dienten und außereheliche Beziehungen für Männer tolerierter waren, wurde dies jedoch nicht unbedingt als „Untreue" im heutigen Sinne gewertet. In dem Epos wird Odysseus' Sehnsucht nach seiner Frau und seinem Sohn ausführlich beschrieben, und seine Beziehungen zu den Göttinnen wurden als Teil seiner Prüfungen dargestellt. Treue wurde in der Antike jedoch stark mit der weiblichen Identität verknüpft. Literarische und historische Zeugnisse deuten darauf hin, dass die einseitige Betonung der weiblichen Treue eine bedeutende Rolle bei der Konstruktion und Aufrechterhaltung der sozialen Ordnung in der Antike spielte.

Die christliche Vorstellung von Treue entwickelte sich ab dem 1. Jahrhundert n. Chr. Während in der griechisch-römischen Welt sexuelle Doppelmoral, außereheliche Beziehungen und patriarchale Strukturen üblich waren, betonte das Christentum die Monogamie. Sexualität wurde als Gabe von Gott an den Menschen definiert und gebunden an Verlässlichkeit, Treue und moralische Verantwortung. Aus dieser Grundhaltung entwickelte die katholische Kirche eine normative Sexualethik, die Geschlechtsgemeinschaft ausschließlich innerhalb der Ehe zwischen Mann und Frau legitimiert sieht. Papst Johannes Paul II. äußerte sich in einer Predigt 1980 in Köln zur Bedeutung von Ehe, Sexualität und menschlicher Bindung: „Man kann nicht nur auf Probe leben, man kann nicht nur auf Probe sterben. Man kann nicht nur auf Probe lieben, nur auf Probe und Zeit einen Menschen annehmen." Die Aussage „Man kann nicht auf Probe lieben" kritisiert vor allem die Tendenz, menschliche Beziehungen als vorläufig, austauschbar und beliebig zu verstehen. Der Mensch ist demnach kein Gegenstand, der ausprobiert oder ausgetauscht werden kann, sondern eine Person, die in ihrer Einzigartigkeit angenommen werden sollte. In diesem Zusammenhang wird die „Würde des Menschen" nicht verstanden als äußerer Wert oder gesellschaftlicher Status, sondern als Anspruch, nicht nur Mittel zum Zweck zu sein. Wer andere Menschen oder sich selbst bloß als Funktion oder temporäre Lösung behandelt, verfehlt diesen Anspruch.

5.2 Adam, Eva, Martha, George – und wir im Zeitalter künstlicher Entscheidung

Dieses Kapitel spannt einen weiten Bogen, einen sehr weiten: Es stellt die Frage nach der Würde des Menschen, beginnend mit der biblischen Erzählung von Adam und Eva, nimmt dann eine Wendung hin zu Edward Albees modernem Kammerspiel *Wer hat Angst vor Virginia Woolf?* und landet schließlich bei der Künstlichen Intelligenz. Diese Spannweite soll zeigen, dass all diese Stationen – mythologische, philosophische, künstlerische und technologische – um eine gemeinsame, nie abgeschlossene Frage kreisen, die gerade jetzt neu gestellt werden muss: Was macht uns menschlich?

So kann ersichtlich werden, dass sich eine Geschichte aus der Bibel oder ein Theaterstück aus den 1960er-Jahren mühelos auf die heutige Wirklichkeit übertragen lassen. Kultur kann Ideale mit der Wirklichkeit verbinden. Kultur ist die gemeinsame Erzählung einer Zeit, einer Gesellschaft oder einer religiösen Gemeinschaft. Sie ist unser Gedächtnis, bestehend aus Etappen und Herausforderungen, die den Menschen seit jeher beschäftigen: Fragen nach Freiheit, Verantwortung, Erkenntnis, Schuld und Gestaltung.

Die Erzählung vom Sündenfall in Genesis 2–3 ist ein Beispiel für eine kulturelle Erzählung, die sich über eine lange Phase mündlicher und schriftlicher Überlieferung im alten Israel entwickelt hat. Sie wurde vermutlich im 6. oder 5. Jahrhundert v. Chr. aufgeschrieben. Eine genaue Datierung des Textes ist nicht bekannt, und auch keine einzelne Person als Autor. Der Sündenfall ist das Ergebnis einer langen kollektiven theologischen Reflexion, einer kulturellen Deutung des Menschseins, die über lange Zeit hinweg gewachsen ist und immer noch aktuell ist.

Was hat eine biblische Versuchungserzählung mit heutigen Debatten um Künstliche Intelligenz zu tun? Auch wenn viele Menschen heute keinen direkten Bezug mehr zur Bibel oder religiösen Traditionen haben, enthält die Geschichte von der Schlange im Garten Eden ein universelles Motiv, das weit über religiöse

Fragen hinausgeht. Sie erzählt in symbolischer Sprache von einer Situation, die wir alle kennen: dem Moment, in dem ein neues Wissen oder eine neue Fähigkeit uns Macht verspricht, uns aber gleichzeitig vor eine ethische Entscheidung stellt. Die Schlange verspricht Adam und Eva Erkenntnis – „ihr werdet sein wie Gott, erkennend Gut und Böse". Das ist eine religiöse Aussage, aber auch ein Bild für die Verlockung, eine Grenze zu überschreiten, um etwas zu gewinnen, das faszinierend wirkt, dessen Folgen aber nicht absehbar sind.

Seit 3.000 Jahren beschäftigt Menschen die Frage, ob Gott wirklich erwartet hat, dass Adam und Eva der Versuchung widerstehen und ob er gewollt hat, dass sie blind gehorchen. Oder war der „Sündenfall" eingeplant, um den Menschen zu einem reifen, freien Wesen zu machen? Gott gibt ein klares Gebot – „Du sollst nicht ..." – und damit scheint er auch Gehorsam zu erwarten. Aber die Tatsache, dass er eine Wahlmöglichkeit schafft, dass der Baum zugänglich ist und dass keine Engel ihn bewachen, deutet darauf hin, dass Adam und Eva in die Lage versetzt werden, frei zu entscheiden. Konnte Gott also ernsthaft erwarten, dass Adam und Eva dieser Versuchung standhalten würden? Die Bibel beschreibt Gott als allwissend. Er muss also gewusst haben, dass der Mensch scheitern würde. Daraus ergeben sich zwei Möglichkeiten: Entweder hat Gott die Versuchung als Teil eines höheren Plans zugelassen. Dann wäre der Sündenfall kein tragischer Fehler, sondern ein entscheidender Entwicklungsschritt. Oder Gott hoffte wirklich, der Mensch würde in einem Zustand reiner Unschuld bleiben. C. G. Jung hat die erste Deutung auf den Punkt gebracht: „Der Fall war der Aufstieg in der falschen Richtung" – weil der Mensch zwar selbstständig, erkenntnisfähig und frei wurde, diese Entwicklung aber auch mit Hybris, Abspaltung vom Göttlichen und innerer Zerrissenheit verbunden war. Wäre die Welt ohne den Sündenfall im Zustand vollkommener Harmonie und in einer Art unschuldigem Kindheitszustand besser gewesen? Hätte die Trennung vom Paradies nicht stattgefunden, gäbe es keine Scham, keine Sterblichkeit, aber eben auch kein echtes Bewusstsein, keine Verantwortung für das eigene Handeln, keine Geschichte. Denn die Geschichte des Kulturmenschen beginnt erst hier. Der Mensch war nie „unschuldig". Schon früheste Kulturen kannten Gewalt, Herrschaft, Opferpraktiken, Krieg. Aber die Adam-und-Eva-Erzählung verwandelt den Menschen in ein selbstreflektierendes, kulturelles Wesen, mit der Fähigkeit zur Erkenntnis von Gut und Böse. Diese Reflexionsstufe, das Selbstbewusstsein, ist die Bedingung von Kreativität. Erst wer zwischen Möglichkeiten unterscheiden kann, beginnt, neue zu erschaffen. Ohne diese Erkenntnisfähigkeit gäbe es keine Kunst als Ausdruck von Schmerz, Schönheit und Sehnsucht. Es gäbe keine Liebe, die an bestimmte Voraussetzungen gebunden ist, wie Gegenseitigkeit, Vertrauen und Treue, und die sich in der Realität behaupten muss. Ohne moralisches Bewusstsein wäre Liebe triebgesteuert, nicht bindend oder verantwortungsvoll.

Kunst und Kultur spiegeln, befragen und kritisieren den Menschen, zum Beispiel in der symbolischen Struktur eines biblischen Mythos oder auf der Theaterbühne, in der schonungslosen Offenlegung dessen, wie Menschen fühlen, streiten, lieben und miteinander umgehen. Edward Albees Drama „Wer hat Angst vor Virginia Woolf?" zeigt, wie konfliktreich Partnerschaften sein können: zwischen Nähe und Zerstörung, Liebe und Machtspiel. Es ist eine Darstellung eines zeitgenössischen Erlebens von Ehe und wie ihre Bedingungen im Spannungsfeld gesellschaftlich, christlich verankerter Erwartungen fortwährend neu ausgehandelt werden.

In Albees Kammerspiel lädt das Ehepaar Martha und George, sie die Tochter des Universitätspräsidenten und er Geschichtsprofessor, nach einer Universitätsveranstaltung ein jüngeres Paar, Nick und Honey, zu sich nach Hause ein. Was wie eine harmlose, leicht alkoholisierte Runde beginnt, entgleist nach und nach in Demütigungen, Lügen und grausame Spiele. Aber im Laufe der Nacht fallen alle Masken. Illusionen und Lebenslügen werden ans Licht gezerrt, insbesondere jene, auf denen die Ehe von Martha und George beruhen. Der Titel „Wer hat Angst vor Virginia Woolf?" ist eine bewusste Anspielung auf das Kinderlied „Who's Afraid of the Big Bad Wolf?", wobei der Wolf ersetzt wird durch den Namen der Schriftstellerin Virginia Woolf, die für introspektive und radikal ehrliche Literatur steht. Der Titel wird so zur Frage: Wer hat Angst vor der Wahrheit? Vor Intimität ohne Schutzmechanismen? Vor dem Verlust der Illusion?

Der Kern des Stücks ist der erfundene Sohn von Martha und George. Das Ehepaar hat nie ein Kind bekommen, doch um die Leere ihrer Beziehung zu überdecken, erschaffen sie sich über Jahre hinweg die Vorstellung eines gemeinsamen Sohnes, der in ihren Gesprächen ganz real erscheint. Dieser imaginäre Sohn wird zur letzten Verbindung zweier innerlich zerbrochener Menschen. Als George gegen Ende des Stücks erklärt, der Sohn sei gestorben, zerstört er damit nicht nur diese Illusion, sondern auch das letzte verbliebene Band, das ihre Ehe oberflächlich zusammengehalten hat. In Albees Stück wird Ehe zur Maskerade und zum Machtspiel. Am Ende ist die Wahrheit, der Blick aufeinander ohne Lüge, die letzte Verbindung zwischen George und Martha. Es ist eine entblößte und vielleicht die ehrlichste Form von Nähe. In diesem Sinne ist Albees Ehebild eine gebrochene Spiegelung der christlichen Form: nicht heilig, aber ernst und menschlich. Marthas und Georges Liebe ist gebrochen, widersprüchlich, auch zerstörerisch und doch unauflösbar. Sie besteht durch den Schmerz hindurch, und Albee lässt offen, ob sie am Ende vielleicht sogar wahrhaftiger sein wird.

Die kulturelle Erzählung von Ehe und Beziehung setzte sich im 20. und 21. Jahrhundert fort und führte durch gesellschaftliche Bewegungen zu einer Infragestellung christlicher Normen. Die sexuelle Befreiung, die feministische Kritik an patriarchalen Strukturen und schließlich die LGBTQ+-Bewegung öffneten neue Freiheiten für individuelle Identität, Selbstbestimmung und alternative Beziehungsformen. Was früher als Abweichung galt, wird heute als Ausdruck menschlicher Vielfalt anerkannt.

Der Weg von der mythischen Promiskuität eines Zeus über die moraltheologische Ordnung der katholischen Sexuallehre hin zur sexuellen Selbstbestimmung moderner Gesellschaften ist eine kulturelle Entwicklung, die seit über dreitausend Jahren im Gange ist. Sie ist eine fortlaufende Auseinandersetzung mit der Frage, was dem Menschen als Wesen zwischen Gefühl, Freiheit und Verantwortung angemessen ist. Diese kulturelle Bewegung verläuft nicht linear, sondern in einem Prozess aus Fortschritt und Rückbesinnung. Gesellschaftlicher Wandel, besonders im Bereich von Werten, Normen oder Identitäten, löst nicht nur Öffnung und Reform aus, sondern oft starke Gegenbewegungen, die auf traditionelle Ordnungen setzen. Dieses Spannungsverhältnis ist Teil des kulturellen Prinzips: Fortschritt provoziert Reaktion, und Reaktion kann wiederum zur Klärung, Differenzierung oder Stabilisierung neuer Werte führen. Ob daraus echter gesellschaftlicher Fortschritt im Sinne von Freiheit, Gleichheit und Selbstbestimmung entsteht, hängt davon ab, wie stark neue Ideen kulturell verankert, sozial vermittelt und institutionell getragen werden.

Im heutigen Umgang mit Künstlicher Intelligenz stehen wir genau an einem solchen Punkt. KI bietet uns gewaltige neue Möglichkeiten. Aber welche Entscheidungen überlassen wir Maschinen? Wo verlieren wir menschliches Maß und Mitgefühl? Wann wird Wissen zu Macht ohne Weisheit? Der Vergleich mit der Schlange ist daher kein Appell an religiösen Glauben, sondern ein kultureller Spiegel, der uns hilft, Fragen zu stellen, die wir auch heute stellen müssen, unabhängig davon, ob wir religiös sind oder nicht. Sollten wir etwas unbedingt tun, nur weil wir es können? Wie gehen wir mit der Verführung durch Macht um? Gelingt es, die komplexe Situation zu begreifen, bevor sie zum Problem wird? Albees Stück ist existenzielles Lernen wie in der antiken Tragödie, eine dramatische Studie darüber, auf welchen schmerzhaften, konfliktreichen Wegen Menschen zur Wahrheit und Selbsterkenntnis gelangen, wenn sie den Mut haben, ihre Illusionen zu zerstören und ihre Angst vor Bedeutungslosigkeit zu überwinden. Kultur gibt uns keine fertigen Antworten, aber sie hilft uns, die richtigen Fragen zu stellen. Gerade deshalb bleibt sie relevant und erinnert uns daran, dass Erkenntnis nie neutral ist. Sie fordert Haltung und Deutung. Und sie sollte auf einer möglichst breiten Basis unseres kulturellen Erbes arbeiten, weil uns dieses Erbe zwei Dinge besonders lehrt: dass der Mensch ein Wesen ist, das sich selbst gefährden kann, aber auch die Fähigkeit besitzt, sich zu orientieren und bewusst zu handeln. Unsere Fähigkeit zur Selbstreflexion ist nicht nur historisch gewachsen, sondern muss sich auch ständig erneuern und weiterentwickeln, weil sich die Bedingungen, unter denen wir handeln und entscheiden, ebenfalls fortlaufend verändern.

Neue Technologien, neue Herausforderungen und neue Formen menschlichen Zusammenlebens fordern uns immer wieder heraus, unsere Werte, unsere Deutungsmuster und unsere Verantwortung neu zu durchdenken. So, wie sich die Porträtmaler nach der Erfindung der Fotografie anpassen und neue Stile wie den Kubismus erfanden, um sich zu unterscheiden von der präzisen fotografischen Darstellung, so müssen wir uns heute mit der neuen Technologie weiterentwickeln. Ideen und Konzepte dazu werden aus dem kulturellen Denken kommen und definieren, wie unser ästhetisches Empfinden, unsere Moral und unsere sozialen Beziehungen in der Zukunft aussehen werden.

5.3 Bindung und ihre Brüchigkeit: Literarische und philosophische Perspektiven

In Milan Kunderas Roman *Die unerträgliche Leichtigkeit des Seins* wird die anfänglich als befreiend empfundene Loslösung von festen Bindungen zunehmend zur Quelle existenzieller Leere. Der Protagonist Tomáš, der die Unverbindlichkeit zunächst genießt, erkennt, dass die Liebe zu Tereza, trotz aller damit verbundenen „Schwere", eine tiefere Wahrheit in sich trägt als seine zahlreichen flüchtigen Affären. Letztlich sagt Milan Kundera, dass wahre Liebe und erfüllende menschliche Erfahrungen dort entstehen, wo Menschen bereit sind, sich auf Dauer und Verbindlichkeit einzulassen.

Auch Juli Zeh behandelt in *Unterleuten* Fragen nach Gemeinschaft, individueller Verantwortung und sozialer Bindung. In einem brandenburgischen Dorf treffen stark unterschiedliche Lebensentwürfe aufeinander, von Idealisten über Narzissten bis hin zu rücksichtslosen Machtmenschen. Beziehungen scheitern an einem Mangel an Vertrauen, gegenseitiger Verantwortung und gemeinsamen Werten. Stattdessen herrscht Opportunismus.

Max Frischs *Stiller* zeigt diese Auseinandersetzung auf der Ebene des Einzelnen auf, womit er uns zugleich ein literarisches Experiment über Identität vorführt. Die männliche Hauptfigur wird zu Beginn des Romans inhaftiert, weil man ihn für den vermissten Bildhauer Anatol Stiller hält. Doch der Mann behauptet hartnäckig: „Ich bin nicht Stiller!" Er gibt sich stattdessen als James Larkin White, einen Amerikaner, aus. Der Roman dreht sich um diese Identitätsverweigerung und die Frage, ob ein Mensch sich neu erfinden oder seiner Vergangenheit entkommen kann. Frisch kritisiert durch die Figur des Anatol Stiller (beziehungsweise „James White", der behauptet, nicht Stiller zu sein) die Verdrängung und das Bedürfnis nach einem „Neuanfang" im westdeutschen und schweizerischen Nachkriegsdenken. Viele Menschen, die die NS-Zeit und den Krieg erlebt hatten, wollten einfach weitermachen, ohne sich mit ihrer Mitverantwortung, ihrem Schweigen oder den begangenen Gräueltaten auseinanderzusetzen.

Philosophische und gesellschaftliche Vorstellungen von Bindung und Verantwortung haben sich über Jahrhunderte entwickelt. Gegenwärtig verstehen soziologische Denker wie etwa die Autoren der Anerkennungs- und Resonanztheorie (z.B. Axel Honneth, Hartmut Rosa) gelingendes Leben als Erfahrung von Beziehung und sozialer Verbundenheit. In dieser Entwicklung zeigt sich weniger eine moralische Belehrung als ein kultureller Selbstentwurf: Der Mensch wird verstanden als verletzliches, gestaltendes und auf Andere bezogenes Wesen. Wo Bindung erodiert, wird auch Gesellschaft instabil.

Die Frage ist: Brauchen die Menschen heute noch eine gemeinsame Geschichte oder ist der Pluralismus der Meinungen das Format für die Zukunft? Werden Technologie und Wissenschaft angesichts globaler Krisen neue Formen der Spiritualität schaffen, ganz ohne Kunst, Kultur und Geisteswissenschaften? Erfindet sich der Mensch neu? Entsteht aus dem Chaos der Gegenwart eine neue, unerwartete Geschichte?

6 Kreativität als Innovationsmotor

Dieses Kapitel schlägt einen wissenschaftshistorischen Bogen von der Renaissance bis zur Gegenwart, wobei die Rolle der Kreativität in allen Bereichen technologischer und künstlerischer Innovation betont wird.

6.1 Der Bedeutungswandel von Kunst und Kultur in Relation zur Technikgeschichte

In der Renaissance waren Denker, Tüftler und Künstler wie etwa Leonardo da Vinci die treibende Kraft für Innovation und Moderne. Sie verbanden Ästhetik mit Wissenschaft, hinterfragten bestehende Weltbilder und inspirierten einen kulturellen, wissenschaftlichen und künstlerischen Aufbruch.

Ein entscheidender Wendepunkt für die Rolle der Kunst war die industrielle Revolution. Während Philosophie, Medizin und andere Wissenschaften in den scholastischen Fakultäten noch bis zur frühen Neuzeit unter dem universitären Dach der Theologie weltanschaulich oft untrennbar miteinander verbunden waren und auch die Kunst kirchlichen Vorschriften unterlag, verlagerte sich der Fokus seit Beginn der Neuzeit zunehmend auf technologische Innovation, industrielle Effizienz und wirtschaftlichen Fortschritt. Die großen Umbrüche kamen aus Physik, Chemie, dem Ingenieurwesen und später der Informatik. Erfindungen wie die Dampfmaschine, Eisenbahn und Elektrizität veränderten die Welt radikaler als die mittelalterlichen *artes liberales*. Wissenschaft und Technik wurden anwendungs- und profitorientierter, während Kunst nur noch als ein „ästhetisches" Feld betrachtet wurde. Innovation wurde fortan mit Technik gleichgesetzt.

Im 16. und 17. Jahrhundert begann die Wissenschaft sich vom Dogma der Theologie zu lösen, das bis dahin auch die Kunst dominierte. Galileo Galilei, Johannes Kepler oder Isaac Newton etablierten mathematische, empirische Methoden, die das geozentrische Weltbild umstürzten und so mit der Kirche in Konflikt gerieten. Auch in der Kunst wandte man sich von den theologischen Motiven ab und wählte zunehmend natürliche Sujets, wie etwa im Stillleben und in der Porträt- oder Landschaftsmalerei.

„Wenn die Erde den Apfel anzieht – zieht sie dann nicht auch den Mond an?" Diese Frage stellte sich Isaac Newton, als er einen Apfel zu Boden fallen sah. Er verband ein alltägliches Phänomen mit einem kosmischen und erkannte, dass dieselbe Kraft – die Gravitation – beide Bewegungen bestimmt. Diese Idee wurde zur Grundlage von Newtons Gravitationsgesetz und zu einem völlig neuen Verständnis der Naturgesetze, die nicht nur auf der Erde, sondern im gesamten er-

https://doi.org/10.1515/9783112233030-006

kennbaren Universum gelten. Aus der Beobachtung, dass ein Apfel senkrecht vom Baum zur Erde fällt, schloss er, dass auch der Mond ständig in Richtung Erde gezogen wird. Gleichzeitig bewegt sich der Mond aber so schnell seitlich, dass er nicht auf der Erde auftrifft, sondern permanent um sie „herumfällt" – mit einer Geschwindigkeit von rund 3700 Kilometer pro Stunde. Ohne die Erkenntnisse Kopernikus', Galileis, Keplers und Newtons gäbe es heute keine Raumfahrt, keine Satelliten, keine Navigatoren oder genaue Wetterprognosen. Die Wissenschaft von der Natur wurde sukzessive von Theologie und Philosophie getrennt und war spätestens im 18. Jahrhundert eine eigene Fakultät mit den entsprechenden Disziplinen. Das 19. und 20. Jahrhundert brachte daneben neue Kunstströmungen hervor, die das Denken veränderten, wie Romantik, Impressionismus, Dadaismus, Surrealismus und die Moderne. Die Religion verlor an unmittelbarem Einfluss auf gesellschaftliche Entwicklungen, dafür gewann die Kunst an Bedeutung als Raum für Kritik, Imagination und vielstimmige Deutung.

Was sie heute von technologischer Innovation unterscheidet, ist, dass Kunst nicht Mittel zum Zweck oder zur Optimierung eines Prozesses ist. Sie stellt Fragen, experimentiert, schafft idealerweise neue Perspektiven und provoziert Emotionen, ohne eine direkte Funktion erfüllen zu müssen. Während also Technologie Effizienz und Problemlösung verfolgt, ist Kunst ein Ausdruck menschlicher Erfahrung und Vorstellungskraft – frei von direktem ökonomischem oder technischem Nutzen. Zumindest sehen das die Haushälter, Ökonomen und Marketeers so. Kultur und Kunst werden in der öffentlichen Wahrnehmung zunehmend zu einem reinen Nebengeräusch.

Doch wer denkt über Ethik, Moral und Menschlichkeit nach? Diese Diskussionen werden auch von der Philosophie, Soziologie und den Künsten geführt. Auch wenn Kunst und Kultur keine direkten wirtschaftlichen Innovationen hervorbringen, können sie unsere Welt menschlich halten. Dies scheint im aktuellen Kontext besonders wichtig zu sein. In ihrer scheinbaren „Nutzlosigkeit" liegt ihre größte Stärke: die Freiheit. Freiheit mag vieles hervorbringen, was auf den ersten Blick nutzlos erscheint, doch sie ist das Klima, in dem Fantasie, Experiment und Innovation gedeihen. Sie ist das Milieu, in dem Kreativität entsteht. Zwar bringt nicht jede Generation das gleiche Maß an Kreativität hervor, doch dies hängt entscheidend von einem langfristig geschaffenen förderlichen Klima ab. Das Hindernis dafür ist, dass der ökonomische Wert von Kunst und Kultur unsichtbar ist. Anders als Produkte oder Dienstleistungen lässt sich ihr Beitrag zur Gesellschaft nicht unmittelbar in Zahlen fassen.

Vielleicht hilft hier ein Vergleich: Kultur ist für die Gesellschaft, was das Nervensystem für den menschlichen Körper ist. Sie sorgt dafür, dass alles miteinander kommuniziert, feinfühlig aufeinander reagiert und dass bei Störungen nicht gleich der ganze Organismus ausfällt. Erst dann merken wir, wie wichtig sie ist – und dann hilft auch kein Ibuprofen mehr. Ebenso könnte man Kunst und Kultur als die Sinnesorgane eines Volkes bezeichnen, die subtile Veränderungen frühzeitig wahrnehmen, Spannungen erspüren, bevor sie offen zutage treten, und abbilden, was uns fühlen, denken und handeln lässt. Kultur schrittweise in die Bedeutungslosigkeit zu drängen, käme nach diesem Bild einer Lobotomie gleich.

Natürlich scheiden sich an dieser Analogie die Geister. Wir haben vergessen, wie selbstverständlich diese Auffassung einst war und welch eine Leistung es war, zu erkennen, dass eine primär auf materielle Ziele ausgerichtete Welt langfristig keine lebenswerten Bedingungen schafft. Wir werden überrollt von neuen wirtschaftlichen, technologischen und politischen Realitäten und müssen zurückkommen zu den Fragen: Wer denkt über Ethik, Moral und Menschlichkeit nach? Wer darf bestimmen, welchen Stellenwert das heute hat?

6.2 Algorithmus der Zweckmäßigkeit – Welt ohne Kultur

Man kann sich die Bedeutung von Kreativität vielleicht am besten mit einem Vergleich klarmachen: Der Golfstrom ist ein regulierendes System für das globale Klima. Er wird von Ozeanograf:innen und Klimaforscher:innen untersucht. Die Meteorologie nutzt die Daten für Wettermodelle. Wir nehmen ihn kaum wahr, solange er funktioniert. Kreativität erfüllt eine vergleichbare Rolle für die menschliche und gesellschaftliche Psyche. Sie wirkt als psychisch-kulturelles Regulativ, das Spannungen ausgleicht, Ausdruck ermöglicht, Anpassung fördert und Erneuerung anstößt. Ihre tragende Funktion wird dann sichtbar, wenn sie unter Druck gerät oder auszufallen droht.

Der Golfstrom ist ein über Jahrtausende gewachsenes Regulativ des globalen Klimas. Kreativität ist eine evolutionär gewachsene Ressource. Sie dient dem Menschen zur Anpassung, zur Erneuerung des gesellschaftlichen Klimas und der gemeinsamen Vorstellungen. Erst wenn dieser Raum für kreative Ausdrucksformen durch Krieg, politische Kontrolle oder individuelle Überforderung eingeschränkt wird, zeigt sich, dass sie nicht zweitrangig, sondern von zentraler Bedeutung sind.

Manchmal ist Kultur der letzte Halt. Wenn Menschen im Krieg verrohen, bleibt kaum etwas, woran sie sich noch festhalten können.

Die US-Regierung, zusammen mit zivilen Verlagen und Bibliotheken, erkannte früh, dass auch Bücher an der Front mehr bedeuteten als bloße Unterhaltung. Lesen wurde zum Mittel gegen Heimweh, gegen das Warten, gegen den psychischen Druck des Krieges. Ein Roman konnte die Stille zwischen zwei Einsätzen füllen. Viele Soldaten hatten wenig Schulbildung. Bücher gaben ihnen Halt, weckten Hoffnung, gaben Perspektiven für die Zeit danach. Wo Propaganda und Halbwahrheiten die Wirklichkeit verzerrten, boten Bücher Orientierung und Geborgenheit. Aus dieser Idee entstand 1943 das Programm der Armed Services Editions. In kleinen, querformatigen Ausgaben wurden Klassiker, Krimis und Romane millionenfach gedruckt und an Soldaten verteilt.

Die Wirkung, die Kunst und Kultur auf den Menschen haben, wird auch in Krankenhäusern und Rehabilitationszentren genutzt. Sie kann den Heilungsprozess bei Depressionen oder Angststörungen fördern oder bei der Schmerzbewältigung helfen. Traumatisierte oder schwer kranke Kinder finden oft keine Worte für das, was sie belastet. Kunsttherapie ermöglicht ihnen, Gefühle, Ängste und Gedanken sichtbar zu machen, ohne sprechen zu müssen. In der Demenztherapie wird Kunst genutzt, um Erinnerungen zu aktivieren. Künstlerische Ausdrucksformen wie Malen, Skulpturen, Collagen oder Theater helfen den Patientinnen und Patienten, innere Kräfte zu mobilisieren. Auch Herzkliniken „behandeln" mit Kultur Menschen, die ihr Leben bis dahin vielleicht einseitig gelebt haben. Für einen Patienten aus der Finanzwelt, in dessen Alltag es um Rendite, Effizienz, Strategie geht, wäre Spiritualität wie eine andere Bilanz, die des inneren Gleichgewichts, der Lebensfreude, der Verbundenheit. Und Kunst ist ein Mittel, um diese immateriellen „Werte" zu entdecken oder wiederzuentdecken. Wenn jemand ein Gemälde betrachtet oder Musik hört und plötzlich Gänsehaut bekommt, wenn man auf der Bühne eine Szene sieht, die einen innerlich berührt, obwohl man nicht genau sagen kann, warum, oder wenn man selbst malt, schreibt oder musiziert und dabei das Gefühl hat, „bei sich" zu sein, dann sind das spirituelle Momente.

6.3 Die Kraft der Imagination: Von Lilienthal bis Zuse

Ein innovatives Klima fehlt Deutschland derzeit. Zu oft klammert man sich an die Strukturen von gestern, an vermeintlich sichere Arbeitsplätze, an überholte Industrien, an vertraute Debattenmuster. Viel Energie fließt in Identitätskonflikte, die von politischen Parteien gezielt genutzt werden. Die Erzählung von der bedrohten Identität ist ein politisches Konstrukt, denn die Realität ist: Die deutsche Gesellschaft war nie homogen. Seit Jahrhunderten leben hier Hugenotten, Polen, Russlanddeutsche, Gastarbeiter oder Geflüchtete. Migration gehört zur Geschichte dieses Landes. Laut dem Statistischen Bundesamt (Destatis) hatten im Jahr 2023 rund 28,7 Prozent der Bevölkerung einen Migrationshintergrund. Die Behauptung, Migration bedrohe die kulturelle oder nationale Identität, ist kein objektiver Befund, sondern ein strategisch eingesetztes Narrativ. Unsere Identität wird nicht durch Migration infrage gestellt, sondern durch die Zukunft selbst, durch die

Frage, welche Rolle, welche Bedeutung und welche Aufgabe Menschen dann haben werden.

Ein Risiko bei der Darstellung von Zukunftsszenarien rund um Künstliche Intelligenz besteht darin, dass sie, wenn man nicht aufpasst, leicht ins Dramatische oder sogar Apokalyptische abgleiten können. Trotzdem kann es wichtig und sinnvoll sein, sich mit solchen Zukunftsbildern auseinanderzusetzen, gerade weil sie uns helfen, mögliche Entwicklungen besser zu durchdenken und uns auf Veränderungen vorzubereiten. Denn der wirkliche Blick nach vorn bewahrt davor, vorgeschobenen Narrativen zu verfallen; er war schon immer ein Motor menschlicher Kreativität. Ob beim Entwurf für fliegende Maschinen im 19. Jahrhundert oder bei den Visionen zur Entwicklung künstlicher Intelligenz heute: Der Fortschritt beginnt mit der Vorstellungskraft. Menschen wie Otto Lilienthal zeigten, dass der Mut, sich das scheinbar Unmögliche vorzustellen, häufig der erste Schritt zu echten Durchbrüchen ist. Zu Lilienthals Zeit war Fliegen tatsächlich ein verrückter Traum. Für viele Menschen war die Vorstellung, sich wie ein Vogel in die Luft zu erheben, magisch oder sogar lächerlich. Es war etwas, das eher in Mythen oder Geschichten vorkam, nicht in der Realität. 1896 stürzte Lilienthal bei einem Flugversuch ab und starb an seinen Verletzungen. Seine letzten Worte sollen gewesen sein: „Opfer müssen gebracht werden."

Stell dir vor, du könntest auf einem Lichtstrahl mitreisen, also dich genauso schnell bewegen wie das Licht selbst, rund 300.000 Kilometer pro Sekunde. Genau das soll sich der sechzehnjährige Einstein vorgestellt haben. Er erkannte, dass unsere Vorstellung von Zeit und Raum nicht mehr haltbar ist, wenn man sich dem Tempo des Lichts nähert. Aus diesem Gedankenexperiment entwickelte er später (1905) die spezielle Relativitätstheorie. Ohne diese Theorie gäbe es heute keine GPS-Systeme, keine präzise Satellitentechnik, und viele Grundlagen moderner Physik wären undenkbar.

Gregor Mendel war ein einfacher Mönch, der im Klostergarten Erbsen züchtete und dabei eine Frage stellte: Was, wenn Eigenschaften wie Farbe, Form oder Größe tatsächlich vererbbar sind? Ohne es zu wissen, beschrieb Mendel damit die Grundprinzipien der Genetik, Jahrzehnte, bevor man überhaupt von Genen oder DNA sprach. Seine Erkenntnisse blieben zu seinen Lebzeiten weitgehend unbeachtet, doch später wurden sie zur tragenden Säule der modernen Biologie.

Ganz andere Fragen stellte sich der Ingenieurstudent und Tüftler Konrad Zuse. In den Dreißigerjahren gestand er freimütig, dass er einfach zu faul sei, immer wieder dieselben Rechenaufgaben durchzuführen, und beschloss, eine Maschine zu bauen, die ihm diese Arbeit abnimmt. Was mit persönlicher Bequemlichkeit begann, mündete in einem historischen Durchbruch: 1941 präsentierte Zuse mit der Z3 den weltweit ersten funktionsfähigen Computer. Er war damit ein Vorreiter der Digitalisierung, und das noch vor den Amerikanern.

Was all diesen Pionieren gemeinsam war, ist nicht nur ihre Vorstellungskraft, sondern auch der Mut, sich von alten Denkweisen und vertrauten Sicherheiten zu lösen. Sie gingen Risiken ein, dachten quer, stellten bestehende Strukturen infrage, und genau darin lag ihr Fortschrittspotenzial. Doch um solche Wege überhaupt gehen zu können, braucht es ein gesellschaftliches und politisches Klima, das Mut nicht bestraft, sondern belohnt, das Neugier entfacht, statt sie als Risiko zu sehen.

Die Förderung von Fantasie und Kreativität muss in den Familien beginnen und in den Schulen parallel zu Mathematik und anderen wissenschaftlichen Disziplinen weitergeführt werden. Kreatives Denken ist kein Gegensatz zu rationalem Denken, im Gegenteil: Innovation entsteht genau dort, wo analytisches Wissen auf Vorstellungskraft trifft. Dazu braucht es ein bildungspolitisches Klima, das nicht auf Fehlervermeidung fixiert ist, sondern den Mut zu Fantasie und neuen Denkwegen belohnt. Schülerinnen und Schüler trauen sich oft nicht, Fragen zu stellen oder frei zu denken, aus Angst, etwas „Falsches" zu sagen. Lehrkräfte stehen selbst unter Druck, standardisierte Ergebnisse zu liefern. Das hemmt eine offene Kultur, die im Ausprobieren keine Schwäche, sondern Entwicklungspotenzial sieht. Ein Bildungsklima, das Versuche, Experimente und ungewohnte Fragen nicht als Störungen begreift, kann Kindern früh vermitteln, dass Scheitern ein Teil von Erkenntnis ist.

6.4   Mut zur Idee und keine Angst vor dem Risiko: Die Geschichte von Richard Socher

Richard Socher, ein deutscher Informatiker, promovierte an der Stanford University, wo er mit zwei der weltweit führenden KI-Forschern zusammenarbeitete: Christopher Manning, einem Spezialisten für maschinelle Sprachverarbeitung (Natural Language Processing), und Andrew Ng, Mitbegründer von Google Brain. In diesem inspirierenden Umfeld entwickelte Socher eine ungewöhnliche Idee: Neuronale Netze sollten nicht nur Muster erkennen, sondern auch die Struktur und Bedeutung menschlicher Sprache verstehen können. Ein Konzept, das Ludwig Wittgenstein schon in den 1940erjahren formuliert hatte: „Die Bedeutung eines Wortes ist sein Gebrauch in der Sprache" (Wittgenstein: Philosophische Untersuchungen 1999, § 43). Zu jener Zeit war das eine radikale Vorstellung in der KI-Forschung. Klassische KI-Ansätze behandelten Sprache eher als flachen Text, nicht als komplexes Bedeutungssystem. Manning erkannte das Potenzial und gab dem jungen Forscher den Freiraum, seine Vision zu verfolgen. Daraus entstand eine bahnbrechende Arbeit, die eine wichtige Grundlage für viele heutige Sprach-modelle bildete.

Bemerkenswert ist dabei nicht nur die Innovation selbst, sondern auch das kulturelle Umfeld, das sie möglich machte. In einem Interview mit Simon Hurtz, Berlin, sagte Socher rückblickend: „Das war nicht selbstverständlich. In Deutsch-land probieren Menschen seltener etwas Neues aus" (Süddeutsche Zeitung vom 31.03.2025). In vielen Bereichen der deutschen Wissenschafts- und Innovationskul-tur fehlt es an Risikobereitschaft. Ideen, die nicht sofort als „sicher" oder „mach-bar" gelten, werden schnell als Spinnerei abgetan. Die Geschichte von Socher macht deutlich, wie entscheidend Vertrauen, Neugier und Risikofreude für echten Fortschritt sind – und dass wir vielleicht nicht nur neue Technologien brauchen, sondern auch ein besseres Verständnis davon, wie Innovation entsteht.

Warum kommen die weltweit führenden Technologiekonzerne fast alle aus den USA? Die Antwort liegt nicht nur in der unternehmerischen Kultur, sondern zeigt sich auch deutlich in der Risikobereitschaft und der Investitionsstrategie. Einen Blick auf die aktuellen Zahlen verdeutlicht, wie unterschiedlich diese Hal-tung in den USA, Europa und Deutschland ist. Im Jahr 2024 wurden laut Daten vom EY Startup Barometer rund 184 Milliarden US-Dollar an Risikokapital in US-amerikanische Start-ups investiert, mehr als das Vierfache des europäischen Ge-samtvolumens von 45 Milliarden US-Dollar. In Deutschland lag das Investitionsvo-lumen bei rund 7 Milliarden Euro. Dieser Unterschied zeigt sich nicht nur in abso-luten Zahlen, sondern in einer grundlegend anderen Strategie: In den USA gilt eine Venture-Investition bereits dann als gerechtfertigt, wenn die Erfolgschance bei nur 10 Prozent liegt, wie es Amazon-Gründer Jeff Bezos erklärte. Das Prinzip dahinter: Wird in zehn risikoreiche Projekte investiert, genügt ein einziger großer Erfolg, damit sich die Gesamtrendite auszahlt. In Deutschland hingegen wird vorsichtiger geprüft, konservativer kalkuliert und seltener hochriskant investiert.

6.5 Spieltrieb und Liebe

Friedrich Schiller schreibt in seinen *Ästhetischen Briefen*, dass Kunst eine „Spiel-trieb"-Funktion habe und die Menschen in einen freien, empathischen Zustand versetze. Platon beschreibt in *Das Gastmahl* die Liebe als schöpferische Kraft, die uns vom Physischen zum Geistigen führt. Künstler, die wahre Schönheit suchen, sind nach Platons Auffassung von einer Liebe zur Idee des Schönen getrieben.

Kunst, Musik und Literatur sind nicht nur vom Spieltrieb, von Liebe und Freude inspiriert, sie sind auch deren Ausdruck. Der Auslöser, der Künstlerinnen und Künstler zum Handeln bringt, kann natürlich auch Schmerz oder Sehnsucht sein. Doch ohne diese Schubkräfte gäbe es keinen Antrieb, Kunst erschaffen zu wollen; kreative Arbeit würde schlicht sinnlos erscheinen. Die Magie, das Mysterium von Musik, Literatur und bildender Kunst entspringt der Quelle menschlicher Gefühle. Deshalb sollten wir diese Quellkräfte der Kreativität nicht an den Rand drängen und sie dem Irrationalen zuordnen. Gerade jetzt ist es entscheidend, unsere menschliche Differenzierung zu betonen und unsere ureigenen Kräfte zu kultivieren. Eine geförderte, nicht eine erstickte, menschliche Kreativität könnte zusammen mit den technologischen Entwicklungen Erstaunliches hervorbringen: in der Medizin und Wissenschaft, für den Umweltschutz, in Wirtschaft und der Co-Kreation neuer Formate, die an den Schnittstellen zwischen Kunst, Technik und Gesellschaft entstehen.

Der Satz von den „Geistern, die ich rief", stammt aus dem Gedicht *Der Zauberlehrling* von Johann Wolfgang von Goethe, geschrieben im Jahr 1797. In der berühmten Szene versucht ein junger Lehrling, seinem Meister nachzueifern. Er spricht einen Zauberspruch, um einen Besen dazu zu bringen, Wasser für ihn zu holen. Der Zauber funktioniert, aber als das Wasser überläuft und der Besen nicht mehr aufhört, seiner Aufgabe nachzukommen, erkennt der Lehrling, dass er die Kräfte, die er heraufbeschworen hat, nicht mehr kontrollieren kann. In seiner Verzweiflung ruft er: „Die ich rief, die Geister, werd' ich nun nicht los." Die Angst sitzt tief, sie ist wie ein Albtraum: etwas zu erschaffen, das sich der menschlichen Kontrolle entzieht. In Literatur, Film und Kunst wurde diese Urangst immer wieder aufgegriffen und in Szene gesetzt. In Mary Shelleys *Frankenstein* gerät ein künstlich erschaffenes Wesen außer Kontrolle. In Stanley Kubricks *2001: Odyssee im Weltraum* wendet sich ein intelligenter Computer gegen die Menschen, die ihn geschaffen haben. Auch *Jurassic Park* oder die Serie *Black Mirror* greifen dieses Motiv auf und übertragen es auf Gentechnik, Künstliche Intelligenz und digitale Systeme. Die Geister, die wir rufen, brauchen Regeln, nicht nur Technik, sondern Ethik.

Die Geisteswissenschaften spielen dabei eine wichtige Rolle, denn sie entwickeln ethische Leitlinien, analysieren gesellschaftliche Auswirkungen und helfen, sinnvolle Regulierungen zu schaffen. Zudem bringen sie kritisches Denken in die Prozesse und fördern ein besseres Verständnis für die Chancen und Risiken von KI.

6.6 Von harten Fakten zu weichen Werten: Eine Reise zur Konstruktion der Kreativität

Wir sprechen oft von harten und weichen Fakten – aber was bedeutet das eigentlich? Woher kommt diese Kategorisierung, und ist sie noch zeitgemäß?

Harte Fakten gelten als objektiv, messbar, überprüfbar. Weiche Fakten hingegen sind Einschätzungen, Stimmungen, Vertrauenslagen – also all das, was sich nicht so leicht in Zahlen fassen lässt. Doch gerade in den zentralen Systemen unserer Gesellschaft – Wirtschaft, Demokratie, Medien – basieren Entscheidungen immer mehr auf psychologischen Faktoren, auf Narrativen, auf Vertrauen. Mit anderen Worten: auf weichen Fakten.

Die Börse reagiert auf Erwartungen. Demokratie lebt vom Glauben an gemeinsame Spielregeln. Märkte entstehen durch kollektive Überzeugungen. Das bedeutet: Unser gesamtes System ruht auf Fundamenten, die weicher sind, als wir zugeben wollen.

Vertrauen ist zum Beispiel ein weicher Steuerungsfaktor, aber entscheidend für Demokratie und Wirtschaft. In den USA sehen wir derzeit, wie sehr dieser weiche Faktor durch sprunghafte, widersprüchliche Politik erschüttert werden kann und das institutionelle Vertrauen destabilisiert. Das hat sich in harten Fakten niedergeschlagen: Milliardenverluste an den Börsen, einbrechende Investitionen, wachsender Kapitalabzug. Ein immaterieller Faktor, der auf keiner Bilanz steht, hat materielle Schäden in Milliardenhöhe ausgelöst. Weiche Ursachen – harte Folgen, könnte man populistisch sagen.

Wie Vertrauen gehört Kreativität zu den weichen, formenden Faktoren. Aber ihr fehlt politische und gesellschaftliche Anerkennung und sie ist ökonomisch unterschätzt. Erst wenn wir lernen, Kreativität als Infrastruktur des Denkens zu begreifen, wird sie das werden, was Vertrauen längst ist: ein weicher Faktor mit harter Wirkung.

Die alte Trennung von harten und weichen Fakten wird zunehmend fragwürdiger. Denn gerade die weichen Fakten – Intuition, Bedeutung, Kontext, Ethik – werden unser künftiger Spielraum, wenn künstliche Intelligenz harte Fakten umfassender, schneller und interdisziplinärer auswertet als jeder Mensch. Unsere Aufgabe als Menschen besteht darin, weiche Fakten zu begründen, zu vertiefen und sie in einem veränderten System neu zu definieren und dauerhaft zu verankern.

In der Wissenschaft, im Journalismus, im Alltag begegnet uns die Unterscheidung zwischen harten Fakten – also messbaren, objektiv überprüfbaren Daten – und weichen Fakten – Einschätzungen, Deutungen, Meinungen. Diese Trennung erscheint uns plausibel, ist aber selbst schon eine kulturelle Konstruktion: ein Werkzeug, das wir geschaffen haben, um mit Wirklichkeit umzugehen. Was wir für „objektiv" oder „real" halten, hängt oft weniger von der Sache selbst ab als von der Konvention, nur das für real zu halten, worauf wir uns als Gesellschaft geeinigt haben.

Ob Geld, Nationen, Geschlechterrollen oder die Zeitrechnung – vieles von dem, was unseren Alltag ausmacht, ist nicht naturgegeben, sondern sozial konstruiert. Es existiert, weil wir gemeinsam daran glauben und diese Dinge durch Sprache, Verhalten, Institutionen und Symbole immer wieder neu erzeugen. Unsere Lebensrealität ist nichts auf ewig Festgelegtes, sondern flexibel. An der Börse ist der Wert einer Aktie nicht absolut, sondern basiert auf Erwartungen, Vertrauen, kollektiver Psychologie. Der Marktwert ist eine soziale Fantasie mit realen Folgen. Kurse steigen, weil Menschen daran glauben, oder fallen, wenn sie es nicht mehr tun. Was gehandelt wird, ist nicht nur Ware, sondern Bedeutung. Der Mensch ist bereit, heute für Vorstellungen von Zukunft einen Preis zu zahlen.

Auch die Demokratie ist ein soziales Konstrukt. Sie basiert auf geteilten Regeln, Werten und Vereinbarungen, nicht auf Naturgesetzen. Parlamente, Verfassungen, Wahlen – sie funktionieren nur, solange eine Mehrheit an ihre Legitimität glaubt und sie mitträgt. Demokratie ist also keine gegebene Ordnung, sondern ein ständiger Akt kollektiver Vorstellungskraft, ein Regelwerk, das nur lebt, wenn es – oft aufwändig und aktiv – immer wieder bestätigt wird.

Und hier schließt sich der Kreis: Auch Kreativität ist ein soziales Konstrukt. Sie ist als Potenzial jederzeit abrufbar, wird jedoch nur im Zusammenspiel aus individueller Vorstellungskraft und gesellschaftlicher Anerkennung zu einer Kraft. Was als kreativ gilt, ist wiederum eine kulturelle Entscheidung. Doch während wir für Kapital, Macht und Information bereits systematisch Infrastrukturen geschaffen haben – Börsen, Banken, Märkte –, gibt es für Kreativität keine solche Börse. Sie wird nicht systematisch bewertet, in Kreativität wird nicht investiert.

Kreativität ist für uns heute vielleicht das, was Aktien im 17. Jahrhundert waren: ein latentes Potenzial, das darauf wartet, als Wertform ernst genommen zu werden. Durch Automatisierung könnte sie zum letzten unverwechselbaren Wert des Menschen werden. Als die erste Börse in Amsterdam entstand, wurde zum ersten Mal etwas gehandelt, das nicht greifbar war: Anteile an einer noch ungewissen Zukunft. Es war ein Akt kollektiven Glaubens an den Wert des Möglichen – eine soziale Konstruktion, an die wir bis heute glauben.

6.7 Kreativität ist heute, was Kapital im 18. Jahrhundert war: ein Wert ohne Struktur

Eine geeignete Analogie für unsere Gegenwart liefert die Geschichte des Kapitals. Der Frühkapitalismus – also die Phase des Handelskapitalismus – existierte bereits seit dem frühen 17. Jahrhundert. Mit der Gründung der ersten modernen Aktiengesellschaft (VOC) 1602 und der Börse in Amsterdam wurde Kapital erstmals abstrahiert, teilbar gemacht und über Raum und Zeit hinweg handelbar.

Doch in dieser Phase war Kapital noch kein allumfassendes Steuerungsprinzip der Gesellschaft, sondern ein Werkzeug des überseeischen Handels.

Den entscheidenden Schub bekam der Kapitalismus durch die industrielle Revolution im 18. und 19. Jahrhundert. Sie machte Kapital zum zentralen Steuerungsinstrument von Produktion und Wachstum. Die Mechanisierung von Arbeit und die Entwicklung von Fabriksystemen machten große Investitionen nötig: Maschinen, Infrastruktur, Rohstoffe. Dies führte zur Entstehung neuer Institutionen: Banken, Versicherungen, Aktiengesellschaften, Börsen, Zentralbanken, einheitliche Währungen, Bilanzierungsregeln und Handelsrecht. Kapital wurde nicht nur technisch notwendig, es wurde zur Denkkategorie: Gesellschaften begannen, in Kosten, Nutzen, Effizienz, Rendite, Wachstum zu denken. Das war kein natürlicher Prozess, sondern eine kulturelle und strukturelle Umstellung, die tief in das Selbstverständnis von Gesellschaft eingriff.

Die sozioökonomischen Folgen von Industrialisierung und Digitalisierung unterscheiden sich grundlegend. Der Übergang zur Industriegesellschaft beendete in Europa und Nordamerika die regelmäßigen Hungerperioden agrarischer Gesellschaften und ermöglichte eine stabile Nahrungsmittelversorgung. Nach anfänglicher Verelendung führte die Industrialisierung langfristig zu einer breiteren und vergleichsweise gerechteren Wohlstandsverteilung als in früheren Gesellschaftsformen.

Ob die digitale Revolution ähnliche Effekte haben wird wie die Industrialisierung, ist ungewiss. Vieles spricht dafür, dass sie bestehende Ungleichheiten eher verschärft: Wenige profitieren stark, viele geraten unter Druck. Technologische Errungenschaften werden zwar genutzt, aber nicht mehr als Ausdruck eines gemeinsamen, gesellschaftlich geteilten Fortschritts verstanden. Die digitale und technologische Revolution kann Angst und Unsicherheit verstärken und bestehende gesellschaftliche Spaltungen weiter vertiefen.

Die schwierigste Aufgabe wird sein, ein gemeinsames Narrativ zu finden, das diese Transformationen nicht nur technisch, sondern auch gesellschaftlich und politisch vermittelt. Ohne eine solche Erzählung verliert der Fortschritt seine verbindende Funktion und wird zunehmend als Bedrohung erlebt.

KI kann Prozesse schneller, effizienter und oft auch intelligenter umsetzen als der Mensch, zumindest im Bereich von Datenverarbeitung, Wiederholung, Analyse und sogar Sprache. In all den Bereichen, die klare Regeln, Muster und Optimierung voraussetzen, kann der Mensch nicht mehr konkurrieren und muss es vielleicht auch gar nicht. Die Frage wird daher nicht nur sein: Wie arbeiten wir mit KI zusammen? Sondern auch: Was macht uns noch einzigartig, wenn Maschinen immer intelligenter werden? Daraus könnte eine neues gemeinsamen Narrativ entwickelt werden.

6.8 Warum Kreativität heute Kapitalcharakter bekommt – aber nicht als „harte" Ressource

Was die Börse der *Vereenigde Oostindische Compagnie (VOC)* 1602 mit Kapital gemacht hat, könnten wir heute mit Kreativität bewirken: eine Infrastruktur schaffen, das Intuitive investierbar und das Menschliche unverzichtbar machen.

So, wie die VOC-Börse ein immaterielles Konzept – Zukunft – in Handel umgesetzt hat, könnten wir uns heute fragen, wie Kreativität, Vorstellungskraft oder Innovationskraft zu Investitionen werden könnten. Vielleicht braucht die Welt keine neuen Währungen, sondern eine neue Art, Wert zu denken. Nicht nur in Zahlen, sondern in Ideen. Nicht nur in Märkten, sondern in Potenzial.

Die Antwort liegt in den „weichen Werten": Kreativität, Empathie, Vorstellungskraft. Der Unterschied zwischen Mensch und Maschine wird sich nicht an kognitiven Höchstleistungen oder Rechenpower zeigen, sondern an der Fähigkeit, zu fühlen, zu deuten, zu erschaffen, Ambivalenz auszuhalten, Bedeutungen zu schaffen, wo keine Datenbasis vorhanden ist, und Neuheit zu erzeugen, nicht nur Wahrscheinlichkeit zu berechnen.

Diese Fähigkeiten sind bislang strukturell unterbewertet, obwohl sie die Grundlage für alles sind, was wir Zukunft nennen: Kunst, Innovation, Beziehung, Verantwortung, Ethik. So, wie Kapital einst eine unsichtbare Macht war, die erst durch Infrastruktur und Denkweise zur dominanten Kraft wurde, ist heute Kreativität ein latenter Wert, der auf seine gesellschaftliche Aktivierung wartet.

Kreativität bekommt heute Kapitalcharakter – jedoch nicht als „harte" Ressource. Kapital war zählbar, übertragbar, bilanzierbar. Kreativität hingegen ist fluide, emergent, kontextuell – aber nicht minder produktiv. Sie lässt sich nicht standardisieren, doch sie lässt sich fördern, befreien und ernst nehmen. Dafür braucht es neue Formen der Bildung, Bewertung, Finanzierung und kulturellen Infrastruktur.

Vielleicht ist Kreativität die Aktie des 21. Jahrhunderts. Wir müssen nur anfangen, sie zu handeln.

7 Schöne neue Welt

Man kann in einem Gedankenexperiment untersuchen, wie die Welt ohne Kunst und Kultur aussehen würde. Schon grobe Skizzen davon verdeutlichen die Tragweite. Dieses Kapitel zeigt auf, warum künstlerisch-kulturelle Praxis für menschliche Gesellschaften unentbehrlich ist.

7.1 Ein Kulturexperiment: Was passiert, wenn wir alles streichen?

Das Leben vor den wissenschaftlichen und technischen Revolutionen zwischen Mittelalter und Moderne war für die meisten Menschen eine Zeit der Unsicherheit, geprägt von Entbehrungen bei begrenztem Wissen über die eigene Umwelt. Hunger, Krankheit und körperliche Not bestimmten den Alltag. Eine systematische Medizin fehlte, Krankheiten galten oft als Schicksal oder Strafe. Die Sterblichkeitsrate war hoch, sowohl bei Neugeborenen als auch bei Erwachsenen. Die wissenschaftlichen und technischen Revolutionen liefen nicht isoliert ab, sondern parallel zur Entwicklung von Kunst und Kultur, und das aus gutem Grund: Sie entstammen denselben grundlegenden Verschiebungen im Welt- und Selbstverständnis des Menschen. Ab dem späten Mittelalter und vor allem in der Renaissance begann sich der Blick auf die Welt zu verändern. Der Mensch stellte sich zunehmend nicht nur als Teil einer göttlichen Ordnung dar, sondern als aktives, forschendes, schaffendes Wesen.

In Staaten wie Nordkorea oder zur Zeit der Kulturrevolution in China ist sichtbar und spürbar geworden, wie eine Welt aussehen kann, in der kultureller Ausdruck systematisch unterdrückt oder sogar ausgelöscht wird. Im Nationalsozialismus oder unter den Taliban wurden Kunst und Kultur entweder gleichgeschaltet, verfolgt oder zerstört. Die DDR instrumentalisierte das kulturelle Erbe, um es ideologisch zu formen oder gezielt zu zerstören. Historische Prachtbauten, insbesondere solche aus bürgerlicher oder monarchischer Zeit, wurden als Relikte des Klassenfeindes diffamiert. Statt Bewahrung und Weiterentwicklung dominierten Abriss und eine nivellierende Gleichmacherei. Städte verloren ihre gewachsenen Strukturen und wurden durch funktionale Plattenbauten ersetzt, eine sozialistische Moderne, die mehr von Mangel als von visionärer Gestaltung zeugte.

In einer experimentellen Welt ohne Kunst und Kultur gäbe es keine Geschichten, weder Liebesgeschichten noch Tragödien noch Komödien. Gesellschaften hätten sich auf funktionale Strukturen reduziert, in denen soziale Bindungen nur durch gemeinsame Arbeit entstünden. Es gäbe keine Fachleute auf den Gebieten

https://doi.org/10.1515/9783112233030-007

der Philosophie, der Ethik oder der Theologie. Die Grundlage für Rechtsprechung wäre nicht Reflexion oder Abwägung, sondern eine automatisierte Anwendung von Regeln. Es gäbe keine Empathie für gerechte Urteile in komplexen Fällen, keine Rücksicht auf Kontext, Geschichte oder Menschlichkeit. Keine Sprache für Reue, Schuld oder Verantwortung, weil es keine Erzählung, keine Ethik gäbe, die diese Konzepte trägt. Statt einer Rechtsprechung, wie wir sie kennen, gäbe es algorithmische Entscheidungssysteme. Das würde das Rechtssystem frei von menschlichen Vorurteilen und Emotionen machen. Aber auch Algorithmen könnten aufgrund voreingenommener Trainingsdaten diskriminierende Ergebnisse und Fehlurteile liefern.

Da es keine künstlerische Gestaltung gäbe, wären Städte auf Zweckmäßigkeit ausgerichtet. Architektur würde nicht als Ausdruck von Schönheit, Weltanschauung oder Identität verstanden, sondern als Mittel zur Bereitstellung von Schutz und Infrastruktur, oder sie würde in ihrer Monumentalität Ideologien verkörpern, wie während der Nazizeit, in der Sowjetunion oder Nordkorea. Gebäude würden nach funktionalen Prinzipien konstruiert werden: identische Betonklötze ohne Fassadenschmuck. Fenster wären klein, da sie nur als Lichtquelle dienen müssen, und die Städteplanung labyrinthisch rational.

Ohne Kunst und Kultur gäbe es keine Literatur, keine Poesie. Metaphern, Ironie, Humor wären nie erfunden worden. Es gäbe keine Musik, keine Bilder, keine Filme. Emotionen würden nicht mehr durch Geschichten oder Melodien verarbeitet, sondern nur noch als chemische Reaktionen im Gehirn betrachtet. Musik wäre nicht mehr als ein rhythmisches Signal zur Synchronisation von Arbeitsabläufen. Träume, Hoffnung, Visionen, all das würde als irrational gelten. Menschen wären funktionale Einheiten in einem System, das keine Auseinandersetzung mit der eigenen Existenz kennt.

Ohne Philosophie und Geisteswissenschaften gäbe es keine Reflexion über Ethik, keine Auseinandersetzung mit moralischen Fragen, keine Konzepte wie Demokratie oder Menschenrechte. Stattdessen wäre Bildung rein technisch ausgerichtet, mit dem Ziel, die Produktivität und Funktionalität der Menschen zu maximieren.

Die Wissenschaft hätte sich möglicherweise dennoch entwickelt, da Naturgesetze unabhängig von menschlicher Kreativität existieren. Doch die Art der Erkenntnisgewinnung setzt manchmal auch irrationalen Spieltrieb voraus, wie Einsteins Fantasie vom Ritt auf einem Lichtstrahl zeigt.

Mode würde nicht existieren, schon als Wort nicht, weil es für Stil und Zeitgeschmack steht. Ohne Kultur hätte Kleidung jedoch keinen ästhetischen oder symbolischen Wert, der sich saisonal ändert, sondern wäre immer gleich rein auf

Funktionalität ausgerichtet. Jeder Mensch würde dasselbe tragen, eine Art „Mao-Anzug": blau, Stehkragen, vier Taschen.

Ohne Kunst gäbe es keine kulturellen Revolutionen, keine Epochen des Umbruchs, keine kreativen Gegenbewegungen, keine Renaissance, keine Aufklärung, keine Moderne. Die Gesellschaft verharrte in permanenter Konformität, der Status quo wiederholte sich endlos.

7.2 Vom Gedankenexperiment zur politischen Realität

Darja Kosyrewa, eine neunzehnjährige Medizinstudentin, hat durch verschiedene Protestaktionen gegen den russischen Angriffskrieg und die Regierungspolitik eine persönliche Form des Widerstands geleistet. Sie schrieb kritische Botschaften auf öffentliche Installationen, äußerte sich regierungskritisch in sozialen Netzwerken und nahm an Gedenkaktionen für Oppositionelle teil. Ihre letzte Aktion war das Anbringen von Versen des ukrainischen Dichters Taras Schewtschenko aus seinem Gedicht *Vermächtnis* an dessen Denkmal in Sankt Petersburg. Dann wurde sie festgenommen und „zur Begutachtung" in eine psychiatrische Klinik eingewiesen. Sie wurde beschuldigt, die russische Armee „diskreditiert" zu haben, wobei besonders die Wahl eines Ausrufezeichens gegen sie verwendet wurde. Vor Gericht betonte sie, dass ihre Handlungen wie das Anbringen von Schewtschenkos Versen die russischen Streitkräfte nicht diskreditieren könnten, da diese Gedichte lange vor der Existenz der Russischen Föderation verfasst wurden.

Die Geschichte Russlands ist eine Geschichte immer wieder erstickter Entfaltung. Wirtschaftliche und wissenschaftliche Kräfte leuchteten immer wieder auf und haben gezeigt, welches Potenzial in diesem Land steckt. In der späten Zarenzeit entfaltete sich eine kulturelle Blüte: Schriftsteller wie Leo Tolstoi und Anton Tschechow schrieben Weltliteratur, Tschaikowsky oder Rimski-Korsakow komponierten Werke von internationalem Rang. Gleichzeitig nahm mit dem Bau der Transsibirischen Eisenbahn die Industrialisierung an Fahrt auf. Auch in der bildenden Kunst war Russland ein Zentrum bahnbrechender Entwicklungen, insbesondere in der Zeit des Umbruchs nach der Revolution von 1917. Kasimir Malewitsch revolutionierte das Denken über Kunst mit dem Suprematismus, der sich radikal von der gegenständlichen Darstellung löste – sein Schwarzes Quadrat (1915) gilt bis heute als Ikone der Moderne. Parallel dazu entstand der Konstruktivismus. El Lissitzky, Alexander Rodtschenko oder Wladimir Tatlin verschmolzen Kunst und Technik miteinander. Diese Bewegung strebte eine funktionale, gesellschaftlich nützliche Kunst an, die eng mit Architektur, Design und Fotografie verbunden war. Ein interdisziplinäres Kunstkonzept hatte es zwar ansatzweise auch schon in der Renaissance gegeben, der russische Konstruktivismus war jedoch eine Bewegung, die utopisch-sozial motiviert war: Kunst sollte nicht mehr „elitär" sein, sondern im Dienst eines gesamtgesellschaftlichen Fortschritts stehen. Dieses Konzept war seiner Zeit weit voraus und wirkt bis heute modern. Es zeigt, welches Potenzial Kunst entfalten kann, wenn sie sich mit anderen Bereichen verbindet und gesellschaftlich relevant wird.

In dieser frühen sowjetischen Avantgarde verbanden sich utopischer Geist, politische Vision und formale Radikalität auf einzigartige Weise. Viele der Ideen und Formen dieser Zeit beeinflussten später den Bauhaus-Stil in Deutschland und die internationale Moderne. Das California College of the Arts (CCA) setzt heute ein interdisziplinäres Konzept um: Kunst, Design, Architektur und Technologie greifen hier ineinander. Biowissenschaft, neue Materialien und künstlerische Praxis werden miteinander verknüpft, visuelle Medien als gesellschaftliche Werkzeuge reflektiert und Soziologie, Nachhaltigkeit sowie unternehmerisches Denken in kreative Prozesse integriert.

In Russland blieb künstlerische Freiheit nicht dauerhaft bestehen: Mit der Durchsetzung des Sozialistischen Realismus in den Dreißigerjahren wurde die Avantgarde unterdrückt, viele ihrer Vertreter verfemt oder ins Exil gedrängt. In der Sowjetzeit wurden dennoch, trotz autoritärer Kontrolle und massiver Repression, Fortschritte erzielt. Durch die Raumfahrtprogramme mit dem Start des ersten Satelliten Sputnik (1957) und dem ersten bemannten Raumflug mit Juri Gagarin (1961) erlangte die Sowjetunion den Status einer technologischen Großmacht. Andrej Sacharows bahnbrechende Entdeckungen in der Physik wurden später durch seinen unermüdlichen Kampf als Dissident ergänzt. Auch in den Künsten gab es weiterhin Herausragendes: Filme von Sergej Eisenstein, Kompositionen von Dmitri Schostakowitsch oder Romane von Michail Bulgakow zeigen bis heute, wie vielschichtig sich Kultur auch unter politischem Druck entfalten konnte.

In den Sechzigerjahren, während des sogenannten Tauwetters unter Chruschtschow, wurde erneut sichtbar, wie sehr dieses Land kulturell und intellektuell aufblühen kann, wenn es Freiräume erhält. Werke wie Solschenizyns *Ein Tag im Leben des Iwan Denissowitsch* konnten erscheinen, kritisches Theater und experimentelle Kunst fanden Platz in der Öffentlichkeit.

Immer wieder blitzte auf, was Russland leisten könnte – intellektuell, kreativ, technologisch. Doch nie gelang es, dieses Potenzial dauerhaft in eine freie, stabile und breit getragene Entwicklung zu überführen.

Im Jahr 2024 betrug das jährliche Haushaltseinkommen in Russland pro Kopf rund 8100 US-Dollar. Viele Wissenschaftler verlassen das Land aufgrund von Repressionen und Zensur. Unabhängige Medien wurden geschlossen oder als „ausländische Agenten" eingestuft. Die Bevölkerung erhält Informationen hauptsächlich aus staatlich kontrollierten Quellen. Beim Vergleich des BIP pro Kopf in

Kaufkraftparität (PPP) zeigt sich ein deutliches Gefälle: Die USA liegen bei rund 66.762 US-Dollar, Deutschland bei 63.098 US-Dollar, Russland hingegen nur bei etwa 13.739 US-Dollar. Trotz seiner Größe und Ressourcen weist Russland damit einen deutlich geringeren wirtschaftlichen Entwicklungsstand auf. Das geringe Pro-Kopf-Einkommen, selbst kaufkraftbereinigt, zeigt, wie weit das Land wirtschaftlich hinter den führenden Industrienationen zurückliegt.

Vergleicht man aber die Analphabetenquote in Russland (0,4 Prozent) mit den Quoten in den USA (1,0 Prozent) und in Deutschland (0,7 Prozent), so weist Russland die geringste Rate auf. Diese niedrige Analphabetenrate ist das Ergebnis einer jahrzehntelangen staatlichen Bildungspolitik, die bereits im frühen 20. Jahrhundert konsequent umgesetzt wurde. Besonders in der Sowjetzeit wurde Alphabetisierung massiv gefördert, nicht nur aus humanistischem Anspruch, sondern auch aus ideologischen Motiven. Die damals geschaffenen Bildungsstrukturen wirken jedoch bis heute nach.

Doch Bildung allein bedeutet noch keine kulturelle Entfaltung. Während Lesen und Schreiben zur Selbstverständlichkeit wurden, blieb der Raum für Imagination, künstlerisches Denken und kreative Ausdrucksformen stark eingeschränkt. Dies führt uns zu der grundlegenden Frage, wie Kultur zwischen Traum und Realität funktioniert und welchen unverzichtbaren Platz sie in einer Gesellschaft einnimmt.

7.3 Kultur zwischen Traum und Realität – Eine notwendige Verortung

Tatsächlich beginnt Kultur manchmal mit einem Traum, einer Idee. Wie der russische Chemiker Dmitri Mendelejew, dem das Periodensystem angeblich im Traum erschien, schöpft auch künstlerische Kreativität aus immateriellen Quellen. Doch genau wie Mendelejews Entdeckung nur durch harte wissenschaftliche Arbeit und gesellschaftliche Anerkennung ihren Platz fand, braucht auch Kultur mehr als Inspiration: Sie braucht Raum, Ressourcen und Respekt.

Kultur ist konkret in der Realität verankert: in Budgets, in Institutionen, in politischen Entscheidungen. Sie lebt in Theatern, Museen, Stadtteilzentren, in Proberäumen und Ateliers. Und sie stirbt dort, wenn sie unterfinanziert bleibt. Die anhaltenden Bauverzögerungen an Kultureinrichtungen wie der Oper Köln oder der Neuen Pinakothek in München sind keine technischen Details, sondern symptomatisch für die systematische Vernachlässigung kultureller Infrastruktur. Wie der Traum in einer leistungsorientierten Gesellschaft oft als naiv oder unwichtig abgetan wird, so wird auch Kultur vielfach marginalisiert.

„Wir sind aus dem Stoff, aus dem Träume sind, und unser kleines Leben ist von einem Schlaf umgeben", schrieb William Shakespeare, vermutlich um 1611, in *Der Sturm*. Er deutet damit an, dass die Welt, die wir wahrnehmen, möglicherweise nicht so solide und real ist, wie wir glauben, sondern eher einem Traum ähnelt. Träume sind in der Regel private Erfahrungen, während kulturelle Praktiken gemeinschaftliche Ereignisse sind. Während Träume meistens unbewusst und unkontrollierbar sind, haben kulturelle Ausdrucksformen bewusste Ziele und erfüllen soziale Funktionen. Der Vergleich zwischen Traum und Kunst funktioniert deshalb nicht eins zu eins. Kultur und Traum sind jedoch beide fortlaufende Erzählungen. So wie der Traum aus Erlebnissen eines ganzen Lebens nächtlich neue Bilder kreiert, ist Kultur Ausdruck einer über Jahrtausende sich fortschreibenden künstlerischen Erfahrung. Nichts entsteht aus dem Nichts – jeder Traum verarbeitet das Vergangene, jede Kunst greift auf die kulturelle Geschichte zurück. Beide sind ein Fluss aus Geschichten, die sich ständig neu zusammensetzen, weitertragen und erneuern

Sowohl die Bedeutung von Träumen für die Psyche als auch die Rolle von Kunst und Kultur für die Gesellschaft sind in der wissenschaftlichen Forschung umstritten. Während einige Theorien sie als essenzielle Mechanismen für individuelle und kollektive Entwicklung betrachten, sehen andere sie als Nebenprodukte biologischer oder gesellschaftlicher Prozesse, die keinen eigenständigen Zweck erfüllen.

Andere Theorien gehen davon aus, dass sowohl Träume als auch Kunst eine fundamentale evolutionäre Funktion erfüllen. Die Bedrohungssimulationstheorie, eine evolutionäre Theorie des finnischen Forschers Antti Revonsuo, besagt, dass Träume eine Art Simulation von Gefahren sind, die es unseren Vorfahren ermöglichten, sich auf reale Bedrohungen vorzubereiten und einen Überlebensvorteil bringen. Diese Sichtweise findet eine Parallele in der evolutionären Kunsttheorie, die besagt, dass Kunst und Musik ursprünglich dem Zusammengehörigkeitsgefühl und der Kommunikation dienten. Beide Ansätze sehen Träume und Kunst nicht als zufällige Erscheinungen, sondern als Mechanismen, die dazu beigetragen haben, dass der Mensch sich als Spezies besser an seine Umwelt anpassen konnte. Kritiker halten jedoch dagegen, dass weder Träume noch Kunst notwendige Bedingungen für das Überleben sind – Gesellschaften könnten sich theoretisch auch ohne kreative Ausdrucksformen organisieren.

Träume, Kunst und Kultur haben auch Parallelen zur Funktionsweise moderner IT-Systeme. Ein radikaler Ansatz sieht Träume als eine Art Datenbereinigung des Gehirns, vergleichbar mit Garbage Collection in Computersystemen, bei der überflüssige oder fehlerhafte Informationen entfernt werden. Ebenso gibt es in der IT automatisierte Optimierungsprozesse, wie Defragmentierung, Hintergrundindexierung oder Machine-Learning-Retraining, die langfristig die Systemleistung verbessern – ähnlich wie das Gehirn im Schlaf Gedächtnisinhalte festigt und Emotionen verarbeitet.

Auf gesellschaftlicher Ebene übernehmen Kunst und Kultur eine vergleichbare Funktion. Während das Gehirn im Traum Erfahrungen sortiert und neue Verknüpfungen schafft, analysiert Kunst die Vergangenheit, reflektiert die Gegenwart und generiert neue Zukunftsvisionen. Sie wirkt wie eine kollektive Debugging-Funktion, die gesellschaftliche „Fehler" aufdeckt, ähnlich wie eine Software, die Schwachstellen erkennt und behebt.

Träume ermöglichen es, risikofreie Simulationen durchzuspielen – eine Funktion, die in der IT durch digitale Zwillinge oder Sandbox-Systeme übernommen wird. Science-Fiction, Utopien oder dystopische Erzählungen funktionieren ähnlich, indem sie alternative Zukunftsszenarien imaginieren, bevor sie Realität werden.

Auch die Speicherung von Erinnerungen hat ein IT-Pendant: Während das Gehirn wichtige Informationen ins Langzeitgedächtnis überführt, fungieren Kunst und Kultur als das historische Backup einer Gesellschaft, vergleichbar mit Cloud-Speichern und Knowledge-Management-Systemen. Nach allem, was wir wissen, würde ohne Träume das Bewusstsein stagnieren – ohne Kunst und Kultur hätte eine Gesellschaft vielleicht wirklich keine Zukunftsvisionen, keine kollektive Lernfähigkeit und keine Kraft, sich zu erneuern. Technisch gesprochen, hat Kunst und Kultur das Potenzial, vielleicht wie eine „gesellschaftliche KI" zu arbeiten, die kontinuierlich Updates einspielt, Fehler diagnostiziert und neue Versionen der Zukunft generiert.

7.4 Die Gegenwart der Vergangenheit

Um 1120 schrieb der französische Philosoph Bernhard von Chartres: „Wir sind Zwerge, die auf den Schultern von Riesen sitzen." Fast alles, was uns heute umgibt, beruht auf den Ideen, Entdeckungen und Erfahrungen früherer Generationen. Ohne die Grundlagen der antiken Mathematik von Pythagoras oder Euklid gäbe es keine moderne Physik, keine Informatik, keine Raumfahrt. Der Computer, das Internet, die Medizin, die Architektur – sie alle existieren, weil Menschen vor uns Wissen gesammelt, erweitert und weitergegeben haben. Der Philosoph Donald Davidson schrieb 865 Jahre später: „Jede Interpretation beruht auf einer Basis gemeinsamer Annahmen. Ohne eine gemeinsame Welt gäbe es keine Verständigung" (Davidson 1984, S. 197; paraphrasierte Übersetzung M. S.).

Sowohl für Davidson als auch für Bernhard von Chartres ist Verstehen ein Akt, der auf bereits Vorhandenem aufbaut, sei es im Dialog mit der Gegenwart

(Davidson) oder mit der Geschichte (Chartres). Auch grundlegende gesellschaftliche Errungenschaften wie die Menschenrechte und die Demokratie konnten nicht aus dem Nichts entstehen. Sie sind das Ergebnis eines langen Prozesses kollektiven Verstehens, das über Jahrhunderte hinweg auf bereits bestehendem Denken, auf gemeinsam geteilten Werten und auf dem Rückgriff auf vergangene Erfahrungen beruht. Menschenrechte sind Ausdruck eines historischen Lernprozesses, eines wachsenden Bewusstseins für Würde, Freiheit und Gleichheit. Demokratie wiederum lebt vom Vertrauen in eine gemeinsame Welt, in der Verständigung möglich ist, genau jenes Fundament, das Davidson als Voraussetzung für Interpretation beschreibt. Auf den Schultern dieser Riesen der Philosophie, der Aufklärung, der Geschichte der Unterdrückung und Emanzipation bauen unsere heutigen Vorstellungen von Freiheit, Recht und Gesellschaft auf.

Auch Kunst reflektiert als Gegenwart einen fortlaufenden Dialog mit der Vergangenheit und ein Imaginieren der Zukunft. Jede Epoche schöpft aus früheren Stilen, Techniken und Visionen, erweitert sie, widerspricht ihnen oder interpretiert sie neu. Ohne die Meister der Renaissance gäbe es keine moderne Malerei, ohne Shakespeare keine zeitgenössische Dramatik, ohne die Bauhaus-Bewegung keine moderne Architektur.

Kultur zu schaffen ist ein Drang des Menschen. Zu jeder Zeit haben sich Menschen künstlerisch ausgedrückt, trotz Repressionen, Zensur oder ökonomischem Druck. Davon profitieren wiederum alle Menschen, auch diejenigen, die es bestreiten oder nicht zu erkennen vermögen. Sie leben jeden Tag von den Errungenschaften von Kunst, Kultur und Geisteswissenschaften. Sie sind, technologisch gesprochen, der unsichtbare Code, auf dem unsere Gesellschaft läuft. Unser heutiges Bewusstsein von Würde, Freiheit oder Gleichberechtigung kommt aus Jahrhunderten von Philosophie, Literatur, Kunst und politischem Denken. In vielen Kulturen war Heirat ein soziales oder ökonomisches Arrangement. Unsere romantische Vorstellung von freier, rebellischer Liebe entstand durch Goethe, Shakespeare, Jane Austen, durch Filme und Lieder; sie wurde kulturell erzeugt und geformt.

Kultur ist der lange Traum der Menschheit von Freiheit, von Liebe und einer gerechteren Welt. Was einzelne Menschen erträumen, wird oft zum Traum einer ganzen Nation oder sogar der gesamten Menschheit. So war es auch mit den Menschenrechten: Ihre Wurzeln reichen weit zurück, doch ihre Umsetzung ist ein andauernder Prozess.

Vor rund 2500 Jahren forderte Sokrates die Menschen auf, selbstständig nach Wahrheit und Gerechtigkeit zu suchen, anstatt blind Autoritäten zu folgen. Dies war ein früher philosophischer Ansatz zur individuellen Würde und Vernunft des Menschen. Seine Gedanken blieben Theorie, da in der griechischen Gesellschaft keine allgemeinen Menschenrechte existierten. Jahrhunderte später griffen Denker wie Jean-Jacques Rousseau im 18. Jahrhundert diese Ideen auf und entwickelten sie weiter. Rousseau sprach von der Gleichheit aller Menschen und dem Gesellschaftsvertrag, der den Staat an die Rechte der Bürger bindet. Diese Überlegungen flossen schließlich in die Amerikanische Unabhängigkeitserklärung (1776) und die Französische Erklärung der Menschen und Bürgerrechte (1789) ein, ein entscheidender Schritt auf dem Weg zur universellen Anerkennung der Menschenrechte.

Die Allgemeine Erklärung der Menschenrechte wurde 1948 von den Vereinten Nationen verabschiedet und legt universelle Rechte fest, die jedem Menschen zustehen. Auch wenn die Realität anders aussieht und es bis heute Länder gibt, in denen es Verstöße gibt oder sie nicht gelten, ist der Traum von Gleichheit und Freiheit unauslöschlich im Gedächtnis der Menschheit verankert.

Kultur formuliert nicht nur den Status quo, sondern auch Wunschvorstellungen und Zielzustände, die eine Gesellschaft, eine Gruppe oder Einzelne im Sinne des besten Interesses der Menschheit erreichen wollen. Ideale dienen als Orientierungspunkte für unser Handeln. Kultur erzählt die Geschichte davon, wie wir wurden, was wir sind, was wir tun und wie wir es tun. Sie ist eine endlose Erzählung, die vor Zehntausenden von Jahren eine Richtung nahm und weitergeführt wird, solange es Menschen gibt.

Wenn Künstlerinnen und Künstler in Straflager geschickt werden, unterbricht das den Erzählfluss der Geschichte, überlagert von einer Parallelgeschichte, die sich Regime ausdenken, um Fantasie und Kritik zu ersticken. Totalitäre Herrscher wie die Nationalsozialisten oder in Stalins Sowjetunion verstanden, dass Kunst und Kultur Emotionen beeinflusst, das Denken einer Gesellschaft steuert und mutmaßlich auf ihre Seele wirkt.

Auch wenn Kulturförderung ausbleibt oder gekürzt wird, besonders in Zeiten sogenannter Krisen, verändert sich der Verlauf der Geschichte. Wird die Vielseitigkeit des Ausdrucks gestört und werden zugleich die demokratischen Kräfte der Auflehnung und des Protests unterdrückt, nimmt die Erzählung eine dramatische Wendung. Was in solchen Zeiten kulturell noch entstehen kann und was verhindert wird, wer sich einspannen lässt und wer dem Druck trotzt, das zeigt später die Geschichte, zumindest teilweise.

Nationalistische und autoritäre Regime haben Kunstschaffende und Intellektuelle systematisch verfolgt, marginalisiert oder ins Exil gezwungen. Doch intellektuelles Potenzial verschwindet nicht, es verlagert sich. Zahlreiche Exilierte fanden in der Nazizeit insbesondere in den Vereinigten Staaten neue Wirkungsräume, wo sie maßgeblich zum Aufbau eines der weltweit führenden Wissenschafts- und Forschungssysteme beitrugen. Darüber hinaus leisteten sie bedeutende Impulse für die Entwicklung einer lebendigen Kunst und Kulturszene sowie für den Aufstieg der US-amerikanischen Filmindustrie. Die Unterdrückung geistiger Freiheit führt nicht zur Auslöschung von Wissen und Kreativität, sondern zur Verschiebung ihrer Orte mit globalen Konsequenzen.

Kultur ist eine Synthese des Bewusstseins. Sie ist der Weitblick auf die Gegenwart, weist in die Zukunft und ist zugleich selbst Geschichte und Erinnerung. Welches andere System, intelligent, ethisch, kreativ und die Zeit umfassend, könnte Lügen besser entlarven und uns beständig daran erinnern, was richtig, wahr und gut für die Menschheit ist? Es sei denn, es wird verhindert.

Die Vorstellung, Nationen könnten die Meinungsfreiheit einschränken, sich abschotten und durch Abgrenzung ihre Wirtschaftsleistung steigern und ihre Identität bewahren, ist absurd. Identität hat ihren Ursprung in der kulturellen Geschichte, in einer gemeinsamen Geschichte, von Migration, Austausch und Verflechtung. Sie beruht vor allem auf Dialog und Verständigung. Sie ist das Gegengewicht zum Nationalismus und ein aktives Mittel gegen Spaltung.

7.5 Identität und Abgrenzung – Die Sentinelesen

Während Identität in unserer westlichen Welt durch Austausch und Verflechtung zustande kommt, existieren extreme Formen der Abgrenzung, die uns wichtige Fragen zu Sicherheit und Zugehörigkeit aufwerfen. Die Sentinelesen, ein isoliert lebendes Volk auf North Sentinel Island im Indischen Ozean, gelten als eines der letzten bekannten indigenen Völker, die vollständig außerhalb der globalisierten Welt existieren. Anthropologen gehen davon aus, dass die Vorfahren der Sentinelesen aus Afrika kamen und sich vor etwa 60.000 Jahren auf den Andamanen-Inseln niederließen.

Die Sentinelesen haben sich vollkommen isoliert entwickelt, vermutlich seit Tausenden von Jahren ohne Kontakt zu anderen Kulturen. Ihre Sprache ist völlig eigenständig und mit keiner anderen Sprache verwandt. Ihr konsequenter Rückzug und ihre Ablehnung jeder Kontaktaufnahme stellen eine kulturelle Besonderheit dar und zugleich eine Projektionsfläche für zentrale Fragen der Gegenwart, insbesondere zum Thema Identität. Betrachtet man die Sentinelesen nicht nur als anthropologische Randerscheinung, sondern im Spiegel unserer Welt, zeigen sich grundlegende Unterschiede, aber auch eine Gemeinsamkeit: das Bedürfnis nach Identität und Sicherheit.

Die moderne Zivilisation ist eine Geschichte von stetiger Veränderung, technologischem Fortschritt und kultureller Durchmischung. Ihre Grundstruktur ist expansiv: Sie sucht Austausch, Wachstum, Innovation. Die Lebensweise der Sentinelesen ist dazu ein radikaler Gegenentwurf. Ihre Kultur ist an ihre natürliche

Umgebung angepasst, nicht umgekehrt. Sie leben mit der Natur, ohne sie grundlegend zu verändern. Es gibt keine Infrastruktur, kein Eisen, keine Technisierung, keine schriftlichen Überlieferungen. Ihre Lebensweise beruht auf Kontinuität, nicht auf Fortschritt. Das Überleben ihrer Gemeinschaft basiert vermutlich auf mündlicher Überlieferung, kollektiver Verantwortung und sozialer Ordnung.

Im Kontrast dazu steht die politische Realität vieler moderner Gesellschaften, in denen Identität zum politischen Kampfbegriff wird, insbesondere im rechtspopulistischen Diskurs. Auch dort wird Identität verteidigt, jedoch meist auf ideologischer Ebene: durch Abgrenzung, durch Abwertung des Fremden, durch die Konstruktion eines homogenen „Wir", das sich in Bedrohung wähnt. Der Wunsch nach Sicherheit äußert sich hier nicht im Rückzug, sondern in Forderungen nach Abschottung, nationaler Reinheit, kultureller Dominanz und einem Machtanspruch. Während die Sentinelesen ihre Identität durch physische Distanz wahren, definieren rechtspopulistische Bewegungen Identität im aktiven Ausschluss anderer. Das Bedürfnis ist vergleichbar, der Umgang damit grundverschieden.

Zwischen diesen beiden Polen radikaler Rückzug einerseits und ideologische Zuspitzung andererseits steht die pluralistisch-demokratische Gesellschaft, die sich um eine verhandelbare, inklusive Form von Identität bemüht. Hier wird Identität nicht starr, sondern dynamisch verstanden: als ein Prozess, offen für Vielfalt, getragen von Austausch und geformt durch Aushandlung. Sicherheit entsteht in dieser Mitte nicht durch Abschottung, sondern durch den Versuch, Vielfalt in stabile gesellschaftliche Rahmenbedingungen zu integrieren.

Die Sentinelesen handeln aus einem existenziellen Bedürfnis heraus. Ihre Abgrenzung ist kein ideologisches Statement, sondern Selbstschutz vor realer Bedrohung, vor Krankheiten oder vor Zerstörung. Rechtspopulistische Identitätspolitik speist sich aus einer gefühlten, oft konstruierten Bedrohung. Sie reagiert auf gesellschaftliche Veränderungen mit Abwehr, nutzt das Bedürfnis nach Identität zur politischen Mobilisierung und grenzt aktiv aus. Die politisch-zivilisierte Mitte sucht nach einem Gleichgewicht zwischen Offenheit und Stabilität. Sie erkennt das Bedürfnis nach Identität an, versucht es jedoch im Rahmen demokratischer Aushandlung und rechtlicher Gleichheit zu gestalten.

Trotz aller Unterschiede verbindet alle drei Modelle der Wunsch, als Gruppe bestehen zu bleiben, als Gemeinschaft eine Form zu finden, die nicht zerfällt. Ob durch Rückzug, Abgrenzung oder Verhandlung, das Ziel bleibt ähnlich: Sicherheit und Zugehörigkeit. Die pluralistische Mitte muss das Bedürfnis nach Zugehörigkeit ernst nehmen. Ignoriert sie es oder weist es zurück, verstärkt sie die Tendenzen, denen sie entgegentreten will. Sie muss Sicherheit nicht nur garantieren, sondern auch kulturell ermöglichen. Andernfalls wird der Ruf nach Zugehörigkeit von Kräften aufgegriffen, die auf Ausgrenzung und Kontrolle setzen.

8 „Was können wir wissen, was sollen wir tun, was dürfen wir hoffen?" Aufklärung unter digitalisierten Bedingungen

Dieses Kapitel behandelt die gesellschaftlichen Effekte aktueller Spannungsfelder, indem es einen Bogen von den Anfängen des Individualismus über die gegenwärtigen Krisen der Zivilgesellschaft bis hin zu möglichen Lösungen schlägt.

8.1 Die Entwicklung des Individualismus

Die Idee des Individuums als selbstbestimmtes, denkendes und moralisch verantwortliches Wesen ist ein kulturelles Produkt, das sich psychohistorisch und ideengeschichtlich im Laufe der späten Neuzeit herausgebildet hat. Die Einforderung individueller Rechte für alle entstand in Europa im 18. und 19. Jahrhundert als Reaktion auf die jahrhundertealten Strukturen einer rigiden Ständegesellschaft, die Vormacht der Kirche und die autoritäre Herrschaft absolutistischer Monarchien. In dieser Umbruchzeit, dem Zeitalter der Aufklärung, vollzog sich ein radikaler Perspektivwechsel: Der Mensch wurde nicht länger als bloßes Glied in einem göttlich legitimierten Ordnungssystem gedacht, sondern als ein autonomes Subjekt, ausgestattet mit Vernunft, Freiheit und Würde. Individualität wurde über ihren philosophisch konzipierten Entwurf hinaus zur Grundlage für ein neues Bild vom Menschen, der als ein freies, zur Selbstgestaltung befähigtes Wesen im Zentrum gesellschaftlicher Ordnungen gedacht wurde. Kant, der einflussreichste Denker der Aufklärung, forderte: „Habe den Mut, dich deines eigenen Verstandes zu bedienen!" Für ihn gründet Würde in der Fähigkeit zur Selbstbestimmung, nicht im Gehorsam gegenüber Autoritäten. Rousseau betrachtete den Menschen als ein ursprünglich dem Guten verpflichtetes Wesen, das jedoch durch die Einflüsse der ihn sozialisierenden Gesellschaft vom Guten entfremdet und dadurch für Böses empfänglich würde. Freiheit bedeute, sich selbst Gesetze zu geben und gemeinsam den „Gemeinwillen" zu formen. Fichte machte das Ich zum Ausgangspunkt aller Weltbegegnung. Nur wer sich seiner selbst bewusst sei, könne Verantwortung für sein Denken und Handeln übernehmen. Nietzsche schließlich rief zur radikalen Selbstwerdung auf. Gegen Konformität und Moralzwang setzte er die Idee vom schöpferischen Individuum: „Werde, der du bist!" Wilhelm von Humboldt sah den Staat als Hüter individueller Entfaltung. Bildung war für ihn das Werkzeug zur freien Selbstgestaltung, Grundlage liberaler Gesellschaften bis heute.

https://doi.org/10.1515/9783112233030-008

Der Individualismus findet nicht nur in der Philosophie, sondern auch in Literatur, Kunst und Musik Ausdruck. Die Aussage des Filmemachers Rainer Werner Fassbinder: „Je persönlicher man wird, desto allgemeingültiger wird es", ist in mehrfacher Hinsicht aufschlussreich, insbesondere im Hinblick auf Individualismus und modernen künstlerischen Ausdruck. Fassbinder formuliert hier ein zentrales Paradox moderner Kunst: Das Allgemeine zeigt sich im Besonderen, ein Gedanke, der schon in der mittelalterlichen Mystik, etwa bei Albertus Magnus, diskutiert worden ist *(universalia in re)*, von Hegel aufgegriffen und später von Aby Warburg und Edgar Wind expliziert wurde. Nicht durch Abstraktion oder Distanz, sondern durch die radikale Nähe zum eigenen Erleben entsteht etwas, das andere berührt, weil es als echt erfahren wird.

Gerade nach dem Zweiten Weltkrieg gewinnt die subjektive Perspektive als eine neue Form von Wahrheit an Bedeutung. Diese Wahrheit ist nicht objektiv im klassischen Sinne, aber sie ist authentisch und in ihrer Offenheit wirksam. In diesem Sinne lässt sich Fassbinders Aussage als ästhetisches wie ethisches Programm verstehen: Wer sich selbst offenlegt, schafft Räume für kollektives Erkennen. Künstlerische Individualität wird damit nicht zum Ausdruck von Egozentrik, sondern zum Akt der solidarischen Kommunikation über das Persönliche hinaus.

Der Gedanke, dass das Allgemeine sich im Besonderen zeigt, setzt eine künstlerische, konzeptuelle Form des Ausdrucks voraus. Er meint nicht, dass jede subjektive Meinungsäußerung, wie sie millionenfach in sozialen Netzwerken oder in Tagebuchform geäußert wird, automatisch allgemeingültige Bedeutung erlangt. Entscheidend ist der Akt der künstlerischen Formgebung: Erst durch Verdichtung, Reflexion, Gestaltung und Kontextualisierung kann das Persönliche eine Aussagekraft entwickeln, die über das individuelle Erleben hinausweist. Es wird dadurch möglich, allgemeine Strukturen, Konflikte und Muster sichtbar zu machen, die für viele relevant sind. In diesem Sinne entfaltet Individualismus in der Kunst eine kommunikative Wirkung, die über das Subjekt hinausreicht und gewinnt damit objektive Relevanz. In der Popmusik ist Taylor Swift ein Beispiel für eine Künstlerin, die persönliche Erfahrungen in ihren Texten verarbeitet und damit eine breite Identifikation beim Publikum auslöst. Ihr Song *Anti-Hero*, in dem sie offen über Selbstzweifel und psychische Belastungen reflektiert, wurde auf YouTube über 200 Millionen Mal aufgerufen.

I have this thing where I get older but just never wiser / Midnights become my afternoons / When my depression works the graveyard shift / All of the people I've ghosted stand there in the room.
(Ich habe diese Sache an mir – ich werde älter, aber nie wirklich weiser. Mitternächte werden zu meinen Nachmittagen. Wenn meine Depression die Nachtschicht übernimmt, stehen all die Menschen, die ich wortlos verlassen habe, plötzlich im Raum.)

Andere ihrer Lieder erreichen Klickzahlen von bis zu 3,6 Milliarden. Diese Resonanz verdeutlicht, wie individuell gefärbte Inhalte durch künstlerische Gestaltung global Massen bewegen.

In der Literatur ist das Subjekt bereits in der Romantik gegen Ende des 18. Jahrhunderts Thema. In Novalis' *Hymnen an die Nacht* steht das subjektive Gefühlserleben im Vordergrund. E.T.A. Hoffmanns *Der Sandmann* thematisiert Identitätsverwirrung und Selbstsuche. Lord Byron erfand mit dem Typus des „Byronic Hero" das Bild eines Einzelgängers, der Konventionen ablehnt. Im bürgerlichen Bildungsroman wird das Spannungsverhältnis zwischen individueller Entwicklung und gesellschaftlicher Ordnung verhandelt. Goethes *Wilhelm Meisters Lehrjahre* thematisiert die Selbstentfaltung durch Bildung. In Stendhals *Rot und Schwarz* steht das Streben eines Einzelnen im Konflikt mit starren sozialen Strukturen.

Im 20. Jahrhundert thematisiert der Existenzialismus das Verhältnis des Einzelnen zur Welt unter Bedingungen von Absurdität und Entfremdung. In Camus' *Der Fremde* erscheint der Protagonist als von der Welt distanziertes Subjekt. Kafkas *Die Verwandlung* zeigt, wie der gewöhnliche Bürger und Versicherungsangestellte Gregor Samsa zunehmend den Halt in der vermeintlich festen gesellschaftlichen Ordnung und schrittweise seine Identität verliert.

In der bildenden Kunst zeigt Caspar David Friedrichs *Der Wanderer über dem Nebelmeer* das Ich in Konfrontation mit der überwältigenden Größe und Unergründlichkeit der Natur. Edvard Munchs *Der Schrei* visualisiert existenzielle Angst. Frida Kahlos Selbstporträts thematisieren Identität im Kontext von Schmerz und Körperlichkeit. Cindy Sherman dekonstruiert Identität als soziale Konstruktion durch inszenierte Rollenbilder. Tracey Emin stellt mit Arbeiten wie *My Bed* persönliche Erfahrung aus. Das Werk besteht aus Emins ungemachtem Bett, umgeben von persönlichen Gegenständen: leeren Alkoholflaschen, Zigarettenstummeln, schmutziger Unterwäsche, gebrauchten Kondomen, Medikamentenverpackungen, Blutspuren. Es ist kein „symbolisches" Bett, sondern ein authentisches Fragment ihres Lebens in einem Moment einer psychischen Krise. Emin selbst sagte, es sei entstanden, nachdem sie vier Tage lang ihr Bett nicht verlassen hatte und sich in einem Zustand tiefster Verzweiflung befand. Durch die Ausstellung dieses intimen, „privaten" Zustands im öffentlichen Raum verwandelt sie individuelles Erleben in eine kollektive Konfrontation.

In der Musik ist das Thema des Individualismus ebenso präsent. Beethoven gilt als Beispiel eines Komponisten, der persönliche Ausdrucksformen und politische Ideale verbindet. Der Jazz formuliert individuelle Freiheit durch Improvisation; Musiker wie Charlie Parker, Miles Davis und Thelonious Monk nutzten dieses Prinzip als Mittel zur Selbstartikulation. Singer-Songwriter wie Bob Dylan, Joni

Mitchell, Nick Cave und Björk verwenden autobiografische Inhalte als künstlerische Strategie. David Bowie nutzt Rollenspiele zur Konstruktion multipler Identitäten. Kendrick Lamar verknüpft in seinen Arbeiten individuelle Selbstreflexion mit gesellschaftlicher Positionierung. In seinem Song *PRIDE* reflektiert er über persönliche Widersprüche und moralische Ambivalenzen. Die krude Zeile „I can't fake humble just 'cause your ass is insecure" (Ich kann keine Demut vortäuschen, nur weil du unsicher bist; wörtlich: weil dein Hintern unsicher ist) bringt seine innere Spannung zwischen Authentizität und der Erwartung anderer auf den Punkt.

8.2 Individualismus und gesellschaftlicher Zusammenhalt

Der Individualismus bleibt bis heute ein konstitutives Element westlicher Werte. Er beruht auf der Vorstellung, dass das Individuum mit seinen Rechten, Freiheiten und der Möglichkeit zur Selbstverwirklichung im Zentrum gesellschaftlichen Denkens und Handelns steht. Damit verbunden ist die Idee, dass persönliches Glück und individuelles Wohlergehen als zentrale Ziele menschlichen Handelns gelten. Diese Überzeugung durchzieht nahezu alle gesellschaftlichen Bereiche: von Erziehung über Arbeitsleben bis hin zu Kunst und Popkultur. Der Erfolg des Einzelnen, seine Selbstverwirklichung und sein Wohlbefinden stehen im Fokus. In Filmen, Romanen und Liedern geht es meist um persönliche Freiheit, Selbstbestimmung und das Recht, den eigenen Weg zu gehen. Doch während Individualismus zweifellos Errungenschaften wie Meinungsfreiheit, Innovation und Kreativität begünstigt, verhindert er auch oft Kooperation und gemeinsame Ziele. Heute fordern wir von den Menschen wieder ein stärkeres Engagement für die Demokratie, also für ein gemeinschaftliches Ziel, das über individuelle Interessen hinausgeht. Denn in einer Gesellschaft, die zunehmend in Meinungen, Milieus und Gruppen fragmentiert ist, gerät der gesellschaftliche Zusammenhalt immer mehr unter Druck.

In einigen asiatischen Kulturen, insbesondere in China, zählt eher das kollektive Glück. Der Einzelne ist dort stärker in ein gesellschaftliches Ganzes eingebunden, Familie, Gemeinschaft oder Nation. Während in westlichen Gesellschaften persönlicher Erfolg als Maßstab für Lebensqualität und Ansehen gilt, wird in China das Wohl der Gemeinschaft oft über individuelle Wünsche gestellt. Diese kollektivistische Denkweise kann dazu beitragen, gesellschaftlichen Zusammenhalt und Widerstandsfähigkeit besonders in Krisenzeiten zu stärken. Während in westlichen Ländern Einsamkeit und soziale Entfremdung zunehmen, sind in kollektivistischen Gesellschaften Netzwerke der Unterstützung stabiler.

Ein zu starker Kollektivismus kann jedoch Konformitätsdruck erzeugen, individuelle Kreativität hemmen und persönliche Freiheiten einschränken. Die Frage ist also nicht, welches System „besser" ist, sondern wie ein Gleichgewicht zwischen individueller Entfaltung und sozialer Verantwortung geschaffen werden kann.

Hier kommen Kunst und Geisteswissenschaften erneut ins Spiel: Sie helfen dabei, solche kulturellen Selbstverständlichkeiten zu hinterfragen. Westliche Künstler und Intellektuelle reflektieren über die Kehrseiten des ungezügelten Individualismus, während in China moderne Kunst und Philosophie den Wunsch nach mehr persönlicher Freiheit thematisieren.

Der Wandel einer Kultur beginnt manchmal mit einer neuen Erzählung, einer neuen Perspektive, die durch Kunst, Literatur, Musik oder wissenschaftliche Theorien angestoßen wird. Die Aufklärung hat das Denken der westlichen Welt auf eine neue Stufe gehoben. Eine Debatte über das Verhältnis zwischen persönlichen und gemeinsamen Zielen in Deutschland und Europa könnte uns jetzt zu einer besseren Balance führen.

Im internationalen Vergleich ist die deutsche Demokratie eine gute Demokratie, weil sie auf Institutionen, Regeln, gegenseitiger Kontrolle und Mitbestimmung beruht. Menschen können frei wählen, ihre Meinung sagen, protestieren, sich engagieren, ohne Angst vor Verfolgung. Es gibt unabhängige Gerichte, eine freie Presse und ein System, das Macht begrenzt.

Natürlich ist nicht alles perfekt, aber im Vergleich zu vielen anderen Ländern funktioniert das Zusammenleben hier ziemlich fair und friedlich, und das ist keine Selbstverständlichkeit. Unsere Demokratie sollte ein gemeinsames Ziel für uns alle als Volk sein. Wir müssen sie als etwas so Wertvolles begreifen, dass wir sie auch gemeinsam verteidigen wollen. Wenn Völker gemeinsame Ziele haben, stärkt das ihre innere Widerstandskraft gegen Angriffe.

Aber das bleibt eine leere Floskel, wenn es nicht gelingt, alle Bevölkerungsgruppen zu wirklichen Mitträgern der demokratischen Ordnung zu machen. Denn nationalistische Bewegungen greifen die Demokratie nicht direkt an, sondern untergraben sie genau hier, indem sie Teile der Gesellschaft zu Verlierern erklären. Wenn Bevölkerungsgruppen nicht dazugehören, wird der demokratische Grundsatz der Gleichheit und Teilhabe verletzt. Gesellschaftlicher Zusammenhalt bedeutet nicht unbedingt, dass wir uns emotional verbunden fühlen müssen, sondern dass die Grundlagen für ein gerechtes und stabiles Leben für alle gewährleistet sind.

8.3 Gegenwärtige Krisen und die Herausforderungen des technologischen Wandels

Im Moment erleben wir eine weltweite Verkettung mehrerer, sich gegenseitig verstärkender Spannungsfelder: Der Aufstieg autokratischer Mächte, die Erosion demokratischer Werte, territoriale Konflikte, die eskalierende Klimakrise sowie eine neue, unvorhersehbare industrielle Revolution, getrieben durch Künstliche Intelligenz. Schauplätze dieses Wandels sind die Demokratien – und Demokratien, das sind vor allem ihre Bürgerinnen und Bürger. Viele junge Menschen haben das Gefühl, dass es für sie keine Zukunft gibt. Sie sehen die immer größere Kluft zwischen Arm und Reich, die anhaltenden Kriege und die Zerstörung der Umwelt. Die Erwartungen der Menschen an Politik und Lebensstandard sind hoch. Sie wünschen sich sichere Arbeitsplätze, bezahlbaren Wohnraum und soziale Absicherung. Der Zugang zu medizinischer Versorgung und Bildung ist historisch so breit wie nie, auch wenn er ungleich verteilt bleibt. Gleichzeitig wird es für viele schwieriger, Jobs zu finden, die die Lebenshaltungskosten decken. Viele fragen sich, ob ihre Ausbildung oder ihr Studium in Zukunft noch relevant sind in einem sich wandelnden Arbeitsmarkt. Welche Fähigkeiten werden künftig gebraucht, wofür wird man bezahlt? Wirtschaftliche und geopolitische Krisen verstärken das Gefühl der Unsicherheit. Vor diesem Hintergrund stößt die Debatte um eine Wiedereinführung der Wehrpflicht eher auf Skepsis, weil sie in den Augen vieler Bürger nicht Sicherheit schafft, sondern zusätzliche Belastungen.

Die Verunsicherung bildet einen Nährboden für politische Akteure, die einfache Antworten geben. Populistische Strömungen von rechts wie links nutzen die Angst vor Ungleichheit und Krisen, um daraus Forderungen abzuleiten und Anhänger zu mobilisieren. Sie versprechen Lösungen wie nationale Abschottung oder staatliche Hilfen, die verführerisch klingen, aber nicht tragfähig sind. Die etablierten Parteien geraten unter Druck, reagieren defensiv und verlieren an Überzeugungskraft. Statt Vertrauen zurückzugewinnen, wirken sie zögerlich und gespalten.

Der Erfolg der Social-Media-Plattformen beruht auf der Zersplitterung gesellschaftlicher Diskurse. Sie verstärken diese Dynamik, indem sie ein fehlgeleitetes Versprechen von Selbstbehauptung, Gleichstellung und Meinungsfreiheit vermitteln – eine vermeintliche Freiheit, sich ohne Rücksicht auf Fakten oder Konsequenzen äußern zu dürfen, dabei entgrenzt, aggressiv oder destruktiv. Für viele „User" fühlt sich das an wie eine Befreiung von gesellschaftlichen Einschränkungen und Tabus. Man kann sagen, was man denkt, „authentisch" sein – der Mann wieder „echter Mann" – und sich politisch unkorrekt geben, Tabus brechen, unterdrückte Emotionen ausleben. Offensichtlich empfinden viele Menschen, dass sie in der realen Welt nicht sie selbst sein dürfen.

Diese Entwicklung steht im Zusammenhang mit einer wachsenden Skepsis gegenüber der Meinungsfreiheit. Laut einer Umfrage des Allensbach-Instituts haben nur 40 Prozent der Befragten in Deutschland das Gefühl, ihre Meinung frei äußern zu können. Dafür gibt es verschiedene Gründe. Einer davon ist der zunehmende Extremismus: Je stärker fundamentalistische oder radikale Strömungen in Erscheinung treten, desto mehr Menschen empfinden ein Klima der Einschüchterung. Aus Angst vor Angriffen oder Ausgrenzung ziehen sie sich zurück, nicht nur aus öffentlichen Debatten, sondern auch aus demokratischer Teilhabe.

8.4 Die Illusion der Meinungsfreiheit

Meinungsmache und Meinungsbildung waren schon immer ein Instrument der Macht. Wer die Meinung steuert, kann politischen Einfluss gewinnen, Wahlen beeinflussen und gesellschaftliche Prozesse lenken.

Das klassische Argument für Meinungsfreiheit basiert auf der Idee der freien Debatte, in der verschiedene Meinungen im offenen Austausch aufeinandertreffen. In diesem Modell gleichen sich Meinung und Gegenmeinung aus, beeinflussen sich gegenseitig und führen letztlich zu einer besseren Annäherung an Wahrheit oder Konsens. Auf Social-Media-Plattformen kann zwar jeder seine Meinung sagen, Meinungsbildung entwickelt sich dann aber asymmetrisch. Es konkurrieren nicht gleichberechtigte Stimmen, sondern wenige einflussreiche Meinungsmacher, und Plattformen dominieren die Debatten. Elon Musk zum Beispiel hat auf Twitter/X rund zweihundert Millionen Follower, während ein deutscher Politiker wie Friedrich Merz auf Social Media etwa fünfhunderttausend Menschen erreicht. Musks potenzielle Reichweite ist vierhundertmal größer ist als die von Merz.

Obwohl das Internet auf den ersten Blick mehr Meinungsvielfalt bietet als je zuvor, entscheidet letztlich die technische Sichtbarkeit über die Relevanz einer Meinung. Plattformalgorithmen bestimmen, welche Inhalte Millionen Menschen erreichen, während andere nahezu unsichtbar bleiben. Polarisierende und extreme Positionen werden überproportional verstärkt, weil sie mehr Engagement generieren. Filterblasen und Echokammern, wie der amerikanische Rechtswissenschaftler Cass Sunstein das nennt, führen dazu, dass Nutzerinnen und Nutzer fast ausschließlich Meinungen konsumieren, die ihre bestehenden Überzeugungen bestätigen. Statt einer echten Debattenkultur entsteht so eine neue Form von Meinungsmonopolen, in denen dominante Narrative bestehen bleiben, während Widerspruch kaum gehört wird.

Auch in der Vergangenheit gab es Medienformen, die Meinungsmacht besa-
ßen. Zeitungen, Radio und Fernsehen erreichten breite Bevölkerungsgruppen und
bestimmten den Diskurs. Der wesentliche Unterschied war jedoch, dass traditionelle Medien journalistischen Standards unterlagen und Redaktionsprozesse eine
gewisse Qualitätskontrolle sicherten. Heute kann jeder mit einem Account mas-
senhafte Meinungsverbreitung betreiben, ohne dass eine Kontrolle der Inhalte
erfolgt. Die Meinungsmacht ist erdrückend, da einige wenige Akteure enorme
Reichweiten besitzen. Einzelne Influencer können eine größere Reichweite haben
als etablierte Medien.

Ein weiterer entscheidender Unterschied zu heutigen Plattformen ist das
Tempo der öffentlichen Debatte. Diskussionen entwickelten sich früher über Tage
oder Wochen, nicht in Sekunden. Ein Artikel musste geschrieben, überprüft und
veröffentlicht werden. Eine Fernsehsendung wurde vorbereitet, produziert und
ausgestrahlt. Heute genügt ein Klick – eine spontane Meinung kann in Echtzeit
Millionen erreichen, ohne jegliche Kontrolle oder Reflexion. Wer es einmal ge-
schafft hat, eine große Reichweite zu bekommen, kann nahezu uneingeschränkt
sein Erzählkonstrukt verbreiten.

Vor dem Internet gab es mehr gesellschaftliche Kontrolle durch Gemeinschaften und soziale Strukturen. Identität wurde durch lokale Gemeinschaften, Religion, Familie und Kultur geformt. Regelverstöße führten zu sozialer Ächtung oder
Strafen. Abweichende Meinungen konnten sich kaum verbreiten, weil es keine
globalen Plattformen gab.

Die Anonymität digitaler Plattformen erleichtert es, Dinge zu sagen, die in der
echten Welt sozial sanktioniert würden. Soziale Medien funktionieren nicht über
Argumente, sondern über Emotionen wie Angst, Wut, Zugehörigkeit. Informationen, die affektiv aufgeladen sind, werden bevorzugt rezipiert und weitergegeben.
Dieses Prinzip ist nicht neu. Aristoteles betonte in seinem antiken Fachbuch *Rhetorik* die Macht der Pathos-Strategie (emotionale Überzeugung). Neu ist jedoch die
algorithmische Verstärkung dieser Effekte. Viele fühlen sich in der realen Welt
eingeschränkt, weil gesellschaftliche Normen zunehmend sensibler werden (z.B.
durch Wokeness, politische Korrektheit, Cancel Culture). Soziale Medien bieten
einen „Freiraum", in dem sich Menschen radikaler, ehrlicher oder auch provo-
kanter geben können. Manche nutzen das für echte Befreiung (Selbstausdruck,
Identitätsfindung), andere für Destruktivität (Hass, Manipulation, Trolling, Fake
News). In der realen Welt riskiert man soziale Ausgrenzung oder berufliche Konsequenzen für kontroverse Meinungen. Auf Social Media kann man sich anonym
oder mit Fake-Profilen äußern – ohne große persönliche Risiken. Dies ermöglicht
eine „Befreiung" von sozialen Konsequenzen, führt aber auch zur Enthemmung
und Eskalation. Plattformen belohnen provokante, polarisierende und wütende

Inhalte, weil sie mehr Interaktionen auslösen. Menschen lernen, dass sie auf Social Media überspitzt, dramatisch oder radikal reden müssen, um gesehen zu werden. Wer auf Social Media unterwegs ist, gehört meist zu einer bestimmten digitalen Community (z.B. politisch rechts/links, Feminismus, Gaming, Verschwörungstheoretiker, Subkulturen). In einer rechten Telegram-Gruppe ist es „normal", über Migration in extremen Worten zu sprechen. In feministischen Twitter-Bubbles ist es „normal", extrem gegen das Patriarchat zu argumentieren. Menschen bewegen sich in digitalen Räumen, in denen sie freier sprechen können als in der echten Welt.

Die Herausforderung der Zukunft ist es, die positive Kraft dieser digitalen „Befreiung" zu nutzen, ohne die Gesellschaft durch algorithmusgesteuerte Extreme weiter zu spalten. Argumente haben es schwer, wenn Fakten ihre Bedeutung verlieren und Wahrheit zur Ansichtssache wird. Denn Macht liegt nicht mehr bei traditionellen Institutionen.

8.5 Dystopie

Colin Crouch, ein britischer Soziologe und Politikwissenschaftler, entwickelte 2003 in seinem Buch *Post-Democracy* die These, dass Wahlen zum Spektakel verkommen, während die Macht bei Lobbygruppen liegt. Crouch konnte den Aufstieg der Tech-Oligarchen nicht vorhersehen und noch nicht wissen, wie sie mit Algorithmen Meinungen beeinflussen und die Realität kuratieren – alles im scheinbar harmlosen Gewand personalisierter Inhalte –, doch er benannte das Problem: Die Utopie der vernetzten Welt droht so zur Dystopie der manipulierten Meinung zu werden, in der die Illusion demokratischer Teilhabe perfektioniert wird, während die eigentlichen Entscheidungen in den undurchsichtigen Sphären der digitalen Machtzentren fallen.

Wenn wir die aktuelle Entwicklung von sozialen Medien weiterdenken, könnte sich die öffentliche Meinung in den nächsten zwanzig Jahren anders entwickeln, als wir es uns derzeit vorstellen können. Es entsteht eine Totalfragmentierung der Wahrheit: Jeder lebt in seiner eigenen Realität. Durch algorithmische Bubbles wird dieser Effekt radikal verstärkt. Jeder Nutzer erhält eine personalisierte Realität mit unzähligen konkurrierenden Wahrheiten. Gesellschaftliche Debatten werden unmöglich, weil jede Gruppe in ihrer eigenen isolierten Realität lebt. Eine Art „Wahrheitsanarchie" entsteht, in der es keine geteilte gesellschaftliche Realität mehr gibt, sondern unzählige parallele Wirklichkeiten, die unversöhnlich aufeinanderprallen. Politische Gegner werden nicht mehr als Menschen mit anderen Meinungen wahrgenommen, sondern als Feinde, die bekämpft werden müssen. Extreme Parteien und Bewegungen haben einen natürlichen Vorteil,

weil sie mit einfachen, emotionalen Botschaften arbeiten, die sich viral verbreiten. Moderate Stimmen verschwinden, weil sie im Algorithmus untergehen oder
keinen Anreiz bieten, geklickt zu werden.

In zwanzig Jahren könnte sich die öffentliche Meinung in einer permanenten
Spirale radikalisieren. Wenn jede Gruppe in einer eigenen, algorithmisch ver-
stärkten Realität von Konflikt, Mobilisierung und Feindbild lebt, verliert das demokratische System seine Grundlage: den gemeinsamen Diskurs, auf dem politische Entscheidungen basieren. In zwanzig Jahren könnte das dazu führen, dass
die klassische Demokratie durch algorithmisch gesteuerte Massenmanipulation
ersetzt wird – Politik würde dann nicht mehr durch Wahlen, sondern durch die
erfolgreichste digitale Erregungskampagne entschieden.

Wenn sich die Macht der Meinungsbildung immer weiter in die Hände von
Algorithmen und Plattformbetreibern verlagert, entsteht eine neue Form von
digitaler Diktatur – gesteuert nicht durch Staaten, sondern durch technologische
Unternehmen und Künstliche Intelligenz. Regierungen könnten nicht mehr die
Kontrolle über den öffentlichen Diskurs behalten, stattdessen übernehmen private Tech-Konzerne diese Funktion. Wer den Algorithmus kontrolliert, kontrolliert die Weltanschauung der Massen.

Die algorithmische Meinungssteuerung könnte die deutsche Wirtschaft massiv schwächen. Produktivität sinkt durch digitale Ablenkung, Innovation leidet
unter Polarisierung und Misstrauen. Investoren und Fachkräfte könnten das Land
meiden, während gezielte Desinformation von außen die Stabilität gefährdet.
Soziale Spaltung und politische Radikalisierung könnten Unruhen und wirtschaftliche Unsicherheit verstärken. Ohne Regulierung, Medienkompetenz und digitale
Schutzmaßnahmen droht ein wirtschaftlicher Abstieg mit sinkender Wettbe-
werbsfähigkeit und wachsender Instabilität.

Ein Bundesministerium für digitale Kommunikation und soziale Medien ist
notwendig, weil öffentliche Debatten, Kultur und Demokratie zunehmend von
digitalen Plattformen bestimmt werden. Ohne strategische, reichweitenstarke
Medienkampagnen verlieren gesellschaftlich relevante Themen an Sichtbarkeit,
während Desinformation und populistische Narrative ungehindert wachsen. Ein
solches Ministerium würde sicherstellen, dass staatliche Kommunikation, Kulturförderung und demokratische Werte im digitalen Raum gezielt und professionell
vermittelt werden – unabhängig von privatwirtschaftlichen oder politischen Interessen. Letztlich liegt der Schlüssel darin, die Mechanismen sozialer Medien nicht
nur für politische Empörung, sondern auch für kulturelle und künstlerische Themen nutzbar zu machen.

8.6 Silicon Valley für Kultur

In ganz Europa werden derzeit ambitionierte Pläne verfolgt, technologische Innovationszentren nach dem Vorbild des Silicon Valley zu etablieren. Frankreichs Präsident Emmanuel Macron will mit Milliardeninvestitionen in Künstliche Intelligenz, in Rechenzentren und in Halbleiterproduktion Europa als führenden Tech-Standort stärken. Auch Deutschland baut seine technologische Infrastruktur konsequent mit dynamischen Start-up-Ökosystemen in Berlin, mit FinTech-Förderung in Frankfurt und einer wachsenden Vernetzung zwischen Forschung und Industrie aus.

Emmanuel Macron erinnert jedoch daran, dass technologischer Fortschritt allein nicht genügt. Er fordert, europäische Werte wie Transparenz, Nachhaltigkeit und demokratische Verantwortung in die digitale Zukunft zu integrieren und betont die Bedeutung kultureller Innovationen.

Daraus ergibt sich ein weiterführender Gedanke: Wenn Europa ernsthaft um technologische Souveränität ringt, sollte es auch ein entsprechendes Gegengewicht schaffen, eine Art Silicon Valley für Kunst und Kultur. Ein Raum, der nicht nur technologische, sondern auch kulturelle Kraft freisetzt. Denn wer die Zukunft gestalten will, muss sie nicht nur bauen, sondern auch erzählen, deuten und kritisieren können und die Fähigkeit zur Imagination zur wichtigsten Ressource erklären. Deshalb ist die Idee eines „Silicon Valley für Kunst und Kultur" alles andere als realitätsfern – sie ist überfällig.

Während China und die USA auf technologische Vorherrschaft setzen, könnte Europa bewusst eine doppelte Strategie verfolgen, die technologische Souveränität mit kultureller Innovationskraft verbindet. Ein „Silicon Valley der Vorstellungskraft" – ein Netzwerk aus Ateliers, Denkfabriken, digitalen Labors und öffentlichen Foren – in dem Kunst, Philosophie, Wissenschaft, Design und soziale Praxis zusammenkommen, um gemeinsam zu entwerfen, wie das Menschsein im 21. Jahrhundert aussehen könnte.

Zentral wäre dabei, Technologie kreativ und interdisziplinär zu denken – nicht als bloßen Treiber für Disruption, Marktbeherrschung oder Gewinnmaximierung, sondern als gestaltende Kraft im Dienst des Gemeinwohls. Kreativität muss aus der engen Logik von Markt und Macht befreit und in einen breiteren ethischen Rahmen eingebettet werden. Dazu müssen Technik, Kunst und soziale Verantwortung bewusst miteinander verschaltet werden. Moral und Ethik müssen nicht den Fortschritt verhindern, sondern helfen, ihn menschenorientiert zu gestalten, und zwar ausgerichtet auf das Zusammenleben und angepasst an die Herausforderungen der Zeit. Ethik und Moral sind in Bewegung, wie der Fortschritt selbst. Geisteswissenschaftler müssen mitdenken, was sich verändert, und immer wieder neu entscheiden, was zählt. Sonst drohen Ethik und Moral zur bloßen Tradition zu erstarren, oder, wie Nietzsche es formuliert, zur „Moral-Tarantel" zu werden: einer lähmenden Moral, die aus Angst und Ressentiment heraus urteilt und Entwicklung hemmt.

Was in vielen Kulturen über Jahrhunderte als moralisch akzeptiert oder selbstverständlich galt, wird heute als Unrecht erkannt, wie zum Beispiel die Sklaverei. Heute stellen sich neue ethische Fragen: Was bedeutet Verantwortung im Zeitalter der Künstlichen Intelligenz? Was tun Unternehmen mit Milliarden von Nutzerdaten? Wie lässt sich Freiheit denken, wenn jede Bewegung digital erfasst wird?

Die Grundprinzipien – Verantwortung, Gerechtigkeit, Freiheit, Würde – bleiben dieselben. Doch die Kontexte, auf die sie angewendet werden, ändern sich. Deshalb braucht es eine Ethik, die nicht zurückschaut, sondern in die Gegenwart und Zukunft wirkt und gestaltungsfähig bleibt.

Derzeit erleben wir jedoch einen Fortschritt, der stark egozentrisch organisiert ist und den Interessen Weniger nützt. Diese Wenigen akkumulieren Macht in einem Ausmaß, wie es in der Geschichte nie zuvor möglich war. Gleichzeitig werden die Vielen zu Datenproduzenten degradiert, ihre Aufmerksamkeit, ihr Verhalten und ihre Interaktionen in eine Ressource verwandelt, die den Wenigen einen sagenhaften Reichtum verschafft. Eine solche Machtkonzentration kann nicht Fortschritt genannt werden. Was auf technologischer Ebene als Sprung gefeiert wird, ist auf gesellschaftlicher Ebene ein Rückschritt – zurück in Machtverhältnisse, die an feudale Strukturen erinnern: zentralisiert, asymmetrisch, undemokratisch.

Deshalb muss ein Silicon Valley der Kultur nicht nur die Macht der Plattformen regulieren, sondern eine kulturelle und technologische Konkurrenz aufbauen. So verstanden, wäre es nicht nur ein Symbol für Europas kulturelle Kraft, sondern auch ein strategisches Projekt zur Stärkung öffentlicher Debattenräume, zur Förderung künstlerischer Intelligenz und zur Rückgewinnung von Gestaltungsmacht.

8.7 Das Fundament der Freiheit: Warum es nicht ohne Institutionen und Kultur geht

Damit der Wille und die Kraft zur Verteidigung demokratischer Werte entstehen können, bedarf es sozialer Strukturen. Hoffnung und Perspektiven entstehen nicht aus reiner Motivation, sondern aus realen Möglichkeiten, die durch Bildung, Gesundheitsversorgung und soziale Absicherung geschaffen werden. Gesundheitsversorgung sichert nicht nur körperliches und mentales Wohlbefinden, sondern gibt Menschen die Kraft, aktiv zu werden, anstatt durch Krankheit oder

Existenzängste gelähmt zu sein. Soziale Sicherheit schützt vor Abstiegsängsten und gibt den notwendigen Rückhalt, um sich gesellschaftlich zu engagieren. Bildungssysteme und öffentliche Infrastruktur ermöglichen gleiche Chancen und fördern eine informierte, handlungsfähige Gesellschaft. Institutionen wie Polizei, Nahverkehr oder Bürgerämter sind keine abstrakten Verwaltungsapparate, sondern elementare Bausteine, die den Alltag organisieren und Stabilität schaffen. Diese Strukturen sind oft unsichtbar, solange sie reibungslos funktionieren, doch sie sind das Rückgrat eines solidarischen Miteinanders.

8.8 Kulturelle Infrastruktur

Jede Gesellschaft besitzt eine kulturelle Infrastruktur aus Werten, Normen und Denkmustern, die festlegen, was als selbstverständlich, wünschenswert oder moralisch richtig gilt. In westlichen Industriegesellschaften wird beispielsweise oft angenommen, dass Wirtschaft und Technologie ständig wachsen müssen und dass Stillstand Rückschritt bedeutet. Erfolg und Glück werden häufig mit materiellem Wohlstand gleichgesetzt. Wettbewerb gilt als gut, was Kooperation oft ausschließt.

In traditionellen Stammesgesellschaften ist Eigentum weniger wichtig. Viele Dinge werden geteilt und sind nicht Besitz von Einzelnen. Auch in modernen asiatischen Gesellschaften dient das Gemeinwohl oft als Leitprinzip für Entscheidungen. Harmonie wird höher bewertet als Individualität, wobei das Ansprechen von Konflikten als unhöflich gilt. Leistung und Disziplin haben dort oberste Priorität. In religiösen Gesellschaften steht der Glaube über der Wissenschaft; religiöse Werte sind wichtiger als rein rationale Argumente.

Das Besondere an diesen kulturellen Matrizen ist, dass die meisten Menschen sie nicht hinterfragen, sondern als universelle Wahrheit ansehen. Erst durch die Auseinandersetzung mit anderen Kulturen erkennen sie, dass vieles, was ihr Leben bis dahin geleitet hat, nicht selbstverständlich ist. Während die kulturelle Matrix oft unhinterfragt bleibt, sind Kunst und Geisteswissenschaften Kommunikationswege und Werkzeuge, um sie sichtbar zu machen und kritisch zu reflektieren. Zur Zeit der Aufklärung stellten Denker wie Voltaire und Kant religiöse und absolutistische Dogmen infrage und veränderten die westliche Kultur grundlegend. Feministische Theorie zeigt auf, dass viele vermeintlich „natürliche" Geschlechterrollen kulturell geformt sind. Punk-Musik rebelliert gegen die Normen der Konsumgesellschaft und hinterfragt bestehende Werte. Moderne Kunstrichtungen wie Dadaismus oder Surrealismus brechen bewusst mit der traditionellen Ästhetik, um die Normen der Gesellschaft infrage zu stellen.

An Traditionen und Werten festzuhalten ist selbstverständlich nicht grundsätzlich falsch, solange es nicht aus machtpolitischen Gründen Einzelner geschieht. In einem solchen Fall hält Zensur die Menschen in einem Zustand der Unterentwicklung gefangen, während sich eine offene Gesellschaft ständig verändert. Ein freier Zugang zu Bildung, Wissen und Kultur sind dafür die Voraussetzung.

In unserer Geschichte waren es die Geisteswissenschaften, wie Philosophie, Literaturwissenschaft, Geschichtswissenschaft, Kunstgeschichte oder Theologie, die Identität, Werte und Weltbilder analysierten und neu definierten. Und es waren Künstlerinnen und Künstler, die auf dem Gebiet der Literatur, der Musik, der Malerei oder des Theaters kulturelle Veränderungen und gesellschaftliche Entwicklungen anstießen. Die bürgerlichen Revolutionen, sowohl die Französische Revolution von 1789 als auch die Revolutionen von 1848, wurden nicht nur mit Waffen, sondern auch mit Worten geführt. Jean-Jacques Rousseau beeinflusste mit seiner Idee der Volkssouveränität das Denken der Französischen Revolution, und Karl Marx, dessen Kommunistisches Manifest 1848 erschien und den sozialen Wandel radikalisierte, bot dem gesellschaftlichen Antrieb dieser Umbrüche die Möglichkeit der theoretischen Artikulation. Auch Romane, Zeitungen und politische Schriften spielten eine zentrale Rolle, indem sie neue gesellschaftliche Modelle entwarfen und Ideen von Freiheit, Gleichheit, Demokratie und nationaler Selbstbestimmung verbreiteten.

9 Die Notwendigkeit einer radikalen Transformation: Wie unser Bildungssystem Kreativität fördern muss

Dieses Kapitel argumentiert für eine grundlegende Reform unseres Bildungssystems, um die Entfaltung von Kreativität von frühester Kindheit an zu fördern. Es werden die Defizite des aktuellen staatlichen Systems in Bezug auf die Kreativitätsentwicklung aufgezeigt und innovative Ansätze sowie konkrete Maßnahmen für eine Bildung präsentiert, die die individuellen schöpferischen Potenziale erkennt, wertschätzt und gezielt kultiviert.

9.1 Warum unser Bildungssystem Kreativität braucht

Seit der industriellen Revolution ist unser Bildungssystem vor allem auf Mathematik, Naturwissenschaften und wirtschaftlich verwertbare Fähigkeiten ausgerichtet. Es fördert in erster Linie das logische und regelbasierte Denken, während kreative Fächer eine untergeordnete Rolle spielen. Das staatliche Bildungssystem ist entsprechend darauf ausgerichtet, einen bestimmten, stringenten, logischen Lebensweg vorzuzeichnen. Eltern drängen ihre Kinder in Berufe, die wirtschaftliche Sicherheit versprechen. Kunst- und Kulturberufe erscheinen ihnen als riskant, vielleicht weil sie selbst einmal den Wunsch hatten, Musikerinnen und Musiker oder Künstlerinnen und Künstler zu werden, diesen Traum jedoch zugunsten einer Bankkarriere oder eines anderen vermeintlich sicheren Berufs aufgegeben haben. Mut, Fantasie, Innovation wirken in der Wahrnehmung der Mehrheit abstrakt, während Eltern klassischen Industrien, wie Autoherstellern oder Berufen in der Finanzwelt, emotional näherstehen. Sie verkörpern das Vertraute, und vor allem: den sicheren Arbeitsplatz. Doch diese Sicherheit ist längst Illusion. Die Transformation von Industrie, Energie und Mobilität ist in vollem Gange. Viele der Jobs, an denen noch immer festgehalten wird, werden in ihrer heutigen Form wohl nicht überleben.

Statt ihre Kinder zu ermutigen, einen eigenen Weg zu gehen, geben Eltern ihre eigenen Ängste und gescheiterten Träume weiter. Die Entwicklung der Technologie zeigt uns, dass wir unsere Vorstellungen von Sicherheit und unser Bildungssystem anpassen müssen. Denn wir wissen nicht, was „sicher" ist oder wie die Zukunft aussieht, nicht in zwanzig, nicht einmal in fünf Jahren. Haben wir dann noch Arbeit? Diskutieren KIs in politischen Debatten mit oder schlagen sie vielleicht schon Gesetze vor? Werden unsere Kinder von Künstlicher Intelligenz mit

https://doi.org/10.1515/9783112233030-009

einem „personalisierten Lernsystem" unterrichtet, also nicht mehr als ganze Klasse mit einem landeseinheitlich organisierten Lehrplan, sondern jeder Schüler individuell nach seinen Begabungen, Schwächen, Interessen und seinem Lerntempo? Was bedeutet es für unser Zusammenleben, wenn emotionale Bindungen zunehmend an Maschinen statt an Menschen geknüpft werden? Unsere Lebenswege und unser Weltbild werden jedenfalls nicht mehr von alten Gewissheiten geleitet sein. Wir wachen gerade auf in dieser neuen Zeit. Kreativität aber, so viel dürfte noch sicher sein, ist eine Konstante, die uns wesentlich von intelligenten Maschinen unterscheidet. Jede KI weiß jetzt schon mehr als der klügste Mensch. Aber wir wissen nicht, wie wir unsere ureigene kreative Kraft besser nutzen und fördern können.

9.2 Förderung von Kreativität als Schlüsselkompetenz für die Zukunft

Wenn Maschinen zunehmend kognitive und manuelle Aufgaben übernehmen, wird menschliche Kreativität zu einer Schlüsselkompetenz der Zukunft. Unser Bildungssystem ist jedoch immer noch auf mathematisches Denken oder logisches Problemlösen ausgerichtet – was Computer heute schon effizienter und präziser leisten können als Menschen. Schach ist ein gutes Beispiel dafür. Es basiert auf festen Regeln. Jeder Zug ist logisch, berechenbar und folgt bestimmten Mustern. Taktik und Strategie lassen sich mathematisch analysieren. In diesem System haben Programme wie *Stockfish* oder *Leela Zero* ein Spielniveau erreicht, das Menschen nicht mehr einholen können. Für Fans von Magnus Carlsen, dem fünfmaligen Weltmeister, ist es ernüchternd, dass Menschen im Schach jetzt immer nur auf dem zweiten Platz stehen werden. Eine Schachweltmeisterschaft bringt keinen echten Champion mehr hervor, es sei denn, man begnügt sich mit dem Titel „Bester unter den Menschen". Der Mensch ist in dieser Disziplin geschlagen.

Wo Regelhaftigkeit dominiert, wird Künstliche Intelligenz den Menschen überlegen sein. Was aber nicht automatisiert werden kann, ist Kreativität, die Fähigkeit, etwas Neues zu denken, das außerhalb bekannter Muster liegt. Menschliche Kreativität zeigt sich darin, Lösungen zu finden, wo keine Methode vorliegt, wo Logik nicht weiterhilft. Kreatives Denken kann irrational wirken und geht Risiken ein. Es kann wie ein Traum beginnen, wie ein zielloses Sprechen ohne Richtung, aus dem sich eine Form, ein Bild, eine Idee herauslöst. Dieses Denken folgt keinem Algorithmus. Es ist nicht determiniert. Es kann eine Laune sein, ein Gefühl, ein Bedürfnis, eine Sehnsucht, unregelmäßig, brüchig, sprunghaft – und darin produktiv. Computer und künstliche Intelligenz können das bisher nicht leisten. Sie analysieren Bestehendes, berechnen Wahrscheinlichkeiten, erkennen

Muster. Aber sie träumen nicht. Sie stottern nicht ins Neue hinein. Sie schaffen keine Bedeutung aus dem Nichts, sondern variieren Bekanntes – zumindest im Moment noch.

Die Entwicklung von Künstlicher Intelligenz war eine kreative Leistung des Menschen, weil sie nicht durch reines Nachahmen oder Anwenden von Regeln entstand. Sie erforderte die Fähigkeit, abstrakt zu denken, Unbekanntes zu entwerfen, Probleme zu antizipieren, für die es keine Vorbilder gab. Niemand wusste vorher genau, wie maschinelles Lernen funktionieren würde oder welche Systeme entstehen könnten. Menschen mussten neue Denkweisen entwickeln, bestehende Grenzen infrage stellen, sich von gewohnten Konzepten lösen. Die Idee, Maschinen das Lernen beizubringen, ist kein technisches Detail, sondern ein gedanklicher Sprung.

KI ist also nicht nur ein technisches Produkt, sie ist das Ergebnis menschlicher Vorstellungskraft, Experimentierfreude und der Fähigkeit, sich etwas auszudenken, das jenseits des Bekannten liegt.

Wir lernen gerade, nicht in Konkurrenz zu unserer Erfindung zu denken, sondern die Angst vor ihrer Überlegenheit abzulegen und das neue Potenzial zu nutzen. Statt im Wettbewerb zu stehen, beginnen wir, mit dieser neuen Form von Intelligenz zu kooperieren. Wenn wir ihre Möglichkeiten kreativ und verantwortungsvoll zum Wohle der Menschheit nutzen, kann sie unser Leben in vielen Bereichen verbessern: in Medizin, Bildung, Umweltschutz, Kommunikation und darüber hinaus. Der Schlüssel liegt darin, kreative Gestaltung zu übernehmen, ohne die Kontrolle abzugeben. Die Förderung unserer Kreativität ist deshalb eine Investition in unsere eigene Zukunftsfähigkeit.

Das gegenwärtige Bildungssystem ist historisch in der Logik der industriellen Gesellschaft verankert und entspricht zunehmend nicht mehr den Anforderungen einer digitaltechnologisch ausgerichteten Zukunft. Vor dem Hintergrund des gesellschaftlichen Wandels durch Automatisierung und Künstliche Intelligenz gewinnt künstlerisches und kulturelles Denken eine neue Relevanz: Es fördert nicht nur Kreativität, sondern auch Problemlösungskompetenz, Innovationsfähigkeit und soziale Orientierung. Kunst und Kultur fungieren dabei als reflexive Räume, in denen gesellschaftliche Entwicklungen kritisch betrachtet und aktiv mitgestaltet werden können. Künstlerisches Denken – verstanden als die Fähigkeit, neue Perspektiven zu finden und verschiedene Sichtweisen zu kombinieren, Unsicherheit produktiv zu nutzen und mutig zu experimentieren – wird zunehmend zu einer Schlüsselkompetenz in Bildung, Arbeitswelt und gesellschaftlicher Entwicklung. Daher sollten künstlerische Fächer gleichrangig mit naturwissenschaftlichen Disziplinen in der schulischen Bildung verankert werden, nicht als Zusatz, sondern als integraler Bestandteil einer zukunftsorientierten Allgemeinbildung.

Vielleicht gibt es jedoch derzeit in Deutschland zu wenige Menschen, die auf diese Weise künstlerisch denken können. Das könnte an der mangelnden Förderung solcher kreativen Fähigkeiten von klein auf liegen, angefangen in der Schule. Während in anderen Ländern, wie beispielsweise in Indien, die Förderung von Talenten in bestimmten Bereichen wie Schach früh beginnt, wird kreatives Denken in Deutschland oft vernachlässigt. In Indien wird Schach seit Jahren intensiv gefördert, sowohl durch staatliche Programme als auch durch private Initiativen. Diese gezielte Unterstützung hat dazu geführt, dass das Land in den letzten Jahren eine beeindruckende Anzahl von Schachgroßmeistern hervorgebracht hat. Keine andere Nation bringt derzeit mehr junge Schachtalente hervor als Indien. Dieser Erfolg zeigt, dass gezielte Förderung und Bildung langfristig Früchte tragen und ein Land auf globaler Ebene erfolgreich machen können.

Wenn wir kreative Fähigkeiten genauso fördern würden wie analytisches Denken, könnten wir nicht nur in den Künsten, sondern auch in vielen anderen Bereichen Innovationen vorantreiben. Man möchte rufen: Deutschland braucht mehr Menschen, die künstlerisch denken, um neue Wege zu finden, die neuen Möglichkeiten kreativ für die Menschheit zu nutzen.

9.3 Historischer Kontext der Bildungspolitik und neue Herausforderungen

Wie bekannt, begann die industrielle Revolution im späten 18. Jahrhundert und erstreckte sich bis ins 19. Jahrhundert. Sie bewirkte eine Umstrukturierung der zuvor weitgehend agrarischen Wirtschaft und Gesellschaft hin zu einer industriellen und urbanen Ordnung. Mit der Entstehung von Fabriken und der Ausbreitung von Städten entstand ein Bedarf an Arbeitskräften, die in der Lage waren, in einer neuen, maschinellen Arbeitswelt zu bestehen.

Das Bildungssystem wurde konzipiert, um die Bevölkerung auf diese neuen Anforderungen vorzubereiten. Es zielte darauf ab, grundlegende Fähigkeiten zu vermitteln, die in der Industrie benötigt wurden: Lesen, Schreiben, Rechnen und Disziplin. Das Ziel war es, systematisch arbeitende und gehorsame Arbeitskräfte hervorzubringen, die in den Fabriken effizient eingesetzt werden konnten. Das damalige Schulsystem war grundsätzlich hierarchisch strukturiert, mit starren Lehrplänen und Unterrichtsmethoden, die wenig Raum für kreatives oder kritisches Denken ließen. Es orientierte sich stark an der Struktur von Fabriken: Disziplin, Zeitmanagement und Wiederholung waren zentrale Prinzipien. Schüler sollten sich daran gewöhnen, festen Zeitplänen zu folgen und sich den Anforderungen des industriellen Arbeitsalltags anzupassen.

Obwohl sich die Gesellschaft seit der industriellen Revolution stark verändert hat, sind viele Elemente des damaligen Bildungssystems bis heute bestehen geblieben. Die Fokussierung auf standardisierte Prüfungen, einheitliche Lehrpläne und die Vorbereitung auf bestimmte Berufswege spiegeln die Ursprünge des Bildungssystems wider. Allerdings steht dieses System in der modernen, zunehmend technisierten Welt immer wieder in der Kritik.

Um den Herausforderungen des technologischen Zeitalters gerecht zu werden, muss sich das Bildungssystem auf die Förderung von Fähigkeiten konzentrieren, die in einer digitalen und vernetzten Welt entscheidend sind. Die erfolgreichen Menschen von heute sind diejenigen, die Technologie und Kreativität miteinander verbinden.

Das Bildungssystem muss Kreativität und Problemlösungsfähigkeit fördern. Standardisierte Prüfungen und reine Wissensreproduktion reichen nicht aus. Schüler müssen lernen, eigene Lösungsansätze zu entwickeln, um technologische und gesellschaftliche Herausforderungen zu bewältigen.

Kreatives und interdisziplinäres Lernen ist notwendig, denn in einer vernetzten Welt sind Verbindungen zwischen Disziplinen entscheidend. Das Bildungssystem muss zeigen, wie Mathematik, Naturwissenschaften, Kunst, Technologie und Gesellschaft zusammenhängen. Projektbasiertes Lernen kann diese Verbindungen sichtbar machen.

Ebenso notwendig ist technologische Kompetenz: Programmierkenntnisse, Datenanalyse und der Umgang mit digitalen Werkzeugen müssen Teil des Lehrplans sein. Diese Fähigkeiten werden in technischen Berufen gebraucht, aber auch in kreativen Arbeitsfeldern. Digitale Werkzeuge ermöglichen neue Ausdrucksformen und neue Arbeitsweisen.

Kritisches Denken und Medienkompetenz müssen stärker geschult werden. Schüler müssen lernen, Informationen zu prüfen, zu bewerten und einzuordnen. Das Bildungssystem muss auf diese Realität vorbereiten. Medienkompetenz ist kein Zusatz, sondern ein fester Bestandteil von Bildung.

Emotionale Intelligenz und soziale Kompetenz müssen vermittelt werden. Automatisierung und Künstliche Intelligenz verändern viele Arbeitsbereiche, aber menschliche Fähigkeiten wie Zusammenarbeit, Kommunikation und Empathie bleiben zentral. Das Bildungssystem muss diese Fähigkeiten systematisch fördern.

Lebenslanges Lernen ist notwendig. Die Welt verändert sich und die Menschen müssen lernen, sich anzupassen. Bildung muss vermitteln, wie man eigenständig neues Wissen erschließt. Das Bildungssystem muss Grundlagen für diese Fähigkeit legen.

Bildungspolitik muss auf breiter gesellschaftlicher Ebene so gestaltet sein, dass sie möglichst inklusiv, chancengerecht und zukunftsorientiert ist. Nur wenn zentrale Institutionen wie das Bildungssystem verlässlich funktionieren und allen Menschen unabhängig von Herkunft, sozialem Status oder individuellen Voraussetzungen faire Möglichkeiten bieten, können sich Menschen auf größere gesellschaftliche Herausforderungen konzentrieren – anstatt in permanenter Unsicherheit über ihre eigene Lebensrealität gefangen zu sein.

Der weltweite Rechtsruck hat unter anderem hier seine Wurzeln: in der wachsenden Kluft zwischen akademischen Eliten und breiten Teilen der Bevölkerung. Viele Menschen erleben eine zunehmende Entfremdung von politischen Entscheidungsträgern, die sie als „abgehoben" oder realitätsfern empfinden. Politische und wirtschaftliche Entscheidungen, oft getroffen von Universitätsabsolventen und Technokraten, wirken auf sie überheblich und losgelöst von ihrem Alltag. Während akademisch Gebildete oft von Globalisierung und Digitalisierung profitieren, fühlen sich viele Menschen mit mittleren oder geringeren Bildungsabschlüssen abgehängt und sozial unsicher. Diese Unzufriedenheit, verstärkt durch digitale Medien als Mobilisierungsplattformen und die anhaltenden gesellschaftlichen Krisen, schafft ein Umfeld, in dem Rechtspopulisten Erfolg haben. Ob dieser Trend langfristig anhält, wann und wie er sich umkehren lässt, hängt davon ab, ob die etablierten Parteien es schaffen, verlorenes Vertrauen wiederzugewinnen. Eine Politik, die vor allem nur auf Wachstum setzt, ohne soziale Sicherheit und Chancengleichheit zu gewährleisten, wird keinen Erfolg haben.

9.4 Bildung und Kultur

Diesen mächtigen gesellschaftlichen und politischen Entwicklungen – national wie global – mit einer stärkeren Förderung von Kultur begegnen zu wollen, mag auf den ersten Blick wie eine Miniaturposition wirken, wie Eskapismus. In der Politik zählen Machtkalkül, strategische Interessen und vermeintlich „harte Fakten". Emotionen und kulturelle Fragen gelten dabei als nachrangig – als weich, subjektiv, schwer messbar. Doch gerade Kultur – verstanden als kollektives Wertebewusstsein, Erzählung und Ausdrucksform einer Gesellschaft – wirkt auf lange Sicht tiefer und nachhaltiger als jede politische Entscheidung.

Denn Kultur ist, was Menschen als legitim, wünschenswert oder selbstverständlich empfinden. Sie schafft den emotionalen und symbolischen Rahmen, in dem politische Macht überhaupt wirksam wird. Es braucht ein gemeinsames Vorstellungsbild, in dem diese Macht als legitim empfunden wird. Damit sich Menschen bewusst für die Demokratie entscheiden und bereit sind, sie zu verteidigen, muss sie mehr sein als ein abstraktes System. Demokratie muss inklusiv sein. Alle Menschen sollen sich gehört, gesehen und gemeint fühlen. Sie muss zu verstehen sein, mit Prinzipien und Prozessen, die nachvollziehbar und zugänglich sind. Sie muss erlebbar sein, als konkrete Realität im Alltag und nicht nur als abstrakter Verfassungstext. Darüber hinaus muss sie gerecht wirken, nicht nur in ihrer Theorie, sondern in der tatsächlichen Lebenswirklichkeit. Und schließlich muss sie emotional verbinden: durch gemeinsame Werte, geteilte Geschichten.

Wer kulturelle Deutungsmuster steuert, beeinflusst langfristig auch politische Mehrheiten und damit Machtverhältnisse. Doch gerade darin liegt das Problem: Bildung und Kultur wurden in Deutschland jahrzehntelang nicht ausreichend gefördert. Nach Ansicht des Ökonomen Ludger Wößmann von der Ludwig-Maximilians-Universität München, Leiter des Ifo-Zentrums für Bildungsökonomik, ist der Einfluss des Elternhauses auf die Bildungschancen enorm. Er betont, dass sich an dieser Ungleichheit in den vergangenen vierzig Jahren kaum etwas geändert habe. Deutschland gehört im internationalen Vergleich weiterhin zu den Ländern mit der größten Bildungsungleichheit (vgl. Hanushek & Wößmann 2011).

Warum wird Bildung und Kultur nicht oberste Priorität eingeräumt? Warum wird die Bevölkerung in diesen essenziellen Bereichen vernachlässigt? Deutschland ist das drittreichste Land der Welt, doch es verweigert seinen bedürftigsten Bürgern den niedrigschwelligen Zugang zu Bildung und Kultur und schwächt sich damit selbst.

Bildung vermittelt Wissen und kritisches Denken. Kultur ist der kreative und reflektierende Teil von Bildung. Sie ermöglicht es, Geschichte zu verstehen, Perspektiven zu erweitern und gesellschaftliche Zusammenhänge zu hinterfragen. Ohne Bildung verkümmert Kultur zur reinen Unterhaltung, ohne Kultur bleibt Bildung abstrakt.

Bildung und Kultur stärker zu fördern, ist selbstverständlich keine kurzfristige Kur für aktuelle Krisen und isolierte Ereignisse. Sie ist ein langfristiger Prozess, der dazu beitragen kann, historisches Bewusstsein zu schaffen, kritisches Denken zu fördern und Mitgefühl zu entwickeln, auch indem er die Fantasie anregt, was heute besonders wichtig erscheint. Wer Sicherheit, Gesundheit und eine stabile Lebensgrundlage hat, dem wächst die Kraft zur Fantasie und mit ihr die Fähigkeit, sich eine Zukunft vorzustellen und an ihrer Verwirklichung zu arbeiten. Wer die Vergangenheit kennt, kann die Gegenwart besser einordnen. Wer verschiedene Perspektiven durch Literatur, Theater oder Kunst erlebt, lernt Widersprüche auszuhalten, ohne einfache Antworten zu verlangen. Kultur schafft ein Klima, in dem unterschiedliche Meinungen aufeinandertreffen, ohne dass sofort Abgrenzung oder Feindseligkeit entsteht – solange niemand die Deutungshoheit beansprucht.

9.5 Volk ohne Eigenschaften

Seit dem 16. Jahrhundert definierte sich das europäische Bürgertum nicht allein durch ökonomische Tätigkeit, sondern wesentlich durch kulturelle, moralische und bildungsbezogene Werte. In der Renaissance übernahmen neben der Kirche auch städtische Eliten wie Kaufleute und Gelehrte die Förderung von Kunst, Wissenschaft und Literatur – nicht nur als Ausdruck ihres Reichtums, sondern aus zivilisatorischer Verantwortung. Bildung wurde zur sozialen Unterscheidungskraft, ein Symbol von Vernunft, Weltbezug und Fortschrittsglaube. Mit der Reformation gewann das städtische Bürgertum an religiöser, kultureller und sozialer Eigenständigkeit. Indem sie die individuelle Bibellektüre und die Gewissensfreiheit in den Mittelpunkt stellte, stärkte sie die Selbstverantwortung und das kritische Denken des Einzelnen – Kernkompetenzen des aufstrebenden Bürgertums. Die Betonung von Fleiß, Sparsamkeit und Berufsethik (insbesondere im Calvinismus) trug zur Entwicklung eines neuen wirtschaftlichen Ethos bei, das den bürgerlichen Aufstieg weiter beförderte. Die Aufklärung radikalisierte dieses Selbstverständnis: Bürgerliche Intellektuelle forderten Vernunft, Toleranz, Fortschritt und persönliche Freiheit. In Lesegesellschaften, Salons und über die entstehende Presse entstand eine neue Öffentlichkeit, in der das Bürgertum als kulturelle und moralische Kraft agierte. Im 19. Jahrhundert wurde dieses Selbstverständnis zur sozialen Norm: Die „bürgerliche Familie", Bildungsanspruch, Kunstliebe und gesellschaftlicher Anstand, Respekt und Rücksichtnahme galten als Grundlage eines funktionierenden Gemeinwesens.

Heute sind diese Errungenschaften allerdings von Erosion bedroht. Studien wie die der Maecenata Stiftung weisen auf einen deutlichen Rückgang des ehrenamtlichen Engagements im Kulturbereich hin. Fördervereine, Freundeskreise und kulturelle Ehrenämter, lange das Rückgrat bürgerlicher Kulturpflege, kämpfen mit Nachwuchsmangel, Mitgliederschwund und finanzieller Unsicherheit. Parallel dazu sinken seit Jahrzehnten die Mitgliederzahlen traditioneller bürgerlicher Parteien wie CDU und SPD. Von über zwei Millionen Parteimitgliedern im Jahr 1990 sank die Zahl bis 2024 auf rund 1,2 Millionen. Diese Entwicklung legt nahe, dass zentrale bürgerliche Werte – Bildung, kulturelle Teilhabe, Gemeinsinn und Verantwortung – an gesellschaftlicher Bedeutung verloren haben. An ihre Stelle treten fragmentierte Interessen, politische Radikalisierungen und Identifizierung mit populistischen Bewegungen oder Themen, die nicht mehr an einem gemeinsamen Wertegerüst orientiert sind.

Bürgerliche Werte spielen jedoch eine zentrale Rolle für das Funktionieren eines freiheitlichen Staates. Dieser lebt nicht allein von Gesetzen und Institutionen, sondern von gelebtem Verantwortungsbewusstsein, moralischer Orientierung, Gemeinsinn und kultureller Teilhabe. Wenn diese Grundlagen erodieren

oder nicht mehr ausreichend praktiziert werden, gerät die demokratische Ordnung ins Wanken. Der Staat kann diese Voraussetzungen nicht erzwingen, ohne
seine eigene Freiheitlichkeit zu untergraben. Er ist angewiesen auf ein ethisches,
kulturelles und gesellschaftliches Fundament, getragen durch Erziehung, Tradition, Religion, bürgerschaftliches Engagement und gemeinschaftliche Überzeugung.

Diese Überlegungen formulierte der Rechtsphilosoph Ernst-Wolfgang Böckenförde bereits 1976. In seinem Werk *Staat, Gesellschaft, Freiheit* bringt er das Spannungsverhältnis auf den Punkt: „Der freiheitliche, säkularisierte Staat lebt von
Voraussetzungen, die er selbst nicht garantieren kann." (Böckenförde 1976, S. 60)
Damit beschreibt er das Wagnis, das jeder freiheitliche Staat eingeht. Er schützt
individuelle Rechte und Freiheiten, kann aber nicht sicherstellen, dass die Bürger
diese Freiheit verantwortungsvoll, solidarisch und demokratisch nutzen. Die
Stabilität des Staates hängt damit von einer moralischen und kulturellen Grundlage ab, die nicht durch politische Machtmittel geschaffen und gesichert werden
kann.

Heute wird uns fortwährend vor Augen geführt, dass Politik letztlich nicht
durch Kultur oder Rechtsnormen getragen wird, sondern durch Machtinteressen,
territoriale Ansprüche und Fragen des Überlebens. Diese Problematik zeigt sich
besonders deutlich in den Vereinigten Staaten – der ersten modernen repräsentativen Demokratie mit Gewaltenteilung und allgemeinem Verfassungsprinzip. Dort
gerät die bürgerliche Kultur zunehmend unter Druck: Ein geschwächtes Bildungssystem, wachsende Desinformation und ein tiefgreifender Vertrauensverlust in
Medien, Institutionen und Eliten untergraben das demokratische Fundament.

Das Bürgertum verliert in diesem Kontext an Handlungsfähigkeit, weil soziale
Räume, tragende Institutionen und kulturelle Bezugspunkte erodieren. Es fehlt
die kollektive Kraft, organisiert und sichtbar auf gesellschaftliche Bedrohungen zu
reagieren. Was sich in den USA abzeichnet, hat sich in Deutschland bereits historisch schmerzhaft vollzogen. Der Widerstand des Bürgertums kollabierte, weil es
zu lange an der bequemen Illusion von Normalität festhielt und nicht erkennen
wollte, dass brutale Kräfte im Hintergrund, geschickt getarnt durch politisches
Entertainment und Ablenkungsstrategien, damit begonnen hatten, die demokratischen Strukturen systematisch zu untergraben.

Max Frischs Drama *Biedermann und die Brandstifter* (1958) ist eine Parabel
auf diese Blindheit. Als literarische Antwort auf das Trauma des Faschismus und
die ideologische Erstarrung des Kalten Krieges erzählt es von einem Bürgertum,
das aus Angst vor Konflikten und aus moralischer Bequemlichkeit jene Kräfte
gewähren lässt, die seine eigene Existenz bedrohen. Frisch zeigt, wie schnell liberale Werte untergraben werden können – nicht durch äußere Gewalt, sondern
durch Untätigkeit.

Gottlieb Biedermann, ein erfolgreicher Haarwasserfabrikant, sieht sich als Musterbürger – tugendhaft, rational und frei von politischen Ambitionen. Obwohl Biedermann früh erkennt, dass seine beiden Hausgäste vermutlich Brandstifter sind, lässt er sie nicht nur gewähren, sondern hilft ihnen aus Angst, als unzivilisiert oder hartherzig zu erscheinen, sogar dabei, Benzinfässer auf den Dachboden zu tragen. Am Ende brennt das Haus.

Frisch zeigt hier ein Bürgertum, das aus Angst vor Konflikten, aus Konformismus und durch Selbstbetrug, indem es sein moralisches Schweigen als Tugend verkauft, nicht erkennt, dass seine liberalen Werte in Gefahr sind; und zwar nicht durch äußere Gewalt, sondern durch die eigene Passivität. Der „Biedermann" steht exemplarisch für jene, die zu spät reagieren – nicht aus Zustimmung zur Gewalt, sondern aus Feigheit, Bequemlichkeit und moralischer Lähmung. Im Untertitel „Ein Lehrstück ohne Lehre" greift Frisch den Begriff des Lehrstücks aus dem epischen Theater (etwa bei Brecht) auf, das dem Publikum eine klare moralische Botschaft vermitteln wollte – verweigert aber bewusst eine solche Lehre. Er überlässt die Schlussfolgerung dem Zuschauer. Die Figuren erkennen die Gefahr, handeln jedoch nicht. Der Brand geschieht, die Katastrophe wird nicht verhindert. Frisch macht damit deutlich, dass Erkenntnis allein nicht ausreicht, wenn Mut, Verantwortung und Haltung fehlen.

Diese Erosion bürgerlicher Kultur lässt sich mit der These des amerikanischen Politikwissenschaftlers Francis Fukuyama vom „Ende der Geschichte" als Symptom eines größeren Wandels deuten (Fukuyama 1992). Er ging davon aus, dass mit dem Sieg der liberalen Demokratie nach dem Kalten Krieg ein finales politisches Ordnungsmodell erreicht sei – ein Zustand, der historisch als Zielpunkt menschlicher Entwicklung erschien. Diese Deutung betrifft primär globale Machtstrukturen, nicht direkt soziale Schichten wie das Bürgertum. Dennoch lässt sich eine kulturelle Verbindung herstellen: Denn das europäische Bürgertum war über Jahrhunderte hinweg der zentrale Träger jener Werte, auf denen die liberale Ordnung ruht – Vernunft, Bildung, Gemeinsinn und politische Partizipation. Insofern fungierte es als kulturelle Basis dessen, was Fukuyama als Endpunkt der politischen Entwicklung beschreibt.

Vergleichbar ist diese Vorstellung auf der Ebene des Bürgertums mit der antiken Vision des inneren Friedens: Philosophen wie Platon, Aristoteles, Epikur oder die Stoiker sahen in der seelischen Ausgeglichenheit, der *ataraxia*, das höchste Ziel. Diese innere Ruhe wurde durch Tugend, Maß und vernunftgeleitetes Leben erreicht und galt zugleich als innerer Ordnungsrahmen eines gerechten Staates. Frieden im Äußeren begann im Inneren des Menschen.

Die Idee eines historischen Zielpunkts, vergleichbar mit der antiken Ruhe, birgt jedoch eine Gefahr: den Stillstand. Fukuyama selbst hat dies metaphorisch, in Anlehnung an Nietzsche, als die Figur des „letzten Menschen" beschrieben, ein Wesen, das sich in Komfort, Gleichgültigkeit und Selbstgenügsamkeit eingerichtet hat. In dieser Figur kann man das gegenwärtige Bürgertum wiedererkennen: gesättigt, aber orientierungslos; wohlhabend, aber ohne kulturellen Auftrag.

Dafür finden sich zahlreiche Ergänzungen in der Literatur. Romane wie Giuseppe Tomasi di Lampedusas *Der Leopard*, Robert Musils *Der Mann ohne Eigenschaften*, Thomas Manns *Buddenbrooks* und Jonathan Franzens *Die Korrekturen* erzählen auf unterschiedliche Weise vom Zerfall historischer Ordnungsvorstellungen und der inneren Leere einer Gesellschaft, die nicht nur ihren kulturellen Auftrag aus den Augen verloren hat, sondern damit auch ihre Orientierung.

In *Der Leopard* von Giuseppe Tomasi di Lampedusa, 1958 erschienen, ist der Wechsel der Macht nur eine neue Form von Korruption und Ungerechtigkeit. Im Übergang von der alten aristokratischen Herrschaft des sizilianischen Adels zu einer neuen bürgerlich-liberalen Ordnung sieht der Fürst, dass die neuen Eliten letztlich genauso machtgierig, eigennützig und korrupt sind wie die alten, nur dass sie mit anderen Mitteln arbeiten und unter neuen Fahnen kämpfen. Lampedusa lässt den Neffen des Fürsten, Tancredi, sagen: „Wenn wir wollen, dass alles so bleibt, wie es ist, muss sich alles ändern." Veränderung ist demnach zirkulär und von Natur aus paradox, denn die grundlegenden Verhältnisse bleiben bestehen. Don Fabrizios Tochter Concetta bleibt den alten Traditionen treu und steht für die starren Werte und die Einsamkeit des alten Adels. Die neue Gesellschaftsschicht, verkörpert durch die Figur von Don Calogero Sedàra, einem reichen, aber grobschlächtigen Großbürger, kommt an die Macht. Calogero ist der pragmatische und ambitionierte moderne Mensch, in den Augen des Fürsten ohne Eleganz und Werte. Der Fürst, Don Fabrizio, ist sich der Sterblichkeit seiner Welt bewusst. Die Schönheit des Romans liegt in der poetischen Beschreibung der Resignation und der tiefen Melancholie des Fürsten gegenüber der sich verändernden Welt. Er will diesen Wandel nicht wahrhaben und misstraut ihm. Eleganz und Werte sind für ihn wie Löwen und Leoparden. Der Wandel, das sind die Schakale.

Robert Musil beschreibt in seinem Roman *Der Mann ohne Eigenschaften*, erschienen zwischen 1930 und 1943, eine von Orientierungslosigkeit, Werteverfall und Sinnkrise zerrissene Gesellschaft am Vorabend des Ersten Weltkriegs. Die k.u.k. Monarchie zerfällt, doch es gibt keinen gemeinsamen moralischen oder ideologischen Nenner, der die Menschen zusammenführt.

In Thomas Manns *Buddenbrooks* (1901) schaffen die ersten Generationen den Wohlstand der Familie. Die Kinder wenden sich dem Genuss zu und verstricken sich in Identitätsfragen. Schritt für Schritt verlieren die Buddenbrooks ihre wirtschaftliche Kraft; über vier Generationen hinweg schildert Thomas Mann, wie die Familie immer lebensuntüchtiger wird und schließlich zerbricht.

Einhundert Jahre später, 2001, erzählt Jonathan Franzen in dem Roman *Die Korrekturen* die Geschichte einer Familie von der Nachkriegszeit bis zur Jahrtausendwende. Die Lamberts gehören zur westlichen Mittelschicht des späten 20. Jahrhunderts. Die Eltern, Enid und Alfred Lambert, wollen eine stabile Basis für ihre Kinder schaffen und verkörpern Nachkriegswerte wie Stabilität und Pflichterfüllung. Die Kinder scheitern daran, diese Werte in ihre Welt zu integrieren. Trotz äußerlichem Erfolg ist der älteste Sohn, Gary, zutiefst unglücklich. Seine Ehe ist kalt und manipulativ. Seine Frau bringt die Kinder gegen ihn auf. Gary leidet unter Depressionen, die er leugnet, und verfällt dem Alkohol. Der jüngere Chip lehnt die Werte seiner Eltern entschieden ab, sucht nach kreativer Freiheit, bleibt aber orientierungslos. Sein intellektueller Idealismus führt ihn in die Isolation. Die Tochter Denise sucht nach Autonomie und Selbstverwirklichung, gerät aber in eine sexuelle Identitätskrise. Affären mit ihrem Chef und dessen Frau zerstören nicht nur ihre Karriere, sondern auch ihr Selbstbewusstsein. Sie kann weder eine stabile Beziehung aufbauen, noch eine klare Identität für sich selbst finden. Alle kämpfen mit der Frage, wer sie wirklich sind. Während die Eltern von klaren Werten geleitet sind, fühlen sich die Kinder von diesen Werten erdrückt, sind frustriert und werden passiv, gefangen in einem Kreislauf von Scheitern, Selbstzweifeln und Selbstsabotage.

9.6 Die befreiende Kraft der Kunst bei Schopenhauer

Aber nicht erst bei Robert Musil, Thomas Mann und Jonathan Franzen, sondern bereits in Arthur Schopenhauers Hauptwerk *Die Welt als Wille und Vorstellung* (1819) erscheint die Welt als Ausdruck eines unaufhörlichen, blinden Willens, der nicht bewusst reflektiert und gesteuert werden kann, einer rastlosen Kraft, die allem Leben zugrunde liegt und den Menschen immer wieder ins Leiden stürzt. Doch in diesem düsteren Weltbild nimmt die Kunst eine besondere Rolle ein: Sie bringt Stille und Klarheit dorthin, wo sonst nur Getriebenheit herrscht. Sie befreit den Menschen für einen Moment vom ständigen Drang des Begehrens, das heißt von dem inneren Zwang, immer etwas haben, erreichen zu müssen oder verändern zu wollen. Dieses unaufhörliche Streben nach Mehr, das sich in Wünschen, Sorgen, Ehrgeiz oder Unzufriedenheit zeigt, ist für Schopenhauer die eigentliche Ursache des menschlichen Leidens.

In der Kunst, genauer gesagt in der ästhetischen Kontemplation, geschieht etwas Besonderes. Beim Hören von Musik oder beim Betrachten eines Kunstwerks kann sich der Mensch von diesem inneren Druck lösen. Die Welt erscheint ihm dann nicht mehr als etwas, das er besitzen oder beherrschen muss, sondern als reine Erscheinung, als sinnvolle Gestalt. Er sieht nicht mehr das einzelne Objekt, sondern das, was Schopenhauer – in Anlehnung an Platon – die „Idee" nennt: das zeitlose, unveränderliche Wesen eines Dings. Er sieht es dann nicht als nützlich oder schädlich, begehrenswert oder abstoßend an, es ist kein Mittel zum Zweck für seine persönlichen Ziele. Ein Baum ist nicht mehr nur Bauholz, ein Fluss nicht mehr nur Wasserquelle, ein Mensch ist nicht mehr nur eine Arbeitskraft oder ein Partner. Betrachtet man zum Beispiel einen Menschen in einem Kunstwerk, erkennt man das Wesen des Menschen selbst, seine innere Haltung, seinen Charakter, seinen Ausdruck. Es ist nicht mehr „ein Mensch", sondern die „Idee Mensch": das zeitlose, archetypische Sein dieses Wesens. Die praktische Bedeutung dieser Person als Arbeitskraft, Konsument oder Repräsentant einer sozialen Rolle tritt zurück. Übrig bleibt die reine Erscheinung, losgelöst vom individuellen Nutzen. In dieser ästhetischen Anschauung wird der einzelne Mensch zur „Idee Mensch", jener universellen Form, die Schopenhauer als tiefere Wahrheit und Objektivation (Verkörperung) des Willens versteht. Für die Dauer der künstlerischen Erfahrung verstummt die gewöhnliche, willensgeleitete Vorstellung von den Dingen und mit ihr das Wollen und das damit verbundene Leid.

Schopenhauer misst den Wert der Kunst daran, ob sie solche Momente der Befreiung ermöglichen kann. Besonders hoch schätzt er die Musik, dicht gefolgt von der Dichtung, vor allem der Tragödie. Diese, besonders durch die Tragödie vermittelte Erfahrung führt uns vor Augen, dass unsere Lebensentwürfe fehlschlagen können, und sie ermöglicht Einsicht und eine gelassene Haltung gegenüber unseren Grenzen.

Kreativität ist für Schopenhauer das Gegenteil des Ausdrucks eines persönlichen Willens oder Egos: Der wahre Künstler tritt als Person zurück und wird zum Kanal, durch den eine tiefere Wahrheit spricht. Dieser Moment des willenlosen Erkennens und damit die Befreiung vom ständigen inneren Drang ereignet sich sowohl beim Künstler, wenn er etwas schafft, als auch bei uns, wenn wir Kunst betrachten und auf uns wirken lassen.

Doch Kunst ist für Schopenhauer kein Trost im üblichen Sinne. Sie verspricht keine Hoffnung auf dauerhafte Erlösung, keine endgültige Lösung für das Leid. Aber sie schenkt eine Pause, ein kurzes Innehalten außerhalb des ständigen Getriebenseins, indem der Mensch für einen Moment aufatmen und vom Willen ablassen kann. Genau diese Pause ist bei Schopenhauer ein Moment reiner Erkenntnis. Was bei ihm zunächst wie eine radikale Weltflucht anmutet, – eine kognitive und ästhetische Erfahrung, die zu einer tiefen Einsicht in das Wesen der Welt führt –, lässt sich heute auch anders interpretieren: eben nicht als Abwendung von der Welt, sondern vielmehr als eine tiefere Form der Verbindung mit ihr.

Auch wenn Schopenhauer den ästhetischen Zustand als individuelles Erlebnis beschreibt, ist Kunst im Kern gemeinschaftlich, weil sie das Allgemeine im Menschen berührt und eine geteilte Erfahrung ermöglicht. Sie fördert Teilhabe an etwas, das über das Persönliche hinausweist. In diesem Sinn hat Kunst eine spirituelle, fast religiöse Wirkung, nicht weil sie das Leben berechenbar oder dauerhaft verändert, sondern weil sie einen flüchtigen Blick in die Möglichkeit einer solchen Verwandlung eröffnet.

Diese Lesart zeigt, dass Kunst und Kultur nicht aus Abschottung entstehen. Sie trennen nicht, sondern sie verbinden uns. Sie machen uns bewusst, dass der Mensch nicht nur erschafft, sondern auch empfängt, und dass er am produktivsten und schöpferischsten ist, wenn er aktiv mit der Welt im Dialog ist.

Anmerkung: Der obige Text weitet Schopenhauers Gedanken zur Kunst auf ein modernes Kulturverständnis aus und ist eine Reflexion über die gesellschaftliche Funktion von Kunst und Kreativität, die Schopenhauer so nicht formuliert hätte. Während Schopenhauer die Kunst vorrangig als individuellen Weg zur Überwindung des Leidens durch Erkenntnis der Ideen sah, soll an dieser Stelle angedeutet werden, dass Kunst und Kreativität heute auch als verbindende Kraft für gesellschaftliche Beziehungen und Teilhabe gelesen werden können. Diese Perspektive auf Kunst als gemeinschaftsstiftendes Element und als Dialog mit der Welt geht über Schopenhauers eher kontemplative und individualistische Ästhetik hinaus. Die soziale Dimension des Kunstkonsums oder der Kunstproduktion standen nicht primär im Fokus seiner philosophischen Untersuchung.

10 Reflexionen und Resonanzen: Literarische und philosophische Perspektiven auf Kulturförderung

In diesem Kapitel werden literarische und philosophische Beiträge betrachtet, die die gesellschaftliche Bedeutung von Kunst und Kultur reflektieren. Anhand historischer und theoretischer Beispiele wird gezeigt, wie durch Denken und Dichtung kulturelle Prozesse begleitet, gedeutet und mitgestaltet werden können.

10.1 Die Wirkung von Kunst und Kultur auf Geist und Psyche

Wer eventuell einem Außerirdischen erklären müsste, was Kunst und Kultur für ein Erdenvolk bedeuten, könnte eine Metapher nutzen: Der Mensch gleicht einer Melodie, zusammengesetzt aus Millionen von Noten – Erfahrungen, Gedanken, Erinnerungen. Diese Melodie ist Ausdruck seines Geistes. Jedes Mal, wenn der Mensch dieser inneren Musik begegnet – durch Kunst, durch Sprache, durch kulturelles Erleben –, wird ein neues Stück seiner Gesamtkomposition hörbar. So entsteht eine fortlaufende Musik, die nicht nur auf Denken und Empfinden wirkt, sondern auch die Energie liefert, das Zusammenleben immer wieder neu zu gestalten.

Wenn den Menschen aber versagt wird, Kunst und Kultur frei auszuleben, hemmt sie das in ihrer Entwicklung. Ohne diese Entwicklungsmöglichkeit werden die Menschen in einer Art nie endender Kindlichkeit festgehalten. Es fehlen die Instrumente, sich die ständig sich verändernde Welt zu erschließen, weshalb sie ihnen vielleicht seltsam vorkommt und sie zum Beispiel Robotik, künstliche Intelligenz oder die Veränderung von Städten und Landschaften mit knapper werdenden Rohstoffen nicht verstehen. Wenn Kunst und Kultur gefördert werden und frei sind, können sie diese Veränderungen abbilden und verständlich machen. Sie können helfen, soziale Gerechtigkeit, Konsumverhalten, technologische Transformation oder die Debattenkultur zu thematisieren, zu kritisieren und damit weiterzuentwickeln. Kultur hilft uns, die Welt und unser Zusammenleben zu verstehen. Sie zeigt, wie sich Veränderungen aus unseren Werten und Überzeugungen heraus entwickeln. Vor allem aber stellt Kultur diese Systeme in Frage und schützt vor Manipulation und Dogmatismus. Eine freie, lebendige Kunst und Kultur kann auch besser mit anderen Werte- und Glaubenssystemen interagieren und Gemeinsamkeiten finden, anstatt auf absoluten Wahrheiten zu beharren. Mit

https://doi.org/10.1515/9783112233030-010

Kunst und Kultur hinterfragen wir immer wieder neu, was unsere jeweilige Realität wirklich ist.

Kunst und Kultur wirken auf viele Menschen oft elitär – ein Eindruck, der nicht zuletzt dadurch entsteht, dass ihre Wirkung schwer messbar ist und sich nicht in einfachen Zahlen oder kurzfristigen Effekten ausdrücken lässt. Gleichzeitig leidet die Kulturbranche an einem grundlegenden Kommunikationsproblem: Es fehlt an überzeugenden, zeitgemäßen Argumenten, die über die bekannten, oft etwas verstaubt wirkenden Behauptungen hinausgehen – etwa, dass Kultur den gesellschaftlichen Zusammenhalt fördere. Solche Aussagen werden zwar häufig wiederholt, doch selten konkret erläutert oder mit Leben gefüllt. Zudem mangelt es an geeigneten Plattformen, um die gesellschaftliche Relevanz von Kunst und Kultur in einer Sprache und Form zu vermitteln, die Menschen außerhalb der bestehenden „Kulturblasen" erreicht.

Wenn Kultur unser Leben wirklich durchdringt und alle gesellschaftlichen Schichten erreicht, wie entfaltet sich dieser Einfluss konkret? Wie gelangt Kultur zu den Menschen – selbst dann, wenn sie ihre Wirkung nicht unmittelbar wahrnehmen? Diese Fragen sind entscheidend, um den tatsächlichen Wert von Kunst und Kultur besser zu verstehen und überzeugender zu vermitteln.

Tolkien und Orwell erzählen auf sehr unterschiedliche Weise vom gleichen Kampf: dem Kampf um das, was uns als Menschen ausmacht – Freiheit, Würde, Wahrheit, Sinn, Gemeinschaft. Tolkien zeigt, was wir bewahren wollen. Orwell, was wir verlieren können.

J.R.R. Tolkien verarbeitet in seinen Werken wie *Der Herr der Ringe* die Schrecken des Ersten Weltkriegs, den er als junger Soldat selbst erlebte. Seine Bilder von zerstörten Landschaften, finsteren Mächten und verführerischer Macht (wie in der Figur des Rings) spiegeln die inneren und äußeren Prüfungen wider, denen Menschen im Krieg und in Zeiten des Umbruchs ausgesetzt sind. Seine Geschichten sprechen von Hoffnung, Freundschaft und der Kraft des Widerstands – auch in scheinbar aussichtslosen Situationen. Die Magie, die Abenteuer, die Heldenreisen sind nicht bloß Eskapismus – sie sind Symbole für das menschliche Ringen um Orientierung und Moral in einer gefährlichen Welt.

George Orwell hingegen nimmt den entgegengesetzten Weg: Er verzichtet auf fantastische Elemente und zeigt in Werken wie *1984* oder *Farm der Tiere* die nüchterne, grausame Realität totalitärer Systeme. Auch er war Soldat – im Spanischen Bürgerkrieg kämpfte er freiwillig auf Seiten der Republikaner gegen Franco. Dort wurde er nicht nur körperlich verletzt, sondern auch geistig erschüttert: Er sah, wie sogar gerechte Ideale durch Lüge, Verrat und Machtgier zerstört werden. Seine literarische Sprache ist kalt, klar und analytisch.

Tolkien träumt von dem, was wir retten können. Orwell warnt vor dem, was wir verlieren, wenn wir nicht wachsam sind. Beide Autoren erzählen vom Zerreißen und Suchen des Menschen in der Katastrophe – Tolkien mit mythischer Symbolkraft, Orwell mit politischer Schärfe. Es sind zwei Seiten derselben Warnung: gegen Gleichgültigkeit, gegen Machtmissbrauch, gegen den Verlust unserer Menschlichkeit.

Im biografischen Film *Tolkien* (Regie: Dome Karukoski) beschreibt J.R.R. Tolkien auf die Frage seiner Kinder, worum es in seinem Buch gehe: „Es geht um Reisen. Abenteuer. Magie natürlich. Schätze. Und Liebe. Es geht um viele Dinge, wirklich. Es ist schwer zu sagen. Ich denke... ich denke, es geht in gewisser Weise um eine Suche. Um die Reisen, die wir unternehmen, um uns selbst zu beweisen. Um Mut. Um Gemeinschaft. Es geht um Gemeinschaft. Freundschaft."

Tolkien behandelt Erfahrungen – Prüfungen, Beziehungen, Wandel. Er fragt, wer wir sind, was wir suchen, mit welchen Kräften, mit welchen „Mächten" wir verbunden sein wollen. Tolkien träumt, übertreibt, denkt Möglichkeiten, die symbolisch für unsere inneren oder für gesellschaftliche Kämpfe stehen.

Im Juni 1949 erschien George Orwells Roman *1984*. Das Buch entstand unter dem Eindruck von Nationalsozialismus, Faschismus und Stalinismus. Ein totalitärer Staat mit lückenloser Überwachung will die Auslöschung des individuellen Bewusstseins. Er zeigt nicht, was sein könnte, sondern was droht: Gedankenpolizei, Sprachkontrolle, Wahrheit als politische Konstruktion. Seine berühmte Parole „Krieg ist Frieden. Freiheit ist Sklaverei. Unwissenheit ist Stärke" hat bis heute politische Relevanz, wo auch immer Sprache zur Verschleierung von Gewalt missbraucht wird.

Auch jetzt werden Begriffe gezielt umgedeutet, um politische Maßnahmen zu legitimieren und zu verschleiern: Ein militärischer Angriff als „Verteidigung" oder „Friedenssicherung" bezeichnet, wie beim Irakkrieg der USA 2003 oder der russischen Invasion in der Ukraine, die als „spezielle militärische Operation" bezeichnet wurde. Gewalt wird sprachlich entschärft, zerstörerisches Handeln erscheint als notwendig oder schützend. Ganz im Sinne von Orwells Parole: Krieg ist Frieden.

Der Begriff „alternative Fakten" wurde 2017 von einer Beraterin der Trump-Regierung „erfunden", um objektive Wahrheit zur Ansichtssache zu erklären, Fakten verlieren Verbindlichkeit. Auch hier zeigt sich ein zentrales Motiv aus Orwells Roman: Unwissenheit ist Stärke.

In Ländern wie Ungarn oder Polen werden Grundrechte mit Verweis auf „Sicherheit" oder „Tradition" eingeschränkt. Maßnahmen gegen freie Presse oder Minderheitenrechte werden mit dem „Schutz der Familie" oder der „nationalen Identität" begründet. Freiheit wird zur Bedrohung erklärt, Schutz zur Waffe gegen Minderheiten – ein sprachliches Muster, das Orwells Aussage „Freiheit ist Sklaverei" spiegelt.

Auch in der Migrationspolitik zeigt sich diese Entwicklung. Begriffe wie „Flüchtlingswelle", „Asyltourismus" oder „Invasion" emotionalisieren Debatten und entmenschlichen Betroffene. Menschen werden zur Bedrohung erklärt. Sprache erzeugt Angst statt Verständnis.

Die Grenze zwischen Realität und politischer Darstellung wird durch gezielte Sprachlenkung zunehmend verwischt. Im öffentlichen Diskurs werden Hassreden, Desinformation oder extremistische Inhalte mit Meinungsfreiheit gerechtfertigt. Wer Kritik an solchen Äußerungen übt, wird nicht selten als Feind der Meinungsfreiheit dargestellt. Das Paradoxon: Ein zentrales Prinzip der Demokratie wird instrumentalisiert, um Aussagen zu schützen, die ihre Grundwerte untergraben. Orwell-ähnlich wird ein Begriff mit positiver Bedeutung so umgedeutet, dass sein Gegenteil legitim erscheint: Freiheit ist Sklaverei.

Hinzu kommt, dass diese Umdeutung durch soziale Medien nicht nur verstärkt, sondern auch wirtschaftlich verwertet wird. Plattformen profitieren von Polarisierung, Empörung und Reichweite, gerade dann, wenn Inhalte spalten oder gefährden. Unter dem Vorwand, freie Meinungsäußerung zu fördern, wird die Verbreitung radikaler Aussagen nicht nur toleriert, sondern algorithmisch verstärkt. Wut wird zum Geschäftsmodell.

Was Orwell in *1984* beschrieben hat, die bewusste Umdeutung von Begriffen zur Kontrolle des Denkens, untersuchte Theodor W. Adorno nach dem Zweiten Weltkrieg anhand der Sprache des Nationalsozialismus. Die Nazis unterdrückten Wahrheit nicht nur, sie ersetzten sie durch Lüge. Sprache, Propaganda und Gewalt wurden zu Werkzeugen der Herrschaft. Für Adorno war das ein Kennzeichen totalitärer Systeme:

> Die Umwandlung aller Fragen der Wahrheit in
> Fragen der Macht ist selbst die allergrößte Lüge.

(Adorno 1951, S. 92)

Zeitgenössische Künstler wie Ai Weiwei führen diesen Ansatz in der bildenden Kunst weiter. In seinen Arbeiten thematisiert er Menschenrechte, Zensur und Flucht. Seine Kunst wird zur politischen Aussage, zur visuellen Sprache gegen Unterdrückung. Er wurde mehrfach verhaftet wegen seiner Kunst. Ai Weiwei nutzt Installationen, Skulpturen, Videos und Performances, um Missstände sichtbar zu machen: zerbrochene Keramik als Symbol zerstörter Geschichte, Flüchtlingsboote als Mahnmale globaler Verantwortungslosigkeit. Seine Werke fordern nicht nur zum Nachdenken auf, sondern zum Stellungbeziehen. Wie Orwell nutzt er Sprache, hier im visuellen Sinne, um Wahrheit gegen Propaganda zu setzen. Wie Tolkien erkennt auch er den Wert individueller Würde und den Mut des Widerstands. Ai Weiwei steht für eine Kunst, die sich einmischt.

Auch der Street-Art-Künstler Banksy nutzt seine Kunst als Kritik, anonym, aber mit klaren Botschaften gegen Krieg, Kapitalismus und Überwachung. Wie Orwell oder Adorno nutzt er Sprache, in seinem Fall die Bildsprache, als Mittel der Aufklärung und des Widerstands. Seine Arbeiten provozieren, entlarven und hinterfragen gesellschaftliche Machtverhältnisse, oft mit nur einem einzigen Bild oder Satz. Eines seiner bekanntesten Zitate bringt das auf den Punkt:

> If you repeat a lie often enough,
> it becomes ~~truth~~ politics. – *Banksy*

Indem er das Wort „truth" (Wahrheit) durchstreicht und durch „politics" ersetzt, zeigt Banksy, wie Sprache und Realität durch Macht manipuliert werden, eine Botschaft ganz im Geiste Orwells.

Bob Dylan bleibt seit über sechzig Jahren relevant, weil seine Lieder universelle Themen ansprechen, wie soziale Ungleichheit, Klimawandel und Identität. *A Hard Rain's A-Gonna Fall* ist ein protestartiger Song, geschrieben im Stil einer Ballade. Dylan verwendet eine Frage-Antwort-Struktur, angelehnt an alte Folk-Traditionen. Es geht um einen jungen Erzähler, der durch eine Welt voller Leid, Zerstörung, Widersprüche und Gewalt zieht und davon berichtet. Dylan erklärte dazu: „Nach einer Weile nimmt man nichts mehr wahr außer einer Kultur des Gefühls, von dunklen Tagen, von Spaltung, von Bösem, das mit Bösem beantwortet wird – dem gemeinsamen Schicksal des Menschen, das aus der Bahn gerät." Es ist eines der frühesten komplexen, gesellschaftskritischen Lieder Dylans, das das Unbehagen einer ganzen Generation ausdrückt. Dylans Lieder sind Lebensgefühl einer Zeit, die sich natürlich unterscheidet von dem der Generation Z, aber sie vielleicht inspiriert, ihre Lebensziele zu hinterfragen. Was bliebe, wenn das Social-Media-Geschwätz, der Schönheits- und Geldkult, keine Bedeutung mehr hätte und die unerbittliche Leere, die dann herrscht, neue Formen des kulturellen Lebens nach neuen Regeln anstieße.

Die Wirkung von Filmen, Büchern und Serien auf gesellschaftliche Normen und Werte ist deutlich. Serien wie *Will & Grace* oder *Modern Family* haben die Wahrnehmung von LGBTQ+-Themen verändert. Sie zeigten unterschiedliche Lebensweisen und trugen dazu bei, Vorurteile abzubauen. In der Literatur behandelte *Orlando* von Virginia Woolf Geschlechterwechsel als Teil menschlicher Identität. *Giovanni's Room* von James Baldwin thematisierte gleichgeschlechtliche Beziehungen und innere Konflikte in einem gesellschaftlichen Umfeld voller Ablehnung. Der Film *Brokeback Mountain* stellte eine homosexuelle Beziehung in den Mittelpunkt und zeigte, wie soziale Erwartungen persönliche Entscheidungen beeinflussen.

Diese Werke stellen Fragen nach Zugehörigkeit, Identität und gesellschaftlicher Ordnung. Sie zeigen, dass Kunst gesellschaftliche Vorstellungen hinterfragen und verändern kann.

Nicht jeder hat Zugang zu diesen kulturellen Angeboten oder fühlt sich davon angesprochen. Dennoch ist unbestreitbar, dass Kultur eine transformative Kraft besitzt und über längere Zeit hinweg immer weitere gesellschaftliche Gruppen erreicht. Kultur ist kein kurzfristiger Impuls, sondern ein langfristiges Projekt, das schrittweise in die Tiefe der Gesellschaft vordringt und Veränderungen nachhaltig verankert.

Nach dem Fall der Berliner Mauer war die kulturelle Integration von Ost- und Westdeutschland die zentrale Herausforderung, da sich in vierzig Jahren Trennung unterschiedliche Identitäten, Werte und Lebensweisen entwickelt hatten. Kultur spielte durchaus eine Rolle dabei, den gesellschaftlichen Zusammenhalt zu stärken. Beispielsweise förderte die Kulturszene Berlins den Austausch zwischen Ost und West, indem sie neue Plattformen für Begegnung schuf. Theater, Musik und Kunst spiegelten nicht nur die Erfahrungen und Emotionen der Wiedervereinigung wider, sondern halfen auch, Brücken zwischen den Menschen zu bauen. Die *Love Parade* wurde in den Neunzigerjahren zu einem Symbol für Freiheit und Zusammengehörigkeit, indem sie Ost- und Westdeutsche durch Musik und gemeinsames Feiern vereinte. Ebenso trug die Aufarbeitung der DDR-Geschichte durch Literatur, Filme und Museen – etwa in der Gedenkstätte Hohenschönhausen oder im Museum *Haus der Geschichte* – dazu bei, gegenseitiges Verständnis zu schaffen und einen gemeinsamen Erinnerungshorizont zu entwickeln. Diese kulturellen Initiativen halfen, Gräben zwischen Ost und West zu überwinden und die Identitätsbildung im vereinten Deutschland zu unterstützen.

Kunst und Kultur wirken auf zwei Arten: Einerseits beeinflussen sie subtil und oft unbewusst unsere Werte, Normen und Überzeugungen, indem sie unsere Wahrnehmung sensibilisieren. Sie lässt uns anders sehen, fühlen, denken – nicht durch Erklärung, sondern durch Erfahrung.

Die Installation *The Weather Project* von Olafur Eliasson (2003, Tate Modern, London) verwandelte die riesige Turbinenhalle des Museums in eine künstliche Sonnenlandschaft. Eliasson baute eine leuchtende „Sonne" aus Monolampen und ließ feinen Nebel in den Raum strömen. Der Boden spiegelte das Licht, sodass die Besucher in ein gelb-orangenes Leuchten getaucht wurden. Die Halle wirkte wie eine Traumlandschaft. Die Installation vermittelte keine Botschaft im klassischen Sinn, aber sie veränderte die Wahrnehmung von Raum, Licht und Atmosphäre. Viele Besucher legten sich auf den Boden, blickten nach oben, sprachen leiser, bewegten sich langsamer, ähnlich wie bei einem Naturphänomen, das Ehrfurcht auslöst. Phänomene wie Sonne, Licht, Wärme und Dunst, die im Alltag meist unbeachtet bleiben, wurden hier körperlich erfahrbar.

Die Installation von Laure Prouvost im Kraftwerk Berlin (2025) ist eine Ausstellung im Rahmen des LAS Sensing Quantum Programms und zeigt, wie Kunst Anschluss an das Zeitgeschehen findet. *We Felt a Star Dying* ist eine künstlerische Auseinandersetzung mit der Quantenphysik. Im Zentrum der Installation läuft ein Film, der nie derselbe ist, denn seine Sequenzen wurden von einem Quantencomputer mit Unschärfe, Zufall und Varianz bearbeitet. Jeder Durchlauf ist anders, wie ein sich ständig veränderndes Wesen. Die Installation ist eine Hommage an das Nicht-Wissen, das Nicht-Festgelegtsein. Während viele Formen zeitgenössischer Kunst auf Eindeutigkeit, Lesbarkeit und Vermarktbarkeit zielen, öffnet sich Prouvost dem Ambivalenten, Fluiden, Mehrdeutigen. Die Ausstellung ist nicht didaktisch. Wer möchte, kann das Begleitprogramm des LAS nutzen, das die physikalischen Grundlagen erklärt. Doch Prouvosts Absicht ist eine andere: Er will, dass wir fühlen, nicht nur verstehen. Dass wir uns berühren lassen von einer Idee von Welt, in der nichts stabil, aber alles miteinander verbunden ist.

Kunst ruft das kreative Denken in uns wach, ein Denken, das nicht sofort urteilt, sondern zunächst Verbindungen herstellt zwischen Intellekt und Gefühl. Filme, Musik, Literatur und Kunst bestimmen nicht nur, wie wir miteinander sprechen, wie und warum wir einander lieben, hassen, verstehen oder missverstehen, worüber wir uns freuen und was wir als schön oder hässlich empfinden.

Kunstwerke fordern uns heraus, sie nicht nur emotional zu erleben, sondern auch intellektuell zu durchdringen. Wir begegnen ihnen mit unseren Sinnen, aber auch mit unserem Wissen, unseren Erfahrungen, unseren Deutungsmustern. Wir lesen, sehen, hören – und versuchen dabei, Strukturen zu erkennen, Bedeutungen zu erschließen, Spannungen zu verstehen. Wir interpretieren Symbole, folgen Narrativen, entdecken Bezüge zur Geschichte, zur Gegenwart, zu uns selbst. Gute Kunst konfrontiert uns dabei oft mit Mehrdeutigkeit, mit Ambivalenz, mit Widersprüchen – und genau darin liegt ihre Kraft: Sie verlangt, dass wir mitdenken, mitfühlen, mitverhandeln.

All das, das Generelle, das Nationale und das Persönliche, ist das Fundament für unsere Wahrnehmung der Welt, unseres Platzes darin und dafür, wie wir als Menschen zusammenfinden. Während andere menschliche Errungenschaften, wie technologische Fortschritte oder wissenschaftliche Entdeckungen, meist auf der Lösung spezifischer Probleme basieren, ist Kultur der Schlüssel dazu, das Menschsein selbst zu begreifen.

So pathetisch es klingen mag: In der Kultur steckt die Chance zur Versöhnung und auch zum Frieden. Sie kann nicht nur schnell die Laune, sondern das Leben verändern: Musik, die von der ersten Melodie an glücklich macht; die tiefe Zufriedenheit, wenn wir Kunst betrachten, sei es die ewige Nymphe am Bach oder das Schlüsselerlebnis, wenn wir die Formensprache moderner Kunst verstehen. Oder wenn wir unser Herz schlagen hören, weil wir mit dem Helden einer Geschichte fiebern, seinem Glück, seinem Schicksal, seinem Humor oder seiner „göttlichen Bosheit", wie Friedrich Nietzsche das nennt. Wenn wir unsere Masken ablegen, offen und empfänglich werden und die Welt durch die Augen eines anderen sehen.

Warum ist es wichtig, die Welt mit den Augen eines anderen zu sehen? Warum genügt es nicht, mit der eigenen Erfahrung, den eigenen intellektuellen Möglichkeiten und der eigenen Empfindsamkeit durch die Welt zu gehen? Der eigene Blick ist immerhin der Schlüssel zu Persönlichkeit und Stil. Das Einfühlen in andere und in ihr Denken ermöglicht dieses Individuelle aber erst und bedeutet nicht, es aufzugeben. Erst dadurch wird der eigene größere Zusammenhang klar und fördert Selbstreflexion, Selbstkritik, Selbstironie und Humor und damit Stil und Individualität als Ergebnis nicht der Isolation, sondern des Austauschs. Gemeinschaft entsteht, wenn wir andere sehen und selbst gesehen werden, im Dialog. Kultur ist die Form dieser Kommunikation, weil sie dort gelingt, wo das tägliche Leben oft scheitert.

Kultur schafft es, dass wir neue, bessere Menschen werden wollen, aufeinander zugehen und plötzlich verstehen oder uns wieder daran erinnern, wie es ist, wirklich miteinander zu sprechen und einander zuzuhören. Dann fühlen wir Nähe und Gemeinsamkeit, erkennen unseren Schmerz, unseren Ärger, unsere Ängste. Wenn wir miterleben, dass die tiefe Liebe zwischen zwei Menschen in einem Roman unsere eigene Sehnsucht danach aufkeimen lässt. Je mehr wir uns spüren, desto bessere Menschen sind wir, und je mehr wir fühlen, desto besser erfassen wir auch andere. Durch Kunst und Kultur öffnen sich selbst Verstandesmenschen für ihre Gefühle, weil sie deshalb nicht gleich ihr Leben ändern müssen. Der Keim dazu könnte jedoch angelegt werden.

10.2 Kulturpolitik und Sozioökonomie

Kunst und Kultur werden von politischen Parteien nahezu einhellig als gesellschaftlich bedeutsam bezeichnet. Gleichzeitig jedoch sinkt die staatliche Kulturförderung. Dieser Widerspruch ist umso bemerkenswerter, als sich dennoch jedes Jahr junge Menschen entscheiden, einen unsicheren Berufsweg in Kunst und Kultur einzuschlagen. Trotz prekärer Aussichten.

Zwar stiegen die Kulturausgaben von 7,9 (2005) auf 12,6 Milliarden Euro (2019) und pandemiebedingt auf 14,5 Milliarden Euro (2020), doch jüngste Sparmaßnahmen verdeutlichen ein Umdenken. Kultur gerät unter Legitimationsdruck. Es stellt sich erneut die Frage, wie ihr gesellschaftlicher Wert, insbesondere in Zeiten knapper Kassen, angemessen begründet werden kann.

In den Augen vieler wirkt der Förderumfang von Kreativität und Kultur abgekoppelt von einem ganzheitlichen Blick auf das Land. Ökonomische Rationalität und sozialpolitischer Weitblick geraten aus der Balance, wenn die zivilisatorischen Wurzeln beschnitten werden. Dadurch schwindet auch der Steuerungseinfluss auf die gesellschaftliche Entwicklung, während die Faktoren, die die gesellschaftliche Spaltung verursacht haben, noch mehr Energie aufnehmen.

Soziale Ungleichheit äußert sich nicht nur ökonomisch, sondern auch kulturell: Wer keinen Zugang zu Bildung, Geschichte oder Ausdruck findet, bleibt ausgegrenzt. Kultur kann Teilhabe ermöglichen, unabhängig von Herkunft, Status oder Bildungsgrad. Kunst ist kein Ersatz für politische Maßnahmen, aber sie schafft Voraussetzungen für Veränderung. In Erzählungen, Bildern, Musik oder Theaterstücken werden alternative Perspektiven sichtbar, die öffentliche Debatten bereichern und neue Fragen stellen. Kultur ist damit nicht bloß Ausdruck von Gesellschaft, sie ist Teil ihrer Gestaltung.

Laut dem Statistischen Bundesamt waren im Jahr 2022 rund 1,3 Millionen Personen in Kulturberufen tätig, was etwa 3,1 Prozent aller Erwerbstätigen in Deutschland entspricht. Ein kleiner Prozentsatz der Bevölkerung in Deutschland wählt dieses Leben. Zugespitzt könnte man sagen: Kunst- und Kulturschaffende sind – zumindest in der Regel – diejenigen, die nicht sonderlich durch TikTok-Videos von Champagnerpartys auf Yachten beindruckt sind oder nur schlank und schön sein wollen. Sie folgen einem inneren Drang, die Welt zu verstehen, zu reflektieren und etwas zu gestalten. Ihr Anspruch auf Freiheit und Unabhängigkeit ist eine starke Kraft.

Kunstakademien geben einen Einblick in die Denkweise und Lebensrealität junger Kunst- und Kulturschaffender. Häufig sind sie Idealistinnen und Idealisten. Sie lassen sich weder von der Aussicht abschrecken, möglicherweise niemals allein von der Kunst leben zu können, noch von der Versuchung beeinflussen, ein bürgerliches Leben mit regelmäßigem Einkommen zu führen. Viele Studierende müssen einen großen Teil ihrer Zeit für Nebenjobs verwenden, um finanziell über die Runden zu kommen: Sie arbeiten in Verlagen, Drogeriemärkten, im Paketlager der Post oder kellnern in Cafés. Manche leben in einem VW-Bus, geparkt vor der Akademie, und verdienen ihren Lebensunterhalt als Bierfahrer. Ein oft bemühter Gedanke lautet: Künstlerin oder Künstler wird nur, wer gar nicht anders kann.

10.3 Kapitalkultur und Demokratie

Die Vermögensverteilung in Deutschland ist mit Ausnahme der Zeit des Feudalismus und des Absolutismus, als der Adel neunzig Prozent des Landes besaß, ungleicher als je zuvor. Das begünstigt eine wirtschaftliche Kultur, die Erfolg ausschließlich mit Reichtum gleichsetzt. Der Einfluss von Kapital zeigt, wie eng wirtschaftliche und politische Kulturen inzwischen miteinander verflochten sind. Das wirkt sich auf Werte und Normen aus, die unser Zusammenleben bestimmen. Kulturelle Investitionen – etwa durch Stiftungen oder Mäzene – bleiben Ausnahmen. Ein großer Teil des Geldes wird in selbstverstärkende Strukturen investiert, wie Finanzmärkte oder Technologien, die primär wirtschaftliche Vorteile bringen. Die entscheidende Frage ist, ob das Streben nach Geld auch stärker in gesellschaftlichen Fortschritt kanalisiert werden kann, statt primär die bestehenden Ungleichheiten zu vertiefen.

Denn soziale Ungleichheit ist die primäre Gefahr für die Demokratie. In Deutschland besitzt ein Prozent der Bevölkerung mehr als ein Drittel des gesamten Vermögens, ein Zehntel mehr als sechzig Prozent, die ärmere Hälfte 2,5 Prozent. Eine Umverteilung ist unausweichlich, für den sozialen Zusammenhalt und eine stabile Demokratie. Aber es gelingt keiner Partei, Mehrheiten dafür zu gewinnen. Positive Vorbilder sind die absolute Ausnahme. Marlene Engelhorn ist so eine Ausnahme unter den Reichen. Sie sieht sich als Multimillionärin, ohne je einen Finger dafür gekrümmt zu haben. Engelhorns Großvater war einer der Gründer des Pharmaunternehmens Boehringer Mannheim, dessen Verkauf Milliarden einbrachte. Während viele wohlhabende Menschen ihr Vermögen entweder privat verwalten, in Stiftungen stecken oder für wohltätige Zwecke spenden, setzt Engelhorn auf einen völlig neuen Ansatz: Sie gründet einen Bürgerrat, in dem fünfzig zufällig ausgewählte Menschen über einen Großteil Ihrer Erbschaft von 25 Millionen Euro entscheiden. Das bedeutet: Das Geld wird nicht nach ihrem persönlichen Ermessen verteilt, sondern durch einen repräsentativen, demokratischen Prozess. Die Entscheidung über das Geld liegt bei Menschen aus allen sozialen Schichten, nicht bei einer reichen Einzelperson. Der Bürgerrat diskutiert nicht nur die Verteilung des Geldes, sondern auch die grundsätzliche Frage der Vermögensverteilung in der Gesellschaft. Dieser Ansatz geht weit über eine Spende hinaus. Er hinterfragt die Grundstruktur des Reichtums und zeigt, dass das Problem nicht durch individuelle Großzügigkeit gelöst werden kann, sondern letztlich nur durch politische Veränderungen.

Kultur thematisiert, wie unterschiedlich Menschen denken und fühlen, aber auch, wie viel sie wirklich miteinander teilen können oder wollen.

In den Kreisen der Tech-Szene, wo sich unternehmerisch tätige Vertreter technologisch gesteuerter Zukunftsvisionen tummeln, formiert sich die Denkschule des „Effective Accelerationism", die die Theorie vertritt, dass beständige Expansion, Erneuerung und Akkumulation von Kapital durch Wettbewerb und Profitstreben bewirkt und vorangetrieben wird. Diese Theorie basiert auf dem Gedanken, dass in einem unaufhörlichen Prozess der Produktion und Konsumtion bestehende Strukturen fortlaufend durch neue ersetzt werden. Das Prinzip wurde von Karl Marx als „schöpferische Zerstörung" beschrieben. In der Praxis führt diese Dynamik zu Innovationen, aber auch zu einer ständigen Veränderung von Märkten, Technologien und gesellschaftlichen Strukturen, um neue, unbekannte Ordnungen entwickeln zu können, wie die Schaffung einer multiplanetaren oder kybernetischen Zivilisation, eine radikale Vision einer technokratischen Zukunft (vgl. Stöcker 2024).

Kapital ist nicht mehr nur ein wirtschaftliches Mittel, sondern ein entscheidender Machtfaktor, der beeinflusst, welche gesellschaftlichen Werte und Prioritäten dominieren. Von den rund achtzig Billionen Euro weltweiten Kapitals besitzt, laut dem Global Wealth Report 2021 der Credit Suisse, das reichste Prozent der Weltbevölkerung etwa 45,8 Prozent. Eine kleine Gruppe reicher Menschen dominiert zunehmend unser Leben und unsere Kultur, indem sie Diskurse, Werte und Prioritäten beeinflusst. So entwickelt sich eine „Kapitalkultur", die den Interessen Weniger dient.

Menschen mit überdurchschnittlich viel Machtbefugnis und Wohlstand reagieren oft weniger empathisch auf die Bedürfnisse anderer. Der Psychologe Dacher Keltner von der University of California, Berkeley, beschreibt in seinem Buch *The Power Paradox: How We Gain and Lose Influence* (Keltner 2016), dass Menschen in Machtpositionen dazu neigen, das Wohl anderer aus den Augen zu verlieren und sich stärker auf ihre eigenen Interessen zu konzentrieren. Studien von Paul Piff und anderen Sozialpsychologen (Piff et al. 2012) bestätigen diese „Macht-Empathie-Lücke" und argumentieren, dass wohlhabende Personen im Durchschnitt weniger prosoziales Verhalten zeigen.

10.4 Technologische und soziale Umbrüche

Zum ersten Mal in der Geschichte der Menschheit liegt die Möglichkeit der Kontrolle von mehr als der Hälfte der gesamten Menschheit in den Händen von nur vier oder fünf Personen. Ihr Versprechen ist die angeblich freie Nutzung ihrer Plattformen. Milliarden Menschen werden jedoch in Wirklichkeit darauf reduziert, als bloße Datenproduktionsmaschine zu fungieren.

Wie das „Wahrheitsministerium" in George Orwells Roman *1984* verändert auch die Macht der sozialen Medien die Wahrnehmung von Wahrheit. Die sozialen Medien haben eine Machtfülle erreicht, die Orwells fiktionale Dystopie übertrifft. Ihre Kontrolle über die öffentliche Meinung beeinflusst nicht nur, wie Menschen Ereignisse wahrnehmen, sondern auch, wie sie ihre Haltung zu Wahrheit und Verantwortung definieren. Bilder und Daten sind überall sofort verfügbar. Für Wahrheitsfindung und tieferes Verständnis bleibt keine Zeit. Die Frage ist nicht nur, wie wir diesen Machtmissbrauch regulieren, sondern wie wir den Wert von Wahrheit und Fakten in einer vernetzten Welt wiederherstellen können.

Die Debatte über die Regulierung und Institutionalisierung von Massenmedien sowie die Rolle von Unternehmen wie Facebook oder X in der Bewältigung globaler Probleme wird kontrovers geführt. Regulierung könnte dazu beitragen Demokratie und Faktenbasis zu schützen, könnte aber zu Einschränkungen der Meinungsfreiheit führen. Die Behauptung, dass diese Unternehmen die „Lösung" globaler Probleme sind, hängt stark davon ab, ob sie tatsächlich bereit sind, Verantwortung zu übernehmen und ihre Plattformen für das Gemeinwohl einzusetzen.

Meta erreicht weltweit täglich etwa 3,3 Milliarden Menschen. Die Nobelpreisträgerin und Journalistin Maria Ressa warnte, dass dies „Lügen, Wut, Angst und Hass" verbreiten und zu einer „Welt ohne Fakten" führen könnte. Medienprofessor Siva Vaidhyanathan (2025) betonte, dass Mark Zuckerberg seine Unternehmen als die Lösung und nicht als eine der Ursachen unserer globalen Probleme betrachte.

Die Techindustrie des Silicon Valley versprach, „Menschen miteinander zu verbinden" und eine bessere Zukunft für die Menschheit zu schaffen. Das Herz dieser Techregion, San Francisco, zeigt rund zwanzig Jahre nach der Gründung der ersten großen Social-Media-Plattformen ein anderes Bild: leerstehende Gewerbeflächen, Obdachlosigkeit und Drogenprobleme, während die wirtschaftliche Basis durch die Abwanderung von Büroangestellten und die Folgen der Pandemie erodiert. Disruption, ein Grundprinzip der Techindustrie, hat den Niedergang traditioneller Geschäftsmodelle beschleunigt. Das Home-Office hat leere Bürogebäude, verödete Innenstädte und arbeitslose Dienstleister hinterlassen. Konkrete Maßnahmen zur Lösung lokaler Probleme wie Obdachlosigkeit oder Drogenmissbrauch kommen von der die Region dominierenden Techindustrie nicht. Die Unternehmen und ihre Protagonisten, die behaupten, Visionäre zu sein, liefern weder Antworten noch Ansätze, was sie tatsächlich tun könnten, um das soziale Gefüge in ihrer eigenen Region zu stärken. Sie besitzen die größten Kommunikationsplattformen der Welt und lenken damit den globalen Austausch. Eine weitgehend unkontrollierte Flut aus Propaganda und Manipulation hat den Anspruch, wirklich zu informieren, verdrängt. In der Techindustrie hat das Streben nach Gewinn die soziale Verantwortung in den Hintergrund gedrängt.

10.5 Kollateralschäden

Die Differenz zwischen historischen Theorien und heutigen Ansätzen zur Akzeptanz von „Kollateralschäden" wie Armut oder Tod zeigt sich vor allem in einem veränderten Verständnis von Menschenrechten, Grundrechten und gesellschaftlicher Verantwortung. Diese Verschiebungen spiegeln einen Wandel ethischer und sozialer Normen wider.

Als universelle Menschenrechte noch nicht etabliert waren, waren Rechte und Pflichten hierarchisch geordnet, wie zwischen Aristokratie, Arbeitern und Sklaven. Die Verarmung und das Leid von Individuen wurden kaum als moralisches Problem wahrgenommen. Sie waren Fortschritt, nationaler Stärke oder wirtschaftlicher Entwicklung untergeordnet. Erst mit der Verabschiedung der Allgemeinen Erklärung der Menschenrechte im Jahr 1948 und der Verankerung von Grundrechten in vielen Verfassungen hat sich diese Perspektive verändert. Heute gelten Menschenrechte als universell, soziale Ungerechtigkeit und Armut werden in der Regel als Verletzung dieser Rechte angesehen. In zivilisierten Gesellschaften lässt sich individuelles Leid nicht mehr so leicht mit einem „höheren Ziel" rechtfertigen.

Ethische und soziale Fragen sind Thema politischer und gesellschaftlicher Debatten. Dabei wird auf individuelle Rechte und persönliche Freiheit geachtet. Gleichzeitig bleibt die Herausforderung bestehen, universelle Menschenrechte gegenüber ökonomischen Interessen, kulturellen Unterschieden und politischen Machtstrukturen durchzusetzen. Trotz formaler Anerkennung dieser Rechte bleibt die Umsetzung oft unvollständig, was immer wieder zu neuen Diskussionen über Gerechtigkeit, Verantwortung und die Rolle internationaler Institutionen führt.

Ähnliches gilt für das Wirtschaftsdenken. Früher dominierte der Glaube an den freien Markt, der langfristig alle Ungleichgewichte ausgleiche. Soziale Kosten technischer oder wirtschaftlicher Transformationen wurden hingenommen, während staatliche Eingriffe als hinderlich galten.

Früher wurden Technologien oft als neutrale oder ausschließlich positive Kräfte angesehen, deren ethische Folgen kaum hinterfragt wurden. Heute gibt es einen wachsenden Diskurs über die sozialen und ethischen Auswirkungen von Technologien wie Künstlicher Intelligenz, ebenso wie über die Folgen von lückenhaftem oder fehlendem Datenschutz. Ethikräte überwachen den verantwortungsvollen Einsatz neuer Technologien, um Kollateralschäden zu minimieren.

Heute wird soziale Gerechtigkeit global diskutiert. Entwicklungszusammenarbeit, faire Handelspraktiken und Nachhaltigkeitsziele zeigen ein wachsendes Bewusstsein für globale Verantwortung.

Wie technologische Entwicklungen das Leben der Menschen verändern, zeigt die Industrielle Revolution im 18. und 19. Jahrhundert. Ähnlich wie im Fall der heutigen Technologiebranche gab es damals überzeugte Fortschrittsversprechungen. Neue Technologien wie die Dampfmaschine und mechanisierte Webstühle revolutionierten die Produktion, führten jedoch zu Verschlechterungen der Lebens- und Arbeitsbedingungen. Arbeiter, darunter auch viele Kinder, mussten oft unter gefährlichen und gesundheitsschädlichen Bedingungen arbeiten, für sehr geringe Löhne, während kaum Schutzrechte existierten. Menschen wurden als austauschbare Rädchen im Produktionsprozess behandelt. Weber und andere Handwerker verloren ihre Existenzgrundlage, da ihre Produkte nicht mit den günstigeren maschinell hergestellten Waren konkurrieren konnten. Die Kluft zwischen Arm und Reich wurde immer größer. Während Industrielle und Fabrikbesitzer großen Reichtum anhäuften, blieb die Arbeiterklasse oft in prekären Verhältnissen gefangen. Diese Ungleichheit führte zu sozialen Spannungen, die von Schriftstellern wie Charles Dickens in Werken wie *Oliver Twist* thematisiert wurden. In England entstanden die Ludditen-Proteste, bei denen Arbeiter Maschinen zerstörten, die sie als Bedrohung ihrer Lebensgrundlage ansahen.

Die massiven sozialen Probleme der Industriellen Revolution führten langfristig zu Reformen, wie der Einführung von Arbeitsgesetzen, die Kinderarbeit einschränkten und Sicherheitsstandards verbesserten, sowie zur Entstehung von Gewerkschaften, die bessere Bedingungen und Löhne durchsetzten. Die soziale Frage der Industrialisierung inspirierte Philosophen und Politiker dazu, über gerechtere Gesellschaftsmodelle nachzudenken; daraus gingen Bewegungen hervor, die den Sozialismus forderten, sowie andere soziale Reformprojekte.

Diese Entwicklungen der Industriellen Revolution haben Parallelen zur heutigen Zeit. Wie damals bringt die technologische Disruption durch Künstliche Intelligenz, Digitalisierung und Automatisierung Fortschritt, jedoch auch Unsicherheit und Ungleichheit. Traditionelle Arbeitsplätze verschwinden, und erneut wird die Frage nach der sozialen Verantwortung derjenigen gestellt, die von diesen Umbrüchen profitieren.

10.5.1 *Modern Times*

Der Film von Charlie Chaplin, von 1936, thematisiert satirisch die Entfremdung des Menschen in der neuen Welt der Maschinen. Eine der bekanntesten Szenen des Films zeigt Chaplins Figur, Tramp, an einem Fließband in einer riesigen Fabrik. Er führt monotone, sich endlos wiederholende Bewegungen aus, indem er Schrauben anzieht, während das Band sich unaufhaltsam vorwärtsbewegt. Tramp hat jeden eigenen Handlungsspielraum verloren. Er ist nur noch ein Rädchen im Getriebe. Es wird eine Maschine getestet, die Arbeiter während der Arbeit automatisch füttern soll, damit sie durch Pausen ihre Arbeit nicht unterbrechen müssen. Doch die Maschine gerät außer Kontrolle und Tramp wird von der Technik buchstäblich überwältigt und in die Zahnräder der Maschine gezogen. Während er durch das Getriebe geschoben wird, bleibt er erstaunlich gelassen und scheint sich fast mit der absurden Mechanik zu arrangieren.

10.5.2 Karl Marx und Effective Accelerationism

Karl Marx analysierte im 19. Jahrhundert die Mechanismen des Kapitalismus und zeigte auf, wie Produktionsmittel und Eigentum die Gesellschaft formen. Heute sind nicht mehr Fabriken und Maschinen, sondern Daten, Algorithmen und digitale Plattformen die Produktionsmittel.

Karl Marx' Theorien in *Das Kapital* und der schon kurz besprochene Ansatz des Effective Accelerationism weisen Parallelen auf, unterscheiden sich jedoch fundamental in ihrer Zielsetzung und ihrem Umgang mit den Dynamiken des Kapitalismus. In beiden Theorien wird der Kapitalismus als ein System analysiert, das sich durch ständige Innovation, Wachstum und Widersprüche selbst transformiert. Doch wo Marx eine revolutionäre Überwindung durch die Arbeiterklasse anstrebt, setzen die Anhänger des Effective Accelerationism auf die Beschleunigung des Systems, um es über seine Grenzen hinauszuführen – weniger durch soziale Kämpfe als vielmehr durch technologische Innovationen.

Die gemeinsame Erkenntnis ist, dass der Kapitalismus nicht statisch ist, sondern durch die fortwährende Revolutionierung der Produktionsmittel angetrieben wird. Marx beschreibt, wie der Kapitalismus ständig technologische Innovationen hervorbringt, um produktiver zu werden, und dabei alte Strukturen zerstört. Diese Dynamik schafft nicht nur Reichtum, sondern auch Krisen und soziale Spannungen. Die Verfechter des Effective Accelerationism sehen darin eine Chance: Statt diese Dynamiken zu zügeln, schlagen sie vor, sie gezielt zu verstärken, insbesondere durch die Förderung disruptiver Technologien, um neue gesellschaftliche Strukturen jenseits des Kapitalismus zu ermöglichen – wobei nicht klar wird, wie diese aussehen sollen. Beide Perspektiven erkennen Technologie als zentrale treibende Kraft an, jedoch mit unterschiedlichen Zielen. Für Marx dient Technologie letztlich dazu, die materielle Grundlage für eine klassenlose Gesellschaft zu schaffen, während beim Accelerationismus keine konkrete gesellschaftliche Utopie formuliert, sondern Technologie als offener Pfad in eine postkapitalistische Zukunft betrachtet wird.

Die Unterschiede zeigen sich besonders deutlich in der Frage nach dem Subjekt des Wandels. Marx sieht die Arbeiterklasse als historisches Subjekt, das durch den Klassenkampf den Kapitalismus stürzen und eine neue Gesellschaftsordnung schaffen soll. Der Effective Accelerationism hingegen setzt auf die Dynamik des Systems selbst: Algorithmen, künstliche Intelligenz und technologische Netzwerke werden als die eigentlichen Akteure angesehen, nicht mehr der Mensch oder die Arbeiterklasse. Dieser technikzentrierte Ansatz verschiebt den Fokus von sozialer Organisation und Gerechtigkeit hin zu Effizienz und Beschleunigung.

Auch die Haltung zur Entfremdung unterscheidet sich. Marx kritisiert die Entfremdung der Arbeiter vom Produktionsprozess als eines der größten Übel des Kapitalismus, das im Sozialismus überwunden werden soll. Die Vertreter des Effective Accelerationism dagegen betrachten Entfremdung teils als notwendige Konsequenz oder sogar als Chance, um neue Formen des Menschseins oder posthumaner Existenz zu erkunden. Dies spiegelt eine grundlegende Verschiebung wider: Während bei Marx die Befreiung des Menschen im Zentrum steht, entfernt sich der Accelerationismus vom Anthropozentrismus und richtet sich stärker auf eine Zukunft, in der Maschinen und Technologien eine dominierende Rolle spielen könnten.

Mit Blick auf die Industrialisierung und die heutige Tech-Elite zeigen sich interessante Parallelen. Die Industrielle Revolution schuf durch neue Technologien massiven Reichtum, aber auch extreme soziale Ungleichheit, Verarmung und Entfremdung. Marx analysierte diese Prozesse und argumentierte, dass die kapitalistischen Widersprüche letztlich zur Revolution führen würden. Ähnlich sehen wir heute, wie die Tech-Elite disruptive Technologien wie KI, Automatisierung und Plattformökonomien nutzt, um immense Macht und Reichtum zu akkumulieren. Doch im Unterschied zur Industriellen Revolution gibt es heute keine organisierte Arbeiterbewegung, die diesen Entwicklungen entgegentritt. Stattdessen verlassen sich viele auf die Techindustrie selbst, um Lösungen für globale Probleme zu finden.

Das ist die zentrale ethische Herausforderung: Kann eine beschleunigte Technologieentwicklung wirklich eine gerechtere Welt schaffen, oder vertieft sie nur bestehende Ungleichheiten? Die Geschichte der Industrialisierung mahnt, dass technologischer Fortschritt allein nicht ausreicht – ohne soziale Verantwortung und politische Kontrolle entstehen neue Eliten, die sich auf Kosten der Mehrheit bereichern.

Die Tech-Elite von heute sieht Technologie als Heilmittel für alle Probleme, Wachstum als Selbstzweck, Entfremdung als unvermeidbaren Preis. Im Gegensatz dazu bleibt Marx' Kritik aktuell, da sie die sozialen Kosten dieser Entwicklungen ins Zentrum rückt und fragt, wer von der Beschleunigung wirklich profitiert –

und wer zurückgelassen wird. Während der Effective Accelerationism die Grenzen des Kapitalismus durch seine eigene Dynamik überschreiten will, mahnt Marx, dass technologische Transformationen ohne soziale Gerechtigkeit die bestehenden Widersprüche nur verschärfen. Die Herausforderung bleibt, einen Weg zu finden, der technologische Innovation und soziale Verantwortung in Einklang bringt.

10.6 Kunst und Kultur im Epochenwandel

Kunst- und Kulturbewegungen sind dynamische Systeme, die sich in einem ständigen Dialog mit Vergangenheit und Gegenwart befinden. Die „Selbstkorrektur" ist ein Mechanismus, der es ihnen ermöglicht, auf Veränderungen zu reagieren, Übertreibungen auszugleichen und neue Perspektiven auf die Welt zu entwickeln. Die Romantik war eine kulturelle und künstlerische Bewegung, die im späten 18. und frühen 19. Jahrhundert in Europa aufkam und sich unter anderem gegen die zunehmende Rationalisierung und Mechanisierung der Gesellschaft richtete, die durch die Industrielle Revolution vorangetrieben wurde. Die Kunst der Romantik betonte Emotionen, Individualität, Natur und das Mystische als Gegenpol zum Primat der Vernunft, dem Fortschrittsglauben der Aufklärung und den industriellen Veränderungen. Künstler wie William Blake, Novalis und Caspar David Friedrich thematisierten die Verbindung von Mensch und Natur sowie die Gefahren industrieller Eingriffe. Der Realismus wiederum entwickelte sich unter anderem als Reaktion auf die Idealisierung und Gefühlsseligkeit der Romantik. Die Kunst des Realismus konzentrierte sich auf die sozialen Realitäten der Industrialisierung. Autoren wie Charles Dickens und Maler wie Gustave Courbet, Otto Dix und Diego Rivera zeigten Arbeitsbedingungen, Armut und soziale Ungleichheiten. In der späten Industrialisierung thematisierte der sozialistische Realismus die Kämpfe und Hoffnungen der Arbeiterklasse.

Die damaligen Kunstformen hatten nicht nur eine reflektierende, sondern auch eine mobilisierende Funktion. Fortschritte in der Drucktechnik und die Verbreitung von Zeitungen ermöglichten es, literarische und künstlerische Werke einer breiteren Öffentlichkeit zugänglich zu machen. Romane wie *Germinal* von Émile Zola sensibilisierten die Massen für soziale Missstände und inspirierten Reformbewegungen. Gleichzeitig feierten industrielle Architektur und Design, zum Beispiel in Form von Gebäuden wie dem *Crystal Palace* in London, die Fortschritte der Zeit, während Musik und Oper die innere Welt thematisierten oder Gesellschaftskritik übten, wie Giuseppe Verdis *Rigoletto*, *La Traviata* oder Franz Schuberts *Winterreise*. Später kam der Fotografie eine dokumentarische Rolle zu, um die Realitäten der Industrialisierung zu zeigen.

Heute stehen wir vor ähnlich weitreichenden technologischen und gesellschaftlichen Transformationen. Digitalisierung, Künstliche Intelligenz und Automatisierung revolutionieren nicht nur Arbeitsprozesse, sondern auch die Art und Weise, wie Informationen, Kunst und Kultur produziert und verbreitet werden. Ein zentraler Unterschied zur Industriellen Revolution ist die Geschwindigkeit und Reichweite, mit der Inhalte heute veröffentlicht werden können. Wo früher die Verbreitung von Büchern und Bildern Jahre dauern konnte, können digitale Inhalte heute innerhalb von Minuten globale Massen erreichen.

Ein weiterer Unterschied liegt in der Interaktivität. Während Kunst und Literatur zur Zeit der Industriellen Revolution meist passiv konsumiert wurden, ermöglichen digitale Technologien heute eine aktive Beteiligung breiter Bevölkerungsschichten. Nutzerinnen und Nutzer kommentieren, teilen, remixen oder produzieren eigene Inhalte, in sozialen Medien, auf Plattformen wie YouTube, in Fan-Fiction-Communities oder über digitale Kunsttools. Kunst wird nicht nur rezipiert, sondern mitgestaltet, verbreitet und weiterentwickelt. Die Parallelen zur Industriellen Revolution zeigen sich jedoch in der Funktion der Kunst als Spiegel und Kritik.

In beiden Epochen bleibt die Kernaufgabe von Kunst und Kultur ähnlich: die komplexen Veränderungen durch technologische und gesellschaftliche Umbrüche sichtbar und verständlich zu machen. Während die Mittel und die Geschwindigkeit der Verbreitung heute ungleich größer sind, stellt die Flut an Informationen und Inhalten Künstler vor neue Herausforderungen. Kunst muss heute nicht nur innovativ, sondern auch interaktiv sein, um in der digitalen Welt Menschen zu erreichen und gesellschaftliche Wirkung zu entfalten.

Die Lehre aus der Vergangenheit ist vielleicht, dass künstlerischer Ausdruck nicht nur ein Reflex auf die Realität ist, sondern ein aktiver Akteur bei ihrer Gestaltung.

10.7 Kunst und Kultur in der Renaissance

Die Renaissance, die das Zeitalter der Entdeckungen zwischen dem vierzehnten und dem siebzehnten Jahrhundert einleitete, hat das Leben der Menschen fundamental verändert. Das französische Wort Renaissance bedeutet wörtlich übersetzt „Wiedergeburt", es bezeichnet damit eine kulturelle Rückkehr zu den geistigen Grundlagen der Antike und eine Erneuerung von Wissenschaft, Kunst und Philosophie unter veränderten Bedingungen. Dieses Denken leitete den Übergang in das Zeitalter der Entdeckungen ein, das Handel, Technik und Kolonialisierung vorantrieb. Fortschritte in Wissenschaft und Mechanik veränderten das Weltbild.

Das Menschenbild wandelte sich: Der Mensch galt als freies, denkendes, gestaltendes Wesen. Diese Sicht floss in Malerei, Architektur, Literatur und Philosophie ein bei Dante, Petrarca, Leonardo da Vinci oder Michelangelo. Bildung wurde zum Leitprinzip kultureller Entwicklung, als Voraussetzung selbstständigen Denkens. Diese kulturelle Wiedergeburt war jedoch keine einfache Rückschau, sondern ein Aufbruch. Sie veränderte das europäische Denken grundlegend und hat bis heute Einfluss auf unsere Vorstellungen von Kultur, Vernunft und Menschlichkeit.

Kopernikus' heliozentrisches Weltbild und Galileos Weiterentwicklungen in der Astronomie stellten die jahrhundertealte Vorstellung infrage, dass die Erde das Zentrum des Universums sei. Dies löste nicht nur wissenschaftliche Debatten aus, sondern erschütterte auch religiöse und gesellschaftliche Gewissheiten. Für viele Menschen war es eine Herausforderung, sich ohne die vertraute kosmologische Ordnung neu zu orientieren. Gleichzeitig eröffnete diese Sichtweise neue Möglichkeiten, die Natur rational zu erforschen und zu verstehen.

Das Zeitalter der Entdeckungen brachte eine bis dahin ungeahnte Ausweitung von Verkehrswegen mit sich, was man heute als Globalisierung bezeichnen würde. Die Reisen von Kolumbus, Vasco da Gama und Magellan erschlossen neue Handelsrouten und brachten neue Produkte, Reichtümer und kulturelle Einflüsse nach Europa. Dies führte zu einer Vernetzung der Welt, die den Wohlstand in Europa steigerte. Diese Expansion bedeutete jedoch auch Gewalt, Ausbeutung und Zerstörung für viele indigene Kulturen. Es entstand eine neue Elite von Kaufleuten und Intellektuellen. Der große Teil der Bevölkerung blieb von diesen Entwicklungen ausgeschlossen und lebte weiterhin in Armut. Der Buchdruck machte Bücher zwar erschwinglicher und ermöglichte es einer breiteren Schicht, Zugang zu Wissen zu erhalten. Dennoch blieb ein Großteil der Bevölkerung des Lesens und Schreibens unkundig, sodass Analphabetismus vorherrschend war.

In der Renaissance-Kunst spiegelt sich das neue Verständnis von Welt und Mensch. Die Erfindung der Perspektive in der Malerei zeugt von einem neuen Bewusstsein für Raum und Realität, während literarische Werke wie Thomas Morus' *Utopia* gesellschaftliche Missstände hinterfragten und nach besseren Ordnungen suchten. Die humanistische Literatur, vertreten durch Autoren wie Erasmus von Rotterdam, ermutigte die Menschen, ihr Potenzial zu erkennen und sich aktiv an der Gestaltung der Gesellschaft zu beteiligen.

Kunst war jedoch nicht nur Ausdruck von Reflexion, sondern auch Werkzeug der Macht. Die katholische Kirche nutzte die Kunst der Gegenreformation, um ihre Stärke zu demonstrieren. Gleichzeitig förderten Herrscher wie die Medici in Florenz Kunst und Architektur, um ihre politische und wirtschaftliche Macht zu untermauern.

Die Renaissance förderte die individuelle Kreativität und betonte die Bedeutung des Einzelnen. Künstler und Denker wie Leonardo da Vinci verkörperten den „Renaissance-Menschen", der Wissenschaft, Kunst und Philosophie miteinander verband. Leonardo da Vinci und Michelangelo stellten den Menschen ins Zentrum ihrer Darstellungen. Ihre Werke inspirierten die Menschen, ihre Talente zu entwickeln und sich aktiv mit den Veränderungen ihrer Zeit auseinanderzusetzen. Gleichzeitig boten religiöse Gemälde und Altarbilder Trost, Orientierung und Halt.

Heute erleben wir mit der digitalen Revolution und der Globalisierung ähnlich tiefgreifende Veränderungen. Wissenschaftliche Fortschritte in der künstlichen Intelligenz verändern unser Weltbild, während die Globalisierung neue Vernetzungen schafft, aber auch soziale Ungleichheiten verstärkt.

10.8 Demokratie, Frieden und politische Urteilskraft

Demokratien sind traditionsgebunden: Sie handeln berechenbar und orientieren sich an konsistenten wirtschaftspolitischen Leitlinien sowie an rechtsstaatlichen Verfahren, parlamentarischen Umgangsformen, ethischen Prinzipien und freiheitlichen Bildungsnormen. Diese Traditionen sind nicht nur rückwärtsgewandt, sondern wirken zukunftssichernd. Sie bilden einen gemeinsamen Referenzrahmen, auf den sich auch gesellschaftlich sehr unterschiedliche Gruppen verständigen können. Der Humanismus als philosophisches Fundament der Demokratie – mit seinem Fokus auf Würde, Freiheit und Gleichwertigkeit aller Menschen – wurzelt selbst in einer langen geistigen Tradition, von der Antike über die Aufklärung bis in die Gegenwart. Wer Tradition also nicht als starres Festhalten an der Vergangenheit sieht, erkennt darin eine Kraft, die demokratische Werte nicht unterdrückt, sondern trägt und schützt.

Wenn diese regulierenden Institutionen in Politik, Kultur und Wissenschaft kontrolliert oder ausgeschaltet werden, ist das ein Warnzeichen für den Zerfall von Demokratien. Und wenn Entscheidungsgewalt nicht mehr in einem demokratisch kontrollierten Gleichgewicht liegt, sondern bei einer kleinen Elite oder gar bei einem einzelnen Alleinherrscher, dann wächst die Gefahr, dass politische Macht in kriegerische Eskalation umschlägt. Hinter jedem großen Krieg stehen nicht nur politische Spannungen, sondern auch die Irrtümer, Ängste, Eitelkeiten Einzelner oder wirtschaftliches Profitstreben. Die Wahrscheinlichkeit für Kriege steigt immer dann, wenn sich demokratische Strukturen auflösen und sich Macht auf die Verfügungsgewalt von Wenigen konzentriert.

In seinem Text *Vom Nutzen und Nachtheil der Historie für das Leben* von 1874 kritisiert Friedrich Nietzsche seine akademischen Zeitgenossen, die seiner Meinung nach die Bedeutung der Geschichtswissenschaft entweder überschätzen oder verkennen. Er unterscheidet zwischen dem eigentlich Geschehenen und der Erzählung des Geschehenen. Im Umgang mit Geschichte nennt er unter anderem die Kunst, die dem Menschen helfe, sich von der erdrückenden Last der Vergangenheit zu befreien und sich ganz der Gegenwart und der schöpferischen Kraft zu widmen. Kunst erlaube es, die Welt immer wieder neu zu sehen und zu gestalten, ohne von der Geschichte erdrückt zu werden. Die Menschen müssten sich demnach der Historie nur so weit bedienen, wie ihre Kultur diese zum Leben benötigt.

Betrachtet man die Geschichte in einem kurzen Überblick, so lassen sich auch bei vorsichtiger Interpretation deutliche Parallelen zur Gegenwart erkennen. Mit dem Ziel, die Parallelen zu heute deutlicher zu machen, liegt der Fokus der folgenden Darstellung auf den Motiven Einzelner. Die Beweggründe der Mächte waren natürlich auch von innenpolitischen Faktoren, wirtschaftlichen Interessen und den Bündnissystemen bestimmt.

Der Erste Weltkrieg war kein unausweichliches Schicksal, sondern das Ergebnis einer Reihe gravierender Fehlentscheidungen und Missverständnisse durch die politischen und militärischen Führungen der europäischen Großmächte. Ausgangspunkt war das Attentat auf den österreichischen Thronfolger Franz Ferdinand am 28. Juni 1914 in Sarajevo durch einen serbischen Nationalisten. Österreich-Ungarn sah darin nicht nur eine persönliche Tragödie, sondern einen willkommenen Anlass, um mit Serbien abzurechnen und seine politische Vorherrschaft auf dem Balkan zu festigen. In diesem Kontext formulierte Wien ein äußerst scharfes Ultimatum an Serbien, das bewusst so gestaltet war, dass eine vollständige Annahme unwahrscheinlich erschien. Man rechnete mit einem begrenzten, lokalen Krieg – und unterschätzte die möglichen Reaktionen anderer Mächte (vgl. hierzu C. Clarke 2013).

Eine zentrale Rolle spielte dabei das Deutsche Reich, das Österreich-Ungarn am 5. Juli 1914 mit dem sogenannten „Blankoscheck" seine bedingungslose Unterstützung zusicherte. Diese Rückendeckung ermutigte Österreich zu einem harten Kurs gegenüber Serbien. Die deutsche Führung hoffte dabei paradoxerweise, mit demonstrativer Entschlossenheit einen größeren Krieg verhindern zu können, was eine fatale Fehleinschätzung war. Man ging in Berlin davon aus, Russland werde seine Mobilmachung scheuen, wenn Deutschland mit einem Krieg drohte.

Doch Russland fühlte sich als Schutzmacht der slawischen Völker und insbesondere Serbiens verpflichtet. Als die Lage eskalierte, begann Russland mit der Generalmobilmachung seiner Armee, ein Signal, das im damaligen strategischen Denken unmissverständlich als Kriegsvorbereitung verstanden wurde. Zwar versuchten einige Diplomaten noch zu vermitteln, doch die militärischen Abläufe waren bereits in Gang gesetzt, und die politische Kontrolle darüber schwand.

Deutschland wiederum sah sich durch die russische Mobilmachung zum Handeln gezwungen und aktivierte den sogenannten Schlieffen-Plan: eine militärische Strategie, die einen raschen Angriff auf Frankreich über das neutrale Belgien vorsah, um anschließend gegen Russland vorgehen zu können. Dieser Plan ließ kaum Raum für diplomatische Verzögerung. Einmal begonnen, musste er durchgezogen werden. Als Deutschland am 3. August Frankreich den Krieg erklärte und am 4. August in Belgien einmarschierte, trat Großbritannien in den Krieg ein, einerseits als Schutzmacht Belgiens, andererseits aus Angst vor einem deutschen Hegemon in Westeuropa.

Eine weitere fatale Fehleinschätzung lag in der Annahme, Großbritannien würde sich im Ernstfall heraushalten. Die britische Außenpolitik hatte bis zuletzt bewusst mehrdeutig agiert, was in Berlin als Schwäche oder Gleichgültigkeit fehlinterpretiert wurde. Der Bruch der belgischen Neutralität war schließlich der Auslöser für Londons Kriegseintritt, ein Schritt, den die deutsche Regierung offensichtlich nicht ernsthaft erwartet hatte.

All diesen Entscheidungen lag ein gefährlicher Ehrenkodex zugrunde, der persönliche, dynastische oder nationale „Ehre" über rationales Abwägen stellte. Gleichzeitig führte ein übersteigertes Vertrauen in militärische Pläne und Bündnistreue dazu, dass keine der beteiligten Mächte bereit war, den ersten Schritt zur Deeskalation zu machen. Jeder Akteur glaubte, defensiv zu handeln und dass der Gegner nachgeben würde, wenn man nur stark genug auftrete. Jedenfalls geriet Europa so innerhalb weniger Wochen in eine kriegerische Kettenreaktion, deren Dimensionen niemand zu Beginn absehen konnte und die am Ende in einem Weltkrieg mündete, den niemand wirklich wollte, aber keiner mehr verhindern konnte.

Es ist ein kurzsichtiges und gefährliches Kalkül, wenn Autokraten versuchen, die Geisteswissenschaften auszuschalten. Gerade diese Disziplinen sind es, die in der Lage sind, komplexe Zusammenhänge zu durchdringen, gesellschaftliche Entwicklungen einzuordnen und langfristige Folgen politischen Handelns zu erkennen. Es wirkt fast, als würden autoritäre Regime den Demokratien, aber damit auch sich selbst die Augen ausstechen, in dem paradoxen Kalkül, auf diese Weise auch dem eigenen Gesehenwerden entgehen zu können.

Genau diese Logik zeigt sich heute in den USA: In mehreren Bundesstaaten beobachten wir eine gezielte Einflussnahme auf Lehrpläne, Universitäten, Literatur und öffentliche Kultur mit dem erklärten Ziel, kulturelle Kontrolle in politische Vorherrschaft zu übersetzen. Denn: Wer die kulturelle Steuerungs- und Deutungsmacht besitzt – wer also bestimmt, welche Geschichten erzählt, welche Symbole verwendet und welche Werte vermittelt werden –, beeinflusst langfristig auch die politischen Entscheidungen.

Kultur ist dabei nicht nur ein Bereich neben anderen. Sie ist das Medium, in dem wir uns als Gesellschaft orientieren, wie wir denken, fühlen, kommunizieren und handeln. Sie formt Familien und Institutionen, Gefühle und Gesetze, Ökonomie und Alltag, oft leise, aber tiefgreifend.

Deshalb ist Kultur nicht neutral. Sie ist der Schauplatz gesellschaftlicher Auseinandersetzung und eine entscheidende Kraft politischer Gestaltung.

Doch die Geschichte zeigt, wie Versuche, Kultur einzuschüchtern, zu kontrollieren oder zu zerstören, enden, aber auch welch hohen Preis Gesellschaften am Ende zahlen müssen, um Freiheit, Würde und Wahrheit zurückzugewinnen. Und sie erinnern uns daran, wie unverzichtbar die freie, kritische, reflektierende und aufklärende Kraft der Kunst und der Geisteswissenschaften für jede offene Gesellschaft ist.

10.9 Wirtschaft und Kultur

Deshalb stellen sich wichtige Fragen: Ist kultureller Niedergang eine Folge gesellschaftlicher Krisen oder wirkt er als deren Beschleuniger? Sind Kunst und Geisteswissenschaften die treibenden Kräfte für eine gute Gesellschaft oder entstehen sie erst, wenn diese schon da ist? Braucht es Wohlstand, damit Demokratie funktioniert? Oder braucht es Demokratie, damit Wohlstand überhaupt möglich wird?

Eines aber scheint klar: Wenn Kunst, Kultur, Demokratie und wirtschaftliche Teilhabe zusammenspielen, entstehen stabile und lebenswerte Gesellschaften.

In den Achtzigerjahren des 20. Jhs. war Miami stark vom Drogenhandel dominiert und galt als gefährliche Stadt mit hoher Kriminalität. Mit der Einführung der Art Basel Miami Beach im Jahr 2002 begann sich die Stadt jedoch zu verändern. Die Messe zog Menschen aus den Bereichen Kunst, Sammlungen, Galerie und Investment aus aller Welt an und etablierte Miami als bedeutendes Zentrum der internationalen Kunstszene. Investitionen in die Finanz- und Techindustrie, wie zum Beispiel durch Unternehmen wie Goldman Sachs, machten die Stadt zu einem wirtschaftlichen Hotspot. Kunst und Kultur trugen dazu bei, das Image Miamis grundlegend zu wandeln und eine neue wirtschaftliche und gesellschaftliche Dynamik zu schaffen.

Auch die baskische Stadt Bilbao war bis in die späten Achtzigerjahre eine Industriestadt für Stahlproduktion, Werften und Schwerindustrie. Der wirtschaftliche Niedergang dieser Industrien führte zu einer schweren Krise in der Region. Mit der Eröffnung des Guggenheim-Museums 1997, entworfen von Frank Gehry, begann der strukturelle Wandel der Stadt. Das Museum, ein Symbol des sogenannten „Bilbao-Effekts", zog Millionen von Besuchern an und machte Bilbao zu einem kulturellen Zentrum. Gleichzeitig setzte die Stadt auf nachhaltige Entwicklung, erneuerte öffentliche Räume und förderte grüne Technologien. Aus einer einst industriell dominierten Stadt wurde ein Modell für moderne Stadtplanung, das Kultur, Ökologie und Wirtschaft erfolgreich miteinander verbindet.

Kunst und Kultur können nicht nur gesellschaftlichen und wirtschaftlichen Wandel bewirken, sondern auch die Identität und Lebensqualität einer Region verändern.

10.10 Journalismus zwischen Macht, Moral und digitaler Ausbeutung

Demokratie steht heute nicht nur durch äußere Bedrohungen unter Druck, sondern zunehmend durch innere Prozesse: Resignation, Schweigen und digitale Desinformation untergraben ihre Fundamente. Digitale Plattformen wirken dabei wie Verstärker autoritärer Dynamiken: Algorithmen befeuern extreme Inhalte, verzerren Debatten und entziehen sich demokratischer Kontrolle. So entsteht eine Öffentlichkeit, die anfällig für Manipulation wird. Um dieser Entwicklung zu begegnen, braucht es mehr als politische Gegenstrategien. Kulturelle Bildung ist eine zentrale Ressource. Eine Schlüsselrolle kommt dabei dem Journalismus zu – als vierte Gewalt, als Aufklärer und Vermittler. Doch auch er steht unter Druck: ökonomisch, moralisch, technologisch. Was bedeutet es, wenn journalistische Inhalte algorithmisch ausgebeutet, Medienschaffende durch Marktlogiken untergraben und redaktionelle Unabhängigkeit gefährdet wird?

Meinungsfreiheit schützt das Recht, Überzeugungen öffentlich zu äußern, auch solche, die provozieren, irreführen oder dem Mehrheitskonsens widersprechen. Auch bewusste Desinformation, Hassrhetorik oder ideologische Verzerrung fallen weitestgehend unter diesen Schutz. Meinungsfreiheit schützt damit auch mediale Akteure, die der Demokratie schaden. Dieses Paradox lässt sich nicht auflösen. Aber Demokratien müssen Strukturen schaffen, die faktenbasierte, ausgewogene Berichterstattung stärken. Journalismus darf nicht zur Waffe im Meinungskampf werden. Er muss als kritisches, reflektierendes Element demokratischer Öffentlichkeit wirken. Wie lässt sich ein öffentlicher Diskurs sichern, der auf Wahrheit und Verantwortung basiert?

Die Autorität des Journalismus beruht vor allem auf moralischen und ethischen Grundsätzen, die ihn zur tragenden Säule demokratischer Öffentlichkeit machen: Unabhängigkeit, kritische Distanz, Verantwortung gegenüber der Öffentlichkeit. Wenn Journalisten und Medien ihre professionellen und ethischen Standards einhalten, übernehmen sie eine zentrale normative Funktion im demokratischen System. Sie machen verborgene Informationen öffentlich zugänglich, identifizieren gesellschaftliche Fehlentwicklungen, üben Kontrolle über politische und wirtschaftliche Macht. Jede Berichterstattung beeinflusst Wahrnehmung, Meinung, politisches Handeln. Medien können Angst erzeugen, Polarisierung verstärken, Vertrauen zerstören. Sie können aber auch Verstehen ermöglichen, Konflikte einordnen, Brücken schlagen. Das Dilemma ist, dass es in offenen Gesellschaften eben keine zentrale Wahrheitsinstanz geben darf. Wahrheit entsteht im Wettbewerb von Perspektiven, im öffentlichen Streit, auf der Basis überprüfbaren Fakten. Journalismus muss dabei Kriterien wie Quellenklarheit, Sorgfalt, Transparenz und Trennung von Nachricht und Meinung einhalten. Ohne diese Standards verliert er seine demokratische Funktion.

Martin Baron war bis 2021 Chefredakteur der *Washington Post* und gilt als eine der wichtigsten Figuren des amerikanischen Journalismus der Gegenwart. Unter seiner Leitung gewann die Zeitung mehrere Pulitzer-Preise, unter anderem für Recherchen über Machtmissbrauch in Politik und Gesellschaft. Zuvor leitete er Redaktionen des *Boston Globe*, der *New York Times* und der *Los Angeles Times*.

Ein Porträt aus dem Jahr 2024 dokumentiert Barons Analyse der strukturellen Veränderungen in der Medienlandschaft am Beispiel der *Washington Post*. Im Zentrum steht die Sorge, dass die redaktionelle Autonomie unter dem Einfluss ökonomischer und struktureller Interessen schrittweise verloren geht. Nach Barons Analyse ist der freie Journalismus in Gefahr, nicht durch direkte Zensur, sondern durch politische Rücksichtnahmen, Eigentümerinteressen und strategische Zurückhaltung.

Dass ausgerechnet die *Washington Post*, die als Symbol für unerschrockene Aufklärung stand, heute zum Beispiel für den Verlust redaktioneller Unabhängigkeit wird, ist eine bittere Wendung. In den 1970er-Jahren war es die *Washington Post*, die mit der Aufdeckung des Watergate-Skandals politische Geschichte schrieb. Die Redaktion ging damals ein existenzielles Risiko ein, um einem komplexen Netz aus Lügen, Machtmissbrauch und Vertuschung auf die Spur zu kommen. Die Reporter stießen auf Widerstand, wurden juristisch bedroht und öffentlich diffamiert. Doch die Zeitung hielt stand. Sie veröffentlichte, was sie wusste. Die *Washington Post* stellte sich kompromisslos in den Dienst der Wahrheit und des öffentlichen Interesses. Ohne diesen Mut hätte die politische Aufklärung dieser Ära nicht stattgefunden. Heute ist von dieser Unerschrockenheit wenig geblieben. Die Zeitung, einst Symbol für die Unabhängigkeit der Vierten Gewalt, steht heute für einen Journalismus der Anpassung.

Die allgemeinen Gründe sind die Ökonomisierung der Medien, der Rückgang von Anzeigen- und Abo-Erlösen, neue Abhängigkeiten durch Investoren und Plattformen. Schon im 19. Jahrhundert finanzierten sich Zeitungen über Verkauf, Anzeigen und Investoren. Medienunternehmen waren immer auch wirtschaftliche Akteure. Ökonomische Zwänge sind also kein neues Phänomen, sondern strukturell im Mediensystem angelegt. Ob und wie Themen behandelt werden, richtet sich weniger nach ihrer gesellschaftlichen Relevanz, sondern nach ihren ökonomischen Folgen.

Journalismus ist jedoch kein Geschäftsmodell wie jedes andere. Er ist Teil der öffentlichen Infrastruktur. Er ist ein kultureller Wertträger. Genau wie Kunst oder Literatur reflektiert er gesellschaftliche Entwicklungen, verhandelt Konflikte und trägt zur politischen Mündigkeit und gesellschaftlichen Reife bei. Wenn Journalismus nicht mehr unabhängig ist, wird die Rechenschaftspflicht geschwächt – die Fähigkeit einer Demokratie, Machtträger gegenüber der Öffentlichkeit politisch, rechtlich oder moralisch für ihr Handeln verantwortlich zu machen.

Papst Leo XIV. forderte unmittelbar nach seiner Wahl am 12. Mai 2025 – als eine seiner ersten Amtshandlungen – die Freilassung inhaftierter Journalistinnen und Journalisten weltweit und würdigte deren Mut, selbst unter Lebensgefahr über Konflikte und Ungerechtigkeiten zu berichten. Er betrachtet Journalismus nicht nur als Informationsquelle, sondern als moralische Instanz zur Wahrung der Menschenwürde, des Friedens und demokratischer Strukturen. Verantwortungsvoller Journalismus ist nicht nur ein berufliches Ideal, sondern ein demokratisches Bedürfnis. Wo jedoch Markt und Macht dominieren, reichen moralischer Anspruch und journalistisches Gewissen allein nicht aus. Auch ein guter Wille braucht Strukturen, die ihn tragen.

Damit Journalismus bestehen kann, braucht es tragfähige Finanzierungsmodelle. Menschen sind grundsätzlich bereit, für Dinge zu zahlen, die sie als notwendig, wertvoll oder hochwertig empfinden. Doch genau dieser Wert scheint in der öffentlichen Wahrnehmung in den vergangenen zwei Jahrzehnten zunehmend verloren gegangen zu sein.

Ein wesentlicher Grund dafür liegt in der wachsenden Rolle digitaler Plattformen wie Google, Facebook, TikTok oder YouTube. Diese Unternehmen profitieren in erheblichem Maße von journalistischen Inhalten, ohne selbst etwas zu produzieren und auch, ohne die Urheber journalistischer Inhalte zu vergüten. Ihr Geschäftsmodell ist es, über sogenannte Snippets, also Überschriften, Teasertexte oder kurze Videoausschnitte journalistische Inhalte auszuspielen. Die eigentlichen Inhalte werden dabei lediglich angedeutet oder verkürzt wiedergegeben. Der wirtschaftliche Nutzen bleibt bei den Plattformen und wird nicht an die Produzenten der Inhalte weitergereicht.

Möglich ist das durch zwei rechtliche und strukturelle Besonderheiten. Snippets gelten juristisch meist nicht als wesentliche Teile eines Werkes und fallen damit nicht unter den Schutz des Urheberrechts. Zudem berufen sich Plattformen darauf, lediglich Vermittler zu sein, nicht Herausgeber, und entziehen sich so der redaktionellen Verantwortung. Gleichzeitig erzielen sie hohe Werbeeinnahmen im Umfeld dieser Inhalte. Viele journalistische Angebote wurden in der Vergangenheit zudem von den Medienhäusern freiwillig kostenlos zugänglich gemacht, um konkurrenzfähig zu bleiben – was die kommerzielle Nutzung durch Dritte weiter begünstigte.

Zwar wurde mit dem europäischen Leistungsschutzrecht ein Instrument geschaffen, das eine finanzielle Beteiligung der Plattformen sicherstellen soll. Die Umsetzung erfolgt jedoch schleppend, ist national uneinheitlich und wird von den betroffenen Konzernen, etwa durch Rückzug aus bestimmten Märkten oder das Einstellen journalistischer Inhalte auf ihren Plattformen, aktiv unterlaufen.

Wenn journalistische Qualität langfristig überleben soll, braucht es eine strukturelle Korrektur dieses Ungleichgewichts. Plattformen, die systematisch von journalistischer Arbeit profitieren, müssen sich auch an deren Finanzierung beteiligen. Dazu gehören klare gesetzliche Rahmenbedingungen, eine konsequente Durchsetzung von Vergütungsansprüchen sowie mehr Transparenz über Nutzung und Erlösverteilung.

Zudem braucht es eine gezielte Förderung von Journalismus – was kein Widerspruch zur Unabhängigkeit, sondern deren Voraussetzung ist. Denn Journalismus kann seiner gesellschaftlichen Funktion nur unter stabilen Bedingungen gerecht werden – rechtlich, institutionell und ökonomisch. Gute Berichterstattung erfordert Zeit, Recherche, rechtliche Absicherung, interdisziplinäres Wissen und mutige Redaktionen. Viele Medienhäuser können das allein nicht mehr leisten. Der Strukturwandel des Marktes hat dazu geführt, dass oft standardisierte Inhalte und Agenturmeldungen verbreitet werden. Das hat Folgen für die Vielfalt der Perspektiven und die Tiefe der Informationen.

In Deutschland gibt es Mechanismen zur Medienförderung: ein reduzierter Mehrwertsteuersatz für Print- und Digitalangebote, Zuschüsse für den Vertrieb, die Finanzierung des öffentlich-rechtlichen Rundfunks sowie projektbezogene Förderungen durch Stiftungen und Institutionen. Doch das reicht nicht aus. Notwendig wären etwa direkte Unterstützungen für Lokal- und Regionaljournalismus, Investitionen in digitale Innovationsprojekte und neue Ausbildungsprogramme für angehende Medienschaffende.

Journalismus braucht Förderung und Schutz, damit er gegen einflussreiche, interessengeleitete Medien bestehen kann. Faktenchecks, Kontext und differenzierte Analyse werden immer wichtiger für eine informierte, kritische Öffentlichkeit. Journalismus ist die Antwort auf die Frage, wie wir zu kritischen Mitmenschen werden, die nicht bloß skeptisch oder laut sind, sondern mit Sorgfalt, Mitgefühl und Differenzierungsfähigkeit urteilen. Journalismus ist eine moralische Verpflichtung, weil er im Wissen darum arbeitet, Menschen zu beeinflussen. Berichte können Menschen dazu bewegen, ihre Meinung zu ändern und Partei für eine gute oder eine schlechte Sache im Sinne der Gemeinschaft zu ergreifen. Journalismus kann Menschen in Panik versetzen, mit dem Ziel, sie ideologisch einzuspannen und durch Hassrhetorik gesellschaftliche Stimmungen zu manipulieren. Aber er kann auch Polarisierung abbauen, Komplexität verständlich machen. Journalisten können Brücken schlagen zwischen Gruppen, Weltanschauungen und Lebensrealitäten.

Ohne freien Zugang zu gut recherchierten, vielfältigen Informationen kann es keine reflektierte, selbstbestimmte Meinungsbildung geben und damit keine kritische Bürgerschaft. Journalismus braucht eine gezieltere Förderung. Unabhängigkeit hat ihren Preis. Wer kritische, wachsame Medien will, muss ihre Existenzgrundlage sichern. Eine gezielte, plural gestaltete Förderung des Journalismus ist kein Widerspruch zur Unabhängigkeit – sofern sie staatsfern, transparent und demokratisch legitimiert erfolgt. Die öffentlich-rechtlichen Anstalten zeigen – bei aller Kritik –, dass institutionalisierte Modelle journalistischer Absicherung möglich sind. Ergänzt werden müssen sie durch innovative Formen wie gemeinnützige Medien, Stiftungsfinanzierung oder lokal verankerte Förderfonds.

Der Zweck ist nicht die Steuerung journalistischer Inhalte, sondern die Ermöglichung einer öffentlichen Kommunikationsordnung, die sich dem demokratischen Ideal verpflichtet weiß.

10.11 Vom Konsum zum Verstehen: Warum Kultur unser Denken stärkt

Kunst und Kultur sind lebendige Archive der Menschheitsgeschichte. Sie lassen uns durch Zeit und Raum reisen, die Erfahrungen anderer erleben und die Komplexität menschlicher Emotionen und Konflikte verstehen. Wenn wir lesen, begeben wir uns auf eine geistige und emotionale Reise, die bei umfangreicheren Werken Wochen oder Monate dauern kann. In dieser Zeit beschäftigen wir uns mit moralischen Fragen, Beziehungen und historischen Entwicklungen. Die Bilder und Gedanken, die dabei entstehen, begleiten uns oft ein Leben lang. Solche Auseinandersetzung wird durch bestimmte Kunst- und Kulturformen ermöglicht. Dazu gehören lange Romane, klassische Dramen, Opern, langsame Filme, komplexe Serien oder bildende Kunst, die Zeit und Aufmerksamkeit verlangt. Auch Musik, Fotografie und Ausstellungen entfalten ihre Wirkung nur bei geduldigem, vertieftem Erleben. Moderne Technologien wie soziale Medien und künstliche Intelligenz bieten dagegen schnellen Zugang zu Information, oft auf wenige Zeilen oder Minuten komprimiert. ChatGPT kann die tausendfünfhundert Seiten von *Joseph und seine Brüder* auf drei Seiten zusammenfassen, in einem Text, der in fünf Minuten gelesen ist und ebenso schnell wieder aus dem Gedächtnis verschwindet. Die Fähigkeit, komplexe Themen über längere Zeit zu durchdenken, ist eine zentrale Funktion des Gehirns, die unsere Wahrnehmung und unser Gedächtnis trainiert.

Studien belegen, dass die dauerhafte Konfrontation mit kurzen, schnellen Informationsimpulsen zu strukturellen Veränderungen im Gehirn führt. Eine Studie der University of Copenhagen zeigt, dass die regelmäßige Nutzung digitaler Medien dazu führt, dass das Gehirn sich daran gewöhnt, Informationen schnell aufzunehmen und ebenso schnell wieder loszulassen – eine Art mentaler „Fluchtreflex" vor tieferem Nachdenken. Die ständige Verfügbarkeit und Leichtigkeit der Informationsaufnahme reduzieren die Fähigkeit des Gehirns, Geduld und langfristige Aufmerksamkeitsspanne zu entwickeln.

Kunst und Kultur als wertvolle „Gehirntrainer" zwingen uns dagegen förmlich, uns für längere Zeit auf komplexe Inhalte einzulassen, die Reflexion und emotionale Verbindung erfordern. Wenn wir lesen, stellen wir uns aktiv den Gedanken und Emotionen, stellen uns Fragen und entwickeln eigene Interpretationen. Diese intensive Auseinandersetzung aktiviert das Arbeitsgedächtnis und vernetzt Gehirnareale, die für das Langzeitgedächtnis entscheidend sind. Eine Studie der Yale University zeigte, dass das Lesen komplexer literarischer Werke das Gehirn wie einen Muskel trainiert und das Verstehen sowie Verarbeiten anspruchsvoller Inhalte fördert. Langfristige Gedächtnisbildung und eine tiefere Verankerung des Erlebten sind das Ergebnis dieses geistigen Trainings.

Wie herausfordernd solch eine vertiefte Beschäftigung heute geworden ist, bringt Iso Camartin, emeritierter Literaturprofessor und ehemaliger Leiter der Kulturabteilung des Schweizer Fernsehens, auf den Punkt (Camartin 2006): In einer Gesellschaft, die keine Sendung mehr erträgt, die länger als eine halbe Stunde dauert, ist das anspruchsvolle Kulturfernsehen zur größten Provokation geworden.

11 Ein abschließender Blick auf unsichtbare Verbindungen

Kreativität kann eine Brücke schlagen. Kunst, Literatur, Theater, Musik, sie alle schaffen Räume, in denen wir gemeinsame Erfahrungen teilen und soziale, kulturelle oder politische Gräben überwinden können. Und auch in der Bildung, im Gespräch, in der Politik brauchen wir kreative Ansätze, um Komplexität aushalten zu können, statt vorschnell zu urteilen. Fehlt uns diese kreative Kompetenz, schrumpft unser Denken auf die Dimension reiner Funktionalität, Nützlichkeit oder ideologischer Starrheit, was die gesellschaftliche Spaltung nur noch vertieft. Wenn es an Kreativität mangelt, nicht nur im Künstlerischen, sondern auch in der Kommunikation und in der Bildung, verstärkt sich die Fragmentierung, weil wir kaum noch Orte finden, an denen sich Menschen außerhalb ihrer persönlichen Meinungen und Vorstellungen austauschen können.

Der Rückgang des Interesses an geisteswissenschaftlichen Fächern wie Philosophie, Literatur oder Geschichte ist dabei beides: ein Symptom und ein Verstärker dieses Problems. Das Statistische Bundesamt zeigt, dass die Studentenzahlen in diesem Bereich in zwanzig Jahren um mehr als ein Fünftel gesunken sind. Geisteswissenschaften gelten oft als nicht verwertbar im wirtschaftlichen Sinne und verlieren an Förderung und Sichtbarkeit. Doch damit verlieren wir auch wichtige Fähigkeiten: Reflexion, Empathie, historisches Denken, lauter Formen kreativen Denkens, die uns helfen würden, in dieser komplexen Welt den Überblick zu behalten.

Gleichzeitig bietet unser Schulsystem, das auf Vergleichbarkeit, Standardisierung und Leistung getrimmt ist, von Anfang an wenig Raum für kreatives Denken. Fächer wie Kunst, Musik oder Theater werden schnell gekürzt oder an den Rand gedrängt. Kinder, denen Möglichkeiten zum freien Erzählen, Basteln und Improvisieren fehlen und bei denen eigenständiges, kreatives Denken nicht anerkannt oder gefördert wird, lernen oft gar nicht, kreativ zu denken. Die Folge ist häufig Resignation oder ein Rückzug ins Private beziehungsweise in digitale Parallelwelten.

Die sogenannte Generation Z wird oft pejorativ als unambitioniert abgetan. Doch vielleicht irren wir uns in dieser Einschätzung. Viele junge Menschen sind hochreflektiert. Sie weigern sich nur, die alten, ausgetretenen Pfade zu gehen. Leistungsdruck, die sogenannte Selbstoptimierung und ein überholtes Bildungssystem motivieren sie nicht. Stattdessen suchen sie nach der Möglichkeit, etwas zu bewirken und das eigene Potential zu entfalten. Die Kreativität ist bei ihnen durchaus vorhanden, sie lebt nur oft außerhalb der formalen Bildung: in Memes,

https://doi.org/10.1515/9783112233030-011

Podcasts, Subkulturen, Gaming oder DIY-Kunst. Vielleicht ist Kreativität nicht verschwunden, sondern einfach anders verteilt, nicht mehr dort, wo wir sie klassisch erwarten würden.

Auch in den Studiengängen beklagen Studierende einen Mangel an Freiräumen für interdisziplinäres Arbeiten, Experimente und zweckfreies Denken. Das erstickt Neugier und Begeisterung und wird oft als Ursache für ein niedriges Niveau angeführt, was aber weniger mit Faulheit als mit Resignation angesichts eines wenig inspirierenden Systems zu tun haben könnte.

Ein Blick auf das Hochschulsystem der USA zeigt interessante Parallelen und Unterschiede. Dort sind Studiengänge oft stärker strukturiert, mit Anwesenheitspflicht und viel Lernpensum. Gleichzeitig bieten viele US-Unis aber eine große Auswahl an Wahlfächern und interdisziplinären Möglichkeiten. Kleinere Kurse und kontinuierliche Bewertungen fördern dort auch die aktive Beteiligung der Studierenden. In Deutschland wirkt das Studium oft weniger verschult, mit größeren Vorlesungen und weniger kontinuierlichen Prüfungen. Es gibt aber Bestrebungen, interdisziplinäre Kompetenzen zu fördern, wie das Projekt „INT US" an der Dualen Hochschule Baden-Württemberg (DHBW) Stuttgart zeigt.

Um Studierende wirklich wissenshungrig und leistungsbereit zu machen, müssen wir ein Bildungssystem schaffen, das sowohl Struktur als auch Freiräume für kreatives und interdisziplinäres Denken bietet. Ein gutes Gleichgewicht zwischen klaren Vorgaben und der Freiheit, eigene Interessen zu verfolgen, kann die Motivation und Begeisterung der Studierenden steigern. Der internationale Vergleich lehrt uns, dass jedes System seine Stärken und Schwächen hat, aus denen wir lernen können, um die Hochschulbildung kontinuierlich zu verbessern.

Hängt das alles miteinander zusammen? Ja – sofern wir es zusammenhängend betrachten und Kreativität nicht nur als ästhetisches Talent, sondern als gesellschaftliche Ressource verstehen, als verbindende Kraft, die uns wieder miteinander ins Gespräch bringt.

Bibliographie

Wissenschaftliche Literatur

Acemoglu, Daron & Robinson, James A. : *Warum Nationen scheitern: Die Ursprünge von Macht, Wohlstand und Armut*. Übersetzt von Kirsten Riesselmann. Frankfurt am Main: S. Fischer Verlag, 2013.

Adorno, Theodor W. & Horkheimer, Max: *Dialektik der Aufklärung. Philosophische Fragmente*. Frankfurt am Main: S. Fischer Verlag, 1988.

Adorno, Theodor W.: *Minima Moralia: Reflexionen aus dem beschädigten Leben*. Frankfurt am Main: Suhrkamp Verlag, 1951.

Ames-Lewis, Francis: *Art Patronage in the Italian Renaissance. Medici to Michelangelo*. London: Phaidon Press, 1995.

Arendt, Hannah: *Wahrheit und Politik*. In: Hannah Arendt; Patrizia Nanz: *Wahrheit und Politik*. Berlin: Wagenbach, 2006, S. 7–62.

Aristoteles: *Nikomachische Ethik*. Griechisch–deutsch. Übersetzt und eingeleitet von Franz Dirlmeier. Stuttgart: Reclam Verlag, 2006.

Aristoteles: *Poetik*. Griechisch-deutsch. Übersetzt und herausgegeben von Manfred Fuhrmann. Stuttgart: Reclam Verlag, 2008.

Aristoteles: *Rhetorik*. Übersetzt und von Gernot Krapinger. Stuttgart: Reclam Verlag, 2010.

Bandi, Hans-Georg & Breuil, Henri [et al.]: *Die Steinzeit: Vierzigtausend Jahre Felsbilder*. Reihe: *Kunst der Welt. Die außereuropäischen Kulturen*, Bd. 1. Baden-Baden: Holle Verlag, 1960.

Barnett, Vincent: *A History of Russian Economic Thought*. London: Routledge, 2005.

Baxandall, Michael: *Painting and Experience in Fifteenth Century Italy: A Primer in the Social History of Pictorial Style*. Oxford: Oxford University Press, 1972.

BBC News (2022): *Technology Update*. Verfügbar unter: https://www.bbc.com/news/technology-62275326 [24.07.2025].

Beck, Ulrich & Beck-Gernsheim, Elisabeth: *Individualisierung. Institutionalisierter Individualismus und seine sozialen und politischen Folgen*. Frankfurt am Main: Suhrkamp Verlag, 1994.

Bengtson, Hermann: *Griechische Geschichte: Von den Anfängen bis in die römische Kaiserzeit*. München: C.H. Beck, 1977.

Bengtson, Hermann: *Römische Geschichte: Von den Anfängen bis zur Spätantike*. München: C.H. Beck, 1979.

Bentkowska-Kafel, Anna: *The Rise of the Artist. The Changing Status of the Artist in the Renaissance*. London: Ashgate, 2006.

Bloom, Harold: *Shakespeare. The Invention of the Human*. New York: Riverhead Books, 1998.

Böckenförde, Ernst-Wolfgang: *Staat, Gesellschaft, Freiheit. Studien zur Staatstheorie und zum Verfassungsrecht*. Frankfurt am Main: Suhrkamp Verlag 1976.

Bostridge, Ian: *Schuberts Winterreise. Lieder von Liebe und Schmerz*. München: C.H. Beck, 2015.

Bostrom, Nick: *Die Zukunft der Menschheit: Herausforderungen und Chancen*. Berlin: Suhrkamp Verlag, 2019.

Bostrom, Nick: *Superintelligenz: Szenarien einer kommenden Revolution*. Übersetzt von Hainer Kober. Frankfurt am Main: Suhrkamp Verlag, 2016.

Bourdieu, Pierre: *Die feinen Unterschiede. Kritik der gesellschaftlichen Urteilskraft*. Frankfurt am Main: Suhrkamp Verlag, 1982.

https://doi.org/10.1515/9783112233030-012

Brüggemann, Lena: *Das Guggenheim Museum in Bilbao – Symbol für erfolgreichen Wandel?* Universität Münster, 2021.

Bryson, Bill: *A Short History of Nearly Everything*. New York: Doubleday, 2003.

Bundespräsidialamt (2024): *Order of Merit – Biden Speech*. Abgerufen von: https://www.bundespraesident.de/SharedDocs/Reden/EN/Frank-Walter-Steinmeier/Reden/2024/241018-Order-of-merit-Biden.html [17.11.2025].

Bundeszentrale für politische Bildung: *Sozialbericht 2024 – Vermögensverteilung*.

Burckhardt, Jacob: *Die Kultur der Renaissance in Italien*. Basel: Schweighauser, 1860. Neuauflage: Frankfurt am Main: Insel Verlag, 1997.

Camartin, Iso: *Nächste Ausgabe: Eine Rede über unsere Zukunft*. Zürich: Ammann Verlag, 2006.

Cascone, Kim: "The Aesthetics of Failure: 'Post-Digital' Tendencies in Contemporary Computer Music." *Computer Music Journal*, 24(4) (2000): 12–18.

Charles River Editors: *The Sentinelese: The History of the Uncontacted People on North Sentinel Island*. 2019.

Childe, Gordon: *What Happened in History*. Harmondsworth: Penguin Books, 1942.

City and County of San Francisco (2025): *Status of the San Francisco Economy: January 2025*. PDF unter: https://media.api.sf.gov/documents/Status_of_the_San_Francisco_Economy_January_2025c_nUToFAQ.pdf [17.11.2025]

Clark, Christopher: *Die Schlafwandler. Wie Europa in den Ersten Weltkrieg zog*. Aus dem Englischen von Norbert Juraschitz. München: DVA, 2013. (Original: *The Sleepwalkers: How Europe Went to War in 1914*. London: Penguin Books, 2012).

Clark, Kenneth: *Civilisation: A Personal View*. London: BBC and John Murray, 1969. Deutsche Ausgabe: *Glorie des Abendlandes*. Reinbek bei Hamburg: Rowohlt, 1970.

Cole, Bruce: *Renaissance Art and Patronage: Italy, 1400–1600*. New York: Harper & Row, 1977.

Credit Suisse Research Institute: *Global Wealth Report 2021*. Zürich: Credit Suisse Group AG, Juni 2021.

Crouch, Colin: *Postdemokratie*. Aus dem Englischen von Martin Born. Frankfurt am Main: Suhrkamp Verlag, 2008.

Davidson, Donald: *Inquiries into Truth and Interpretation*. Oxford: Clarendon Press, 1984.

Deleuze, Gilles & Guattari, Félix: *Anti-Ödipus. Kapitalismus und Schizophrenie Bd. 1*. Frankfurt am Main: Suhrkamp Verlag 1974 (Original: *L'Anti-Oedipe*. Paris: Les Editions de Minuit, 1972).

Dürrenmatt, Friedrich: *Theater-Schriften und Reden*. Zürich: Diogenes Verlag, 1998.

Engelhorn, Marlene: *Meine Herkunft kann ich nicht rückverteilen*. Der Standard (2024). Verfügbar unter: https://www.derstandard.de/story/3000000250523/meine-herkunft-kann-ich-nicht-r252ckverteilen [17.11.2025].

Everett, Daniel L.: *How Language Began: The Story of Humanity's Greatest Invention*. New York: Liveright, 2017.

Feige, Daniel Martin: *Kritik der Digitalisierung*. Hamburg: Verlag Felix Meiner, 2025.

Fukuyama, Francis: *Das Ende der Geschichte und der letzte Mensch*. Aus dem Amerikanischen von Helmut Dierlamm und Bettina Vestring. Stuttgart: Deutsche Verlags-Anstalt, 1992.

Gehlen, Arnold: *Der Mensch: Seine Natur und seine Stellung in der Welt*. Frankfurt am Main: Vittorio Klostermann, Nachdruck 2004 [Erstausgabe 1940].

Goldthwaite, Richard A.: *The Economy of Renaissance Florence*. Baltimore: Johns Hopkins University Press, 1993.

Grimley, Diane M., Prochaska, James O., & Velicer, Wayne F.: "Contraceptive and Condom Use Adoption and Maintenance: A Stage Paradigm Approach". *Health Education & Behavior*, *22*(1) (1995): 20–35. https://doi.org/10.1177/109019819502200104 [17.11.2025].

Habermas, Jürgen: *Der philosophische Diskurs der Moderne. Zwölf Vorlesungen.* Frankfurt am Main: Suhrkamp Verlag, 1985.

Hanushek, Eric A. & Wößmann, Ludger (2011): "The Economics of International Differences in Educational Achievement". In: Hanushek, Eric A.; Machin, Stephen, & Wößmann, Ludger (Eds.): *Handbook of the Economics of Education,* Bd. 3. Amsterdam: Elsevier, 89–200. (*Handbooks in Economics,* Vol. 26)

Harrasser, Karin: *Gegenentkommen.* Berlin: Matthes & Seitz, 2021.

Hartle, Johann Frederik & Schweppenhäuser, Gerhard: *Universale Vermittlung.* Berlin: Matthes & Seitz 2025.

Hegel, Georg Wilhelm Friedrich: *Ästhetik. Vorlesungen über die Philosophie der Kunst.* 3 Bde. Herausgegeben von Heinrich Gustav Hotho. Frankfurt am Main: Suhrkamp Verlag, 1970.

Hegel, Georg Wilhelm Friedrich: *Phänomenologie des Geistes.* Bd. 3. Frankfurt am Main: Suhrkamp Verlag, 1970.

Hesse, Helge: *Bilder erzählen Weltgeschichte.* München: dtv 2012.

Hollingsworth, Mary: *Patronage in Renaissance Italy: From 1400 to the Early Sixteenth Century.* Baltimore: Johns Hopkins University Press, 1996.

Horaz (Quintus Horatius Flaccus): *Epistulae / Briefe. Buch II.* Lateinisch/Deutsch. Übersetzt und herausgegeben von Hans Krämer. Stuttgart: Reclam Verlag, 2003.

Humboldt, Wilhelm von: *Ideen zu einem Versuch, die Grenzen der Wirksamkeit des Staats zu bestimmen.* Herausgegeben von Andreas Flitner. Stuttgart: Reclam Verlag , 2002.

Institut für kulturelle Teilhabeforschung (IKTf) (2021): *Kulturelle Teilhabe in Berlin.* Abgerufen von: https://www.iktf.berlin/publications/kulturelle-teilhabe-in-berlin-2021/ [17.11.2025].

Isaacson, Walter: *Einstein: Sein Leben und sein Universum.* Aus dem Englischen von Hans-Peter Thill. München: Siedler Verlag, 2007.

Israel, Jonathan: *Radikale Aufklärung: Philosophie und die Entstehung der modernen Welt 1650–1750.* Aus dem Englischen von Helmut Dierlamm. Frankfurt am Main: Campus Verlag, 2013.

Janson, H. W.: *History of Art.* 6. Ed. New York: Harry N. Abrams, 2001.

Johannes Paul II: „Ansprache an die Jugendlichen in Köln". In: *Reden und Ansprachen während der Pastoralreise nach Deutschland,* 15. November 1980. Zitiert nach: Vatican News. https://www.vaticannews.va/de/papst/news/2020-05/radio-akademie-johannes-paul-ii-100-jahre-wojtyla-papst-heilig-1.html [17.11.2025].

Johannes von Salisbury: *Metalogicon: Über die Bildungsreform.* Übersetzt und herausgegeben von Hans Willner. Darmstadt: Wissenschaftliche Buchgesellschaft, 1986.

Kant, Immanuel: *Beantwortung der Frage: Was ist Aufklärung?.* In: Berlinische Monatsschrift, Dezember-Heft 1784. Neudruck in: *Immanuel Kant: Werkausgabe in zwölf Bänden,* Band XI: Schriften zur Anthropologie, Geschichtsphilosophie, Politik und Pädagogik 1. Herausgegeben von Wilhelm Weischedel. Frankfurt am Main: Suhrkamp Verlag, 1977.

Kant, Immanuel: *Kritik der Urteilskraft.* Herausgegeben von Wilhelm Weischedel. Frankfurt am Main: Suhrkamp Verlag, 1974.

Keltner, Dacher: *The Power Paradox: How We Gain and Lose Influence.* New York: Penguin Press, 2016.

Klingender, Francis D.: *Art and the Industrial Revolution.* London: Paladin Books, 1975 [Erstauflage 1947].

Kohlberg, Lawrence: *Essays on Moral Development, Vol. I: The Philosophy of Moral Development.* San Francisco: Harper & Row, 1981.

Krznaric, Roman: *Der gute Vorfahr: Langfristiges Denken in einer kurzlebigen Welt.* Köln: DuMont, 2024.

Kuh, Katherine: *The Artist's Voice: Talks with Seventeen Artists.* New York: Harper & Row, 1962.

Luhmann, Niklas: *Die Kunst der Gesellschaft.* Frankfurt/Main: Suhrkamp Verlag 1997.

Maecenata Stiftung (Hrsg.): „*Engagement und Zivilgesellschaft: Entwicklungen und Herausforderungen.*" Maecenata Institut für Philanthropie und Zivilgesellschaft, Berlin, 2023.

Martin, Gottfried: *Fichte – Einführung in seine Philosophie*. München: C.H. Beck, 1981.

Marx, Karl: *Das Kapital. Kritik der politischen Ökonomie. Band 1: Der Produktionsprozess des Kapitals*. Herausgegeben von Friedrich Engels. Berlin: Dietz Verlag, 2021 [Erstausgabe 1867].

Marx, Karl: *Zur Kritik der Hegelschen Rechtsphilosophie. Einleitung*. In: Karl Marx und Friedrich Engels: *Werke*, Band 1. Berlin: Dietz Verlag, 1957.

Muhlmann, Geraldine: *Eine politische Geschichte des Journalismus*. Berlin: Suhrkamp Verlag, 2008.

Negroponte, Nicholas: *Being Digital*. New York: Alfred A. Knopf, 1995.

Nietzsche, Friedrich: *Die fröhliche Wissenschaft*. Herausgegeben von Giorgio Colli und Mazzino Montinari. Stuttgart: Reclam Verlag, 2000.

Nietzsche, Friedrich: *Die Geburt der Tragödie*. Herausgegeben von Giorgio Colli und Mazzino Montinari. München: Deutscher Taschenbuch Verlag, 1999.

Nietzsche, Friedrich: *Menschliches, Allzumenschliches: Ein Buch für freie Geister*. Herausgegeben von Giorgio Colli und Mazzino Montinari. Stuttgart: Reclam Verlag, 2000.

Nietzsche, Friedrich: *Morgenröte: Gedanken über die moralischen Vorurteile*. Herausgegeben von Karl Schlechta. Stuttgart: Alfred Kröner Verlag, 1991.

Nietzsche, Friedrich: *Vom Nutzen und Nachteil der Historie für das Leben*. Herausgegeben von Giorgio Colli und Mazzino Montinari. München: Deutscher Taschenbuch Verlag (dtv), 1993.

Oxfam International (2023): *Survival of the Richest: How We Must Tax the Super-Rich Now to Fight Inequality*. Oxford: Oxfam International. Verfügbar unter: https://www.oxfam.org/en/research/survival-richest [17.11.2025].

Piaget, Jean: *Sechs psychologische Studien*. Übersetzt von Walter Ziegler. München: Ernst Reinhardt Verlag, 1964.

Piff, Paul K. et al.: "Higher social class predicts increased unethical behavior." *Proceedings of the National Academy of Sciences (PNAS)*, *109*(11) (2012): 4086–4091. doi:10.1073/pnas.1118373109

Platon: *Apologie des Sokrates*. Übersetzt und herausgegeben von Kurt Hildebrandt. Stuttgart: Reclam, 2010.

Platon: *Das Gastmahl (Symposion)*. Übersetzt und kommentiert von Kurt Steinmann. Stuttgart: Reclam Verlag, 2012.

Platon: *Politeia (Der Staat)*. Übersetzt und herausgegeben von Kurt Hildebrandt. Stuttgart: Reclam Verlag, 2020 (Erstfassung ca. 370 v. Chr.).

Plessner, Helmuth: *Die Stufen des Organischen und der Mensch: Einleitung in die philosophische Anthropologie*. Berlin: Suhrkamp Verlag, 1975 [Erstausgabe 1928].

Pogge, Thomas: *Weltarmut und Menschenrechte. Kosmopolitische Verantwortung und Reformen*. Berlin/Boston: De Gruyter, 2011.

Prochaska, J. O., & Di Clemente, C. C.: "Stages and processes of self-change of smoking: Toward an integrative model of change." *Journal of Consulting and Clinical Psychology*, *51*(3) (1983): 390–395. https://psycnet.apa.org/doi/10.1037/0022-006X.51.3.390.

Prochaska, J. O., Velicer, W. F., Rossi, J. S., et al.: "Stages of Change and Decisional Balance for Twelve Problem Behaviors." *Health Psychology*, *13*(1) (1994): 39–46. https://psycnet.apa.org/doi/10.1037/0278-6133.13.1.39.

Putnam, Robert D.: Bowling Alone: *The Collapse and Revival of American Community*. New York: Simon & Schuster, 2000.

Reinhardt, Ad: *Art-as-Art: The Selected Writings of Ad Reinhardt*. Herausgegeben von Barbara Rose. New York: Viking Press, 1975.

Revonsuo, Antti: *Consciousness: The Science of Subjectivity*. New York: Psychology Press, 2010.

Rice, Tamara Talbot: *Die Kunst Russlands*. München: Droemer Knaur, 1965.

Riehn, Rainer & Metzger, Heinz-Klaus (Hrsg.): *Musik-Konzepte 10 – Giuseppe Verdi*. München: Edition Text + Kritik, 2001.

Robinson, Ken & Aronica, Lou: *Creative Schools: Revolutionizing Education from the Ground Up*. New York: Viking, 2015.

Rousseau, Jean-Jacques: *Vom Gesellschaftsvertrag oder Grundsätze des Staatsrechts*. Übers. u. herausgegeben von Hans Brockard, unter Mitarbeit von Eva Pietzcker. Stuttgart: Reclam Verlag, 1986.

Schiller, Friedrich: *Über die ästhetische Erziehung des Menschen in einer Reihe von Briefen*. Herausgegeben von Klaus L. Berghahn. Stuttgart: Reclam Verlag, 2009 [Erstausgabe 1795].

Schuster, Helmut (Regie): *Scissors & Glue: The Miami Project*. Zuckerfilm Berlin, 2011.

Sherratt, Susan: *The Emergence of Civilization in the Ancient Near East: A Social and Economic History of the Early Bronze Age*. Oxford: Oxford University Press, 1997.

Spitzer, Manfred: *Digitale Demenz. Wie wir uns und unsere Kinder um den Verstand bringen*. München: Droemer Knaur, 2012.

Statistische Ämter des Bundes und der Länder (Hrsg.): *Kulturfinanzbericht 2024*. Wiesbaden: Statistisches Bundesamt, Dezember 2024. Verfügbar unter: www.destatis.de

Stöcker, Christian: *„Effective Accelerationism" – Die neue Silicon-Valley-Ideologie ist dunkel und kalt*. Spiegel Wissenschaft (2024). Verfügbar unter: https://www.spiegel.de/wissenschaft/mensch/effective-accelerationism-die-neue-silicon-valley-ideologie-ist-dunkel-und-kalt-kolumne-a-4b1422c3-0235-4b78-84fc-de2e289fc2f4 [17.11.2025].

Stokstad, Marilyn: *Art History*. 2. Aufl. Upper Saddle River: Prentice Hall, 2002.

Süddeutsche Zeitung (31.03.2025): *Richard Socher. Der Deutsche, der die Grundlage für Chat-GPT schuf*. Artikel von Simon Hurtz, Berlin. Verfügbar unter: https://www.sueddeutsche.de/wirtschaft/richard-socher-kuenstliche-intelligenz-chatgpt-google-li.3228634 [16.11.2025].

Sunstein, Cass R.: *Conformity: The Power of Social Influences*. New York: NYU Press, 2019.

The Guardian (08.01.2025): *Meta is ushering in a 'world without facts', says Nobel peace prize winner*. Abgerufen von: https://www.theguardian.com/world/2025/jan/08/facebook-end-factchecking-nobel-peace-prize-winner-maria-ressa [13.09.2025].

The Guardian (12.03.2025a): *A machine-shaped hand: read a story from OpenAI's new creative writing model*. Verfügbar unter: https://www.theguardian.com/books/2025/mar/12/a-machine-shaped-hand-read-a-story-from-openais-new-creative-writing-model [14.11.2025].

The Guardian (12.03.2025b): *Jeanette Winterson on AI: alternative intelligence – its capacity to be other is just what the human race needs*. Verfügbar unter: https://www.theguardian.com/books/2025/mar/12/jeanette-winterson-ai-alternative-intelligence-its-capacity-to-be-other-is-just-what-the-human-race-needs [14.11.2025].

The New York Times (08.03.2025): *Lady Gaga Interview*. Verfügbar unter: https://www.nytimes.com/2025/03/08/magazine/lady-gaga-interview.html [15.09.2025].

Tomkins, Calvin: *Marcel Duchamp*. New York: Henry Holt and Company, 1996.

U.S. Senate Judiciary Committee (2024): *Transcript of Zuckerberg hearing*. Abgerufen von: https://www.techpolicy.press/transcript-us-senate-judiciary-committee-hearing-on-big-tech-and-the-online-child-sexual-exploitation-crisis/ [17.11.2025].

Vaidhyanathan, S.: *Mark Zuckerberg has gone full Maga*. The Guardian (08.03.2025). Abgerufen von: https://www.theguardian.com/commentisfree/2025/jan/08/mark-zuckerberg-supporting-trump-maga [14.11.2025].

Westfall, Richard S.: *Never at Rest: A Biography of Isaac Newton*. Cambridge: Cambridge University Press, 1980.

Wittgenstein, Ludwig: *Tractatus logico-philosophicus. Logisch-philosophische Abhandlung.* Mit einem Nachwort von Joachim Schulte. 39. Aufl. Frankfurt am Main: Edition Suhrkamp, 2024 [Erstausgabe 1921].

Wittgenstein, Ludwig: *Philosophische Untersuchungen.* Herausgegeben von G. E. M. Anscombe, R. Rhees & G. H. Von Wright. Werkausgabe, Bd. 1. Suhrkamp Verlag, Frankfurt am Main, 1999, S. 231–485. Online verfügbar unter: https://www.wittgensteinproject.org/w/index.php/Philosophische_Untersuchungen [17.11.2025].

Wittgenstein, Ludwig: *Vermischte Bemerkungen.* Aus dem Nachlass. Herausgegeben von Georg Henrik von Wright unter Mitwirkung von Heikki Nyman. Frankfurt am Main: Suhrkamp Verlag, 1977.

Zunz, Olivier: *Philanthropy in America: A History.* Princeton: Princeton University Press, 2011.

Belletristische Quellen

Albee, Edward. *Wer hat Angst vor Virginia Woolf?* Deutsch von Pinkas Braun. Frankfurt am Main: Suhrkamp Verlag, 1981 (suhrkamp taschenbuch 787).

Baldwin, James: *Giovanni's Room.* New York: Dial Press, 1956. (Deutsch: *Giovannis Zimmer.* Übers. von Miriam Mandelkow. München: dtv, 2021).

Büchner, Georg: *Der Hessische Landbote.* In: Georg Büchner: *Sämtliche Werke und Schriften*, Herausgegeben von Werner R. Lehmann. Frankfurt am Main: Deutscher Klassiker Verlag, 1992.

Byron, George Gordon (Lord): *Manfred. A Dramatic Poem.* Oxford: Oxford University Press, 2000.

Camus, Albert: *Der Fremde.* Aus dem Französischen von Guido G. Meister. Reinbek bei Hamburg: Rowohlt, 1981.

Dürrenmatt, Friedrich: *Der Besuch der alten Dame: Eine tragische Komödie.* Zürich: Diogenes Verlag, 1956.

Dylan, Bob: *Chronicles. Die Autobiographie. Band 1.* Aus dem Amerikanischen von Wolfgang Müller. München: Heyne Verlag, 2005.

Fassbinder, Rainer Werner & Baer, Harry: *Der Film „Berlin Alexanderplatz". Ein Arbeitsjournal.* München: Verlag der Autoren, 1992.

Franzen, Jonathan: *Die Korrekturen.* Aus dem Amerikanischen von Bettina Abarbanell und Eike Schönfeld. Reinbek bei Hamburg: Rowohlt, 2002. (Originaltitel: *The Corrections*, New York 2001)

Frisch, Max: *Biedermann und die Brandstifter. Ein Lehrstück ohne Lehre.* Mit Materialien. Stuttgart: Reclam, 2005. (Universal-Bibliothek Nr. 8961)

Frisch, Max: *Stiller.* Frankfurt am Main: Suhrkamp Verlag, 1954.

Goethe, Johann Wolfgang von: „Der Zauberlehrling". In: *Balladen.* Stuttgart: Reclam Verlag, 2000 (Erstveröffentlichung 1797).

Hemingway, Ernest: *Fiesta.* Übersetzt von Annemarie Horschitz-Horst. Reinbek: Rowohlt, 2003.

Hemingway, Ernest: *The Short Stories of Ernest Hemingway.* New York: Charles Scribner's Sons, 1997.

Hoffmann, E. T. A.: *Der Sandmann.* In: *Fantasiestücke in Callots Manier.* Erster Band. Herausgegeben von Hartmut Steinecke. Frankfurt am Main: Deutscher Klassiker Verlag, 2001.

Huch, Ricarda: *Gesammelte Werke.* Herausgegeben von Wilhelm Emrich. 10 Bände. Freiburg i. Br.: Walter Verlag, 1966–1972.

Kafka, Franz: *Die Verwandlung.* Herausgegeben und kommentiert von Reiner Stach. Frankfurt am Main: Fischer Taschenbuch Verlag, 2006.

Karofsky, David & Mutchnick, Max (Erfinder): *Will & Grace.* NBC Television, 1998–2006, 2017–2020.

Karukoski, Dome (Regie): *Tolkien.* Fox Searchlight Pictures, 2019.

Kundera, Milan: *Die unerträgliche Leichtigkeit des Seins.* Reinbek: Rowohlt, 1984.

Lee, Ang (Regie): *Brokeback Mountain*. Focus Features, 2005.

Levitan, Steven; Lloyd, Christopher (Erfinder): *Modern Family*. ABC Television, 2009–2020.

Mann, Thomas: *Buddenbrooks. Verfall einer Familie*. Frankfurt am Main: S. Fischer Verlag, 2008. (Erstausgabe: 1901)

Mann, Thomas: *Die Geschichten Jaakobs*. Erster Band des Romanzyklus *Joseph und seine Brüder*. Frankfurt am Main: S. Fischer Verlag, 1986.

Novalis (Friedrich von Hardenberg): *Hymnen an die Nacht*. Herausgegeben und kommentiert von Gerhard Schulz. Stuttgart: Reclam Verlag, 2006.

Orwell, George: *1984*. Aus dem Englischen von Michael Walter. München: Deutscher Taschenbuch Verlag (dtv), 2013. (Original: *Nineteen Eighty-Four*, London 1949)

Proust, Marcel: *In Swanns Welt*. Erster Band von *Auf der Suche nach der verlorenen Zeit*. Übersetzt von Eva Rechel-Mertens. Frankfurt am Main: Suhrkamp Verlag, 2002.

Stendhal: *Rot und Schwarz. Chronik des 19. Jahrhunderts*. Aus dem Französischen von Elisabeth Edl. München: Hanser Verlag, 2009.

Tomasi di Lampedusa, Giuseppe: *Der Leopard*. Aus dem Italienischen von Charlotte Birnbaum. München: Piper Verlag, 2007. (Originaltitel: *Il Gattopardo*, posthum 1958)

Woolf, Virginia: *Orlando: A Biography*. London: Hogarth Press, 1928. (Deutsch: *Orlando. Eine Biographie*. Übers. von Brigitte Walitzek. Frankfurt am Main: Fischer Taschenbuch Verlag, 2004.)

Zeh, Juli: *Unterleuten*. München: Luchterhand Literaturverlag, 2016.

Zola, Émile: *Germinal*. Aus dem Französischen von Eva Rechel-Mertens. München: Deutscher Taschenbuch Verlag (dtv), 2002.

Ein Hinweis zur Nutzung von Künstlicher Intelligenz

Ein Buch, das sich unter anderem mit Künstlicher Intelligenz befasst, wird sich heute mit einigem Recht die Frage gefallen lassen müssen, inwieweit eine Maschine daran beteiligt war. In der Tat wurde bei der Erstellung dieses Textes mit Künstlicher Intelligenz experimentiert, ihre Fähigkeiten und Grenzen wurden ausgelotet, indem der Autor verschiedene Szenarien und Fragestellungen in Form von Prompts getestet hat. Diese Interaktionen sind teils kommentiert, teils unsichtbar in das Buch eingeflossen.

Darüber hinaus wurde im Rahmen der Arbeit KI als Werkzeug für Recherchen und Übersetzungen eingesetzt.

Sämtliche Texte wurden jedoch vom Autor eigenständig verfasst. Die formale Struktur der Darstellung und die inhaltlichen Argumentationslinien beruhen auf persönlicher Einschätzung, Erfahrung und fachlicher Auseinandersetzung mit dem Thema. Die KI diente nicht als Autor oder urheberrechtlich relevante Quelle.

https://doi.org/10.1515/9783112233030-013

www.ingramcontent.com/pod-product-compliance
Lightning Source LLC
Chambersburg PA
CBHW031550260326
41914CB00002B/352